"双循环"发展格局下的乡村振兴研究

范雪梅　封春艳◎著

线装书局

图书在版编目（ＣＩＰ）数据

"双循环"发展格局下的乡村振兴研究 / 范雪梅，
封春艳著. -- 北京 ：线装书局，2021.9
　　ISBN 978-7-5120-4689-4

　　Ⅰ．①双… Ⅱ．①范… ②封… Ⅲ．①农村－社会主
义建设－研究－中国 Ⅳ．①F320.3

中国版本图书馆 CIP 数据核字(2021)第 201472 号

"双循环"发展格局下的乡村振兴研究
"SHUANGXUNHUAN" FAZHAN GEJU XIA DE XIANGCUN ZHENXING YANJIU

作　　者：范雪梅　封春艳
责任编辑：林　菲
出版发行：线装书局
　　　　　地　址：北京市丰台区方庄日月天地大厦 B 座 17 层（100078）
　　　　　电　话：010-58077126（发行部）010-58076938（总编室）
　　　　　网　址：www.zgxzsj.com

经　　销：新华书店
印　　制：北京四海锦诚印刷技术有限公司
开　　本：787mm×1092mm　16开
印　　张：13.75
字　　数：278 千字
版　　次：2022年 8月第 1 版第 1 次印刷

定　　价：58.00 元

线装书局官方微信

前　言

　　"双循环"是以国内大循环为主体,以国内国际双循环互动为重要支撑,是对国际经贸双向互动双循环模式的借鉴和对单向操控"双层循环"的超越。双循环是在逆全球化风潮迭起和新型冠状病毒肺炎疫情全球"大流行"的形势下,推动我国经济向高质量发展阶段迈进和促进全球经贸循环逐渐恢复的重要战略选择。2021年中央一号文件做出了加快构建新发展格局、全面推进乡村振兴的战略部署。"双循环"新发展格局通过动力转化机制、环境优化机制和空间重构机制助力乡村振兴,但由于乡村自身的承载能力不足、治理体系较为落后,再加上相对贫困问题开始凸显,导致这些机制的作用不能充分发挥。为更好地发挥"双循环"新发展格局对于乡村振兴的助力作用、应对新发展格局下乡村振兴面临的挑战,在"双循环"新发展格局下应该主要以提升乡村资源承载能力、实现农村治理体系和治理能力现代化、构建相对贫困的长效治理机制等方式推动乡村振兴。

　　党的十九大报告做出中国特色社会主义进入新时代的科学论断,指出我国经济已由高速增长阶段转向高质量发展阶段,明确了建设社会主义现代化强国的宏伟目标,并首次提出实施乡村振兴战略,在我国"三农"发展历史进程中具有重要的里程碑意义。自2004年以来,历年中央一号文件主题均是关于农村农业农民的问题,各地方政府在推动新农村建设、城乡统筹和美丽乡村建设等方面做了大量的有益探索和改革创新。但鉴于我国农村面积广大、人口众多,农村发展的差异性和多样性特征明显,特别是随着工业化、城镇化进程的快速推进,城乡发展不平衡、大量乡村凋敝、生态环境恶化、传统文化衰落、农村社会治理难度加大等现实问题也更加突出。我国建设社会主义现代化强国,最大的短板和最艰巨繁重的任务在农村,人民日益增长的美好生活需要和不平衡不充分的发展之间的矛盾突出表现在农村,但实现现代化最广泛最深厚的基础、最大的潜力和后劲也在农村。因此,乡村全面振兴就显得格外迫切。

　　由于作者的水平和能力有限,书中难免存在疏漏,敬请读者批评指正。

前　言

目　　录

第一章 乡村振兴战略概述

第一节 "双循环"新发展格局的提出

2020年5月14日，在中共中央政治局常委会会议上，习近平总书记首次提出了"要深化供给侧结构性改革，充分发挥我国超大规模市场优势和内需潜力，构建国内国际"双循环"相互促进的新发展格局"。同年8月24日，在经济社会领域专家座谈会上，习近平总书记又明确指出了"双循环"的主次结构："要加快构建以国内大循环为主体、国内国际"双循环"相互促进的新的发展格局。"同年10月29日，构建"双循环"新发展格局被纳入《中共中央关于制定国民经济和社会发展第十四个五年规划和二〇三五年远景目标建议》中，"双循环"成为我国未来经济建设的主要方向。"双循环"新发展战略的提出，是党中央根据我国经济发展的内外条件所做出的最新战略部署，是对我国经济发展路径做出的重大调整，将会深刻影响我国经济的增长和世界经济政治的发展格局。

"双循环"以国内循环为主体，明确独立自主是解决我国经济复苏面临的一系列不稳定性和不确定性因素的关键。以推动国内国际双向循环互动为支撑，表明了中国坚持开放发展的立场，始终做推进全球化的正能量。中国的"双循环"是横向国内国际双向循环，是基于平等互利、开放共享、命运与共的原则，是对资本主导下纵向"双层循环"的超越。

一、"双循环"新发展格局提出的时代背景

当今世界正处于百年未有之大变局，全球化赢家与输家之间也正在发生角色的调整和逆转。西方资本主义国家是全球化的既得利益者，但其全球化赢家身份也日益受到新型发展中国家群体性崛起的挑战。在新型冠状病毒肺炎疫情全球"大流行"之下，全球经贸合作更加举步维艰。为此，我国要推动经济由高速度增长迈向高质量发展阶段，则必须打通国内和国际经贸循环圈，将国内国际循环结合起来，形成""双循环"圈"。

（一）"双循环"是改革开放以来我国经济发展的必然要求

从 2011 年开始，中国经济的增速出现了明显下滑，进入减速换挡的"新常态"。"新常态"的形成，一方面是受国际环境日益复杂化的影响，另一方面则是"出口导向型"战略负面效应的逐渐显现。2008 年国际金融危机后，西方发达国家的经济普遍陷入低迷状态，国际消费市场大幅萎缩，导致国际经济大循环的动力减弱。由于经济状态低迷，西方国家民粹主义兴起，贸易保护倾向加剧，"逆全球化"的趋势日益显著。2018 年，美国为了转嫁国内经济发展的危机，对中国发起"贸易战"和"科技战"，影响了中国企业正常参与国际分工的过程。中国参与国际经济循环的渠道不畅通，经济增速明显下滑。但是外部因素不是影响中国社会经济增长的主要原因，"出口导向型"战略对中国经济循环的负面影响日益显现，才是中国经济增速下滑的根本原因。"出口导向型"战略割裂了生产与分配、交换、消费的联系，将企业锁定在制造环节。代工企业只是发挥了劳动力和土地资源廉价的比较优势，从事较为简单的制造流程，不利于新知识和新技术的形成和积累。代工企业议价能力较弱，代工的收益始终被跨国公司压制在成本的边缘，造成资源的浪费。由于代工企业的生产与国内的交换和消费也是割裂的，代工企业无法感知国内消费需求的变化。当国际需求衰退时，就会形成一方面代工企业产能过剩，无法顺利实现社会再生产过程，另一方面国内需求无法得到满足，需要从国际上大量进口商品。实际上，这些负面效应一直存在，只是在中国经济发展到当下阶段，已经成为制约经济增长的关键因素。

经过改革开放 40 多年的发展，中国无论是生产供给能力，还是需求消费能力，都已经得到了巨大的提升。从生产方面来看，中国已经是世界第一制造业大国，拥有全世界最完整的产业链体系。截至 2018 年，中国的工业增加值已经超过 30 万亿元，比新中国成立初期增长了 971 倍，占全球制造业份额的 1/4 强。中国拥有联合国产业分类中的全部工业门类，在世界 500 多种主要工业产品中，中国有 220 多种产品的产量居世界第一。从消费方面来看，中国的 GDP 总量将要突破 100 万亿元，人均 GDP 已经超过 1 万美元，国内已经形成了一个由 14 亿人口、4 亿多中等收入群体构成的超大规模消费市场。2019 年，中国社会消费品零售总额超过 41.2 万亿元，稳居世界第二。随着中国经济继续保持平稳较快增长，人均收入继续向高收入水平靠近，国内市场的规模将继续扩大。无论是从供给方面来看，还是从需求方面来看，重塑经济循环过程，将以外向循环为主的经济体系转向以内向循环为主的条件已经具备。

我国转变内外经济循环的主次地位的变化，不仅是中国经济自身发展的必然要求，也是为适应国际经济形势发生深刻变化的外部环境所做出的主动战略调整。在目前的国际经济循环中，中国企业的发展受跨国公司约束，在产业链中发挥的功能是被锁定的。如果中国企业在现有产业链中的功能提升，将直接与跨国公司产生竞争关系，这显然是跨国公司所不能接受的。要想提升企业的功能，实现产业结构的转型升级，中国只有转换经济循环路径，依靠国内经济大循环。当然，建立以国内大循环为主的经济体系，并不是要割裂国内与国外的经济联系，而是在充分利用国际资源的基础上，构建以我为主的产业链体系，保证供应链安全，推动社会再生产过程的顺利实现，增强我国经济发展的持续性和稳定性，进而带动世界经济的复苏和增长。

（二）构建"双循环"新发展格局的理论基础

构建"双循环"新发展格局不仅是改革开放以来我国经济发展的必然要求，而且是中国特色社会主义发展的根本目标，还是中国特色社会主义制度和政治经济学的伟大实践。"双循环"新发展格局与马克思的社会再生产理论相一致。马克思认为，社会再生产在形式上表现为生产、分配、交换、消费四个环节周而复始的循环，在本质上则是两大部类产品不断实现价值补偿和实物替换的过程。通过理顺社会再生产四个环节间的相互关系，遵循两大部类交换的一般规律，结合我国国内外经济循环中的实践，我们就可以为构建"双循环"新发展格局找到实现路径。

社会再生产的四个环节是对立统一的有机整体。生产是社会再生产过程中的核心，决定了分配、交换和消费的内容和形式，是社会再生产过程的起点和决定性环节。分配是由生产决定的，分配关系不过是生产关系的反面。正如马克思所说，"分配结构完全决定于生产的结构。分配本身就是生产的产物"。交换作为联结生产与消费的中间环节，是社会再生产过程的重要转折点，对生产发挥着重要的制约作用。任何生产都必须从交换中获得生产资料和劳动力，生产出的产品必须经过交换才能实现价值补偿，交换是否顺利直接影响生产规模。生产过程的最终环节是消费，消费是生产的目的和动力。如果生产出的商品没有被消费，就不能成为现实的商品。消费的扩大是新的生产方式产生的必要条件。新的生产方式创造出的使用价值，必须得到社会的承认，再生产过程才能顺利实现，这就要求消费在数量、范围和方式上进行扩张。消费直接为生产创造条件。消费的过程就是劳动力的再生产过程，而消费水平将直接决定再生产出的劳动力素质，从而直接影响社会生产力的提高。四个环节相互联系、相互制约，共同构成了社会再生产的一般过程。

生产、分配、交换和消费是社会再生产过程的表现形式，而社会再生产过程的本质却是两大部类产品在价值形态和物质形态上的补偿过程。马克思将社会总产品从价值形态上划分为三个部分，即转移到产品中的不变资本的价值，补偿工人再生产需要的可变资本的价值，以及在生产过程中创造的新价值；从实物构成上分为两大部类，即生产资料部类和生活资料部类。社会再生产的过程，不仅是不断实现社会总产品价值再补偿的过程，更是不断实现社会总产品物质再替换的过程，这就对社会总产品的价值构成比例和实物组成结构提出了要求。社会总产品能否顺利通过市场交换实现价值补偿，主要取决于社会总产品在实物组成上是否与需要补偿和替换的实物相一致。因而社会再生产问题，本质上就是社会经济运行中的比例关系问题。现代社会的再生产不是简单再生产，而是扩大再生产，这就要求两大部类的生产比例在动态增长中实现平衡。具体来说，就是要求第一部类扩大再生产后的可变资本价值和剩余价值的总和，与第二部类扩大再生产后不变资本的价值相等。这种相等关系实际上反映了两大部类在扩大再生产过程中是相互制约的关系。任何不顾这种比例关系的剩余价值的积累，都无法顺利地转化为资本，无法实现扩大社会再生产过程。在考虑技术进步条件下，由于资本有机构成的提高，第一部类的扩大再生产速度可以快于第二部类，即生产资料优先增长的规律。生产资料的优先程度应该是有限的，生产资料扩大再生产必然要求提供更多的消费资料，消费资料的供给是生产资料增长的瓶颈。要正确处理两大部类的增长关系，在长期中保持生产资料优先增长，在短期内则应该允许消费资料和生产资料交替快速增长，从而实现两大部类生产的动态平衡。

当然，现代社会常常从人类社会生产活动的历史发展序列和社会分工的发展过程进行三次产业的划分，反映了社会生产的历史阶段和产业结构的演变规律。尽管三次产业划分与两大部类在分类依据、涵盖面以及计算口径上都存在差别，但是二者之间仍存在联系。以马克思主义政治经济学方法论的角度看，二者也存在联系。正如可以把物质产品的价值区分为 c、v、m 一样，非物质的产品，即服务的价值也可以区分为 c、v、m。同时，为全面反映现代社会生产结构，在研究两大部类生产的比例关系和社会生产的实现过程时，可以根据服务产品的最终用途，把为生产提供的服务纳入第一部类，把为生活提供的服务纳入第二部类。这样，所有的物质生产和服务生产就构成了社会总生产，社会全部物质产品和服务产品就构成社会总产出。这就为两大部类赋予了新的内涵，这一新的内涵为现代社会认识社会再生产运动提供了更开阔的视野。中国长期处于以国际经济循环带动国内经济增长的发展模式中。随着国内经济的发展，这种割裂了生产与消费联系的循环模式带来的负面效应越来越明显。由于消费主要在欧美国家完成，国内企业的积累率偏高，两大部类的增速不匹配，造成了产业结构失衡。跨国公司生产的根本目的是加快资本积累，倾向于将工人的消费压缩在劳动力再生产的最低限度范围内。这种低水平的消费，单纯地消耗中国的劳动力资源，不具有可持续性。在国际循环体系中存在的这些问题，必须依靠建立国内经济大循环才能解决。

二、"双循环"与美国主导的国际经贸"双层循环"的比较及其优越性

当前，全球经贸循环体系包括以中国为连接桥梁的全球横向"双循环"，即"发达国

家—中国—欠发达国家""双循环"圈，以及以美国为首的西方发达国家主导的纵向"双层循环"，即上层的资本循环与下层的实体经济循环。此次，中国提出的"双循环"则是以国内国际循环互动来促使国内经济发展，带动全球经济复苏，以互利共赢、互联互通、双向互动超越"一荣俱损"、互不相通的单向操控。

（一）国际经贸体系中互联互通的横向"双循环"与两极分化的纵向"双层循环"

经济是一个周而复始的动态循环过程，循环过程就是价值的增值过程。从产业链和供应链的角度来看，全球纵向分工是导致不同国家处于产业链的不同层次和促使产业链在全球范围内延伸的根本原因。发达国家主导创新产业和高端服务业处于全球产业链的上层，发展中国家的第一产业、制造业和低端服务业则位于全球产业链的下层。国家与国家之间要形成产业联系，其产业结构必须具有互补性。中国作为世界上最大的发展中国家，改革开放以来，我国经济建设取得了重大的发展成就。自 2010 年以来，我国 GDP 稳居世界第二；产业结构不断优化升级，由低端制造业向中高端制造业转型，由"中国制造"向"中国创造"升级；战略性新兴产业不断崛起，在国际分工中的地位不断提升。中国产业结构的升级在全球产业链的形成中起到了纽带性作用。一方面，中国转型升级的制造业可以与发达国家的创新产业和高端服务业之间形成产业链上的层级互补关系，即中国可以利用自身后发优势承担发达国家高端产品的某种或几种"链"级产品的生产，同时中国高水平的制造业也为发达国家创新理念的产业化提供了适宜的市场。中国与发达国家之间的产业链得以形成，即全球经贸循环的第一个循环圈。另一方面，中国又可以与不发达国家在产业链上形成联系。不发达国家的第一产业可以为中国制造业提供初级产品，经中国加工之后进入中国与发达国家之间的经济循环圈。同时，中国可以为不发达国家提供资金和技术上的援助，帮助不发达国家和地区进行基础设施建设，促进不发达国家和地区走上经济发展的快车道。中国与不发达国家之间也形成了一个经贸循环圈，即全球经贸循环的第二个循环圈。中国作为发达国家与不发达国家之间经济循环的中间环节，是促成全球范围内的经贸大循环的枢纽。以中国为中介的全球经贸"双循环"虽然由上下两个不同层级的小循环构成，但是中国扮演的是联通的角色，而不是主导和垄断的角色。全球经贸"双循环"是互联互通、互利共赢的循环，是有利于促进全球经贸合作和经济全球化的循环。

国际贸易体系中，与以中国为枢纽的横向"双循环"同时存在的还有资本主义国家主导的纵向"双层循环"，即上层的资本循环与下层的实体经济循环。资本循环是覆盖在实体经济循环之上的，实体经济从属于资本，受资本控制。因此，"双层循环"的实质就是美国利用美元优势维持全球两极分化的分工体系。美国作为世界上最大最发达的经济体，一直主导全球经济秩序,在全球化进程中处于赢家的位置。但随着中国等发展中国家的群体性崛起,美国先发优势和在国际竞争中的有利地位也日益丧失。为了扭转传统产业和实体经济在国际竞争中逐渐失利的局势,美国企图利用美元世界货币的地位来主导全球金融格局,通过资本输出来重组各国在全球经贸体系中的比较优势,同时又通过主导全球金融分工体系,使发展中国家因国际贸易盈余而形成的储蓄资本以资本流通形式重返美国。美国主导的国际资本循环是为了扭转美国在实体经济循环中失利的态势,是通过主导全球资本配置来削弱甚至抵消发展中国家在国际贸易循环中的比较优势。因此,美国主导的资本循环是"一荣俱损"的、不可持续的循环。一方面,美元凭借其国际货币地位在国际金融调整中取得的绝对性主导地位,必然会增强全球金融风险。一旦美国出现金融泡沫或者金融危机就会危及整个国际金融体系,造成比贸易保护主义更大的破坏力。另一方面,以美国为首的西方国家主导的资本循环凌驾于以发展中国家为主的实体经济循环之上,形成上下两个互不相通的循环圈,在将发展中国家禁锢于全球产业链底端的同时,也限制了自身发展的空间。在迫使发展中国家资本不断向发达国家回流的同时,也增加了发达国家经济的泡沫成分,致使实体经济虚空,经济发展失去韧性。因而,从长远来看,以资本主导的上下不互通的纵向"双层循环"是不可持续的充满了剥削和压迫的循环。

(二)"双循环"以互联互通破除层级壁垒、谋求互利共赢

此次,中国提出的"双循环"则是指以国内循环为基础,推动国内国际市场双向互动,构建一体化的经贸大循环圈。"双循环"新发展格局是国内和国际双向循环,即实现劳动力、资本、技术、信息等要素在国内自由流动的同时,参与国际全球经贸循环。"双循环"新发展格局汲取了国际经贸"双循环"互联互通的精神实质,跳出了"双层循环""一荣俱损"的零和博弈困境。"双循环"新发展格局既对国内资本和要素循环提出了新的要求,也对中国参与和推进国际循环提出了更高的要求。满足国内需求、挖掘国内消费潜力、以内需带动经济发展,是在国际贸易受限的形势下,恢复经济正常运行,激发经济发展活力,实现"三去一降一补"的根本之策。在新型冠状病毒肺炎疫情全球"大流行"的形势下,立足于国内大循环无疑是保证国内经济正常运转的根本之策。但中国明确指出,中国倡导的经济模式是"双循环",而不是单循环。"双循环"向国际社会释放了中国坚定不移坚持开放发展的理念。"双循环"是国内国际横向的循环,即通过已经恢复的国内经济循环带动仍然处于低迷萎缩状态的国际经贸循环,同时依靠国际经贸循环的恢复来为国内经济循环提供动力和支撑。因此,与美国主导的"双层循环"是截然不同的。首先,"双循环"秉持的原则是平等互惠、互利共赢、命运与共,而不是"双层循环""一荣俱损"的零和博弈思维。构建"双循环"的目的是打通供需两端,既包括扩大内需,

也包括做好疫情防控的同时，在国际市场上协调供需矛盾，推动建设开放型世界经济。既可以缓解疫情严重国家防疫物资匮乏的严峻形势，又可以适度打通国际经济循环的脉络，打通国际供应链进而带动国际生产链的逐渐恢复。其次，"双循环"是以产业链和供应链为核心的循环，而不是以资本为核心的循环。资本循环是以美国为首的西方发达国家主导的以高科技、高端服务业为支撑的金融循环，是将广大发展中国家排除在外的上层循环。广大发展中国家在全球经济循环中处于产业链的下游，即便能够突破以实体经济为支撑的下层循环圈进入以资本主导的上层循环，也必然饱受资本的压榨和剥削。而以生产链与供应链为核心的"双循环"则是以打通国际供需两端为目的，促进资本和生产要素在全球范围内实现自由流通，确保供需有效对接，降低国际贸易成本。"双循环"以中国自身作为连接纽带，促进全球产业链上下游之间进行物质和能量的交换，保证全球经济大循环覆盖所有的国家和地区，为全球经济复苏注入了新的活力和动力。再者，"双循环"立足于发展，以国内经济发展惠及国际经济复苏。"双循环"以国内大循环为主体，面对新型冠状病毒肺炎疫情"大流行"之下百年未有之大变局加速发展的国际形势，2020年7月21日，在主持召开企业家座谈会时，习近平总书记指出，我国国内市场回旋空间大，我们要集中力量办好自己的事情，辩证地看待机遇和挑战，充分利用国内大市场，在危机中开新局，推动我国经济向高质量发展阶段迈进在全球贸易处于萎缩状态的形势下，我们只有集中力量办好自己的事情，才能保证国内经济实现动态循环。在全球贸易处于萎缩状态的形势下，我们只有集中力量办好自己的事情，才能保证国内经济实现动态循环。最后，"双循环"兼顾效率和安全，在全球化时代，在国际循环遭遇风险时，国内循环不可能完全不受影响。但各国可以通过健全和完善国内循环体系，以尽可能规避因国际循环不稳定引发国内循环不畅，甚至中断的风险。"双循环"既坚持国际国内循环互相促进的开放发展理念，积极参与国际循环，同时又主动规避和防范风险，兼顾效率和安全。由此可见，我国倡导的"双循环"不管是在原则和初衷，还是在施策的重点以及效率和安全等问题的处理上都秉持互联互通、互利共赢的理念，是对制造两极分化、层级壁垒的"双层循环"的扬弃和超越。

三、构建"双循环"新发展格局的关键举措

以习近平同志为核心的党中央提出构建"双循环"新发展格局，是为了应对逆全球化行径及新型冠状病毒肺炎疫情给国际经贸合作带来的负面影响，但"双循环"的提出不是权宜之计，不仅仅是为了应对眼前的危机，更是着眼于我国经济社会发展的"十四五"规划及更长远未来的谋略和更深层次的战略部署。"双循环"的长远目标在于促进我国经济由高速度增长向高质量发展阶段迈进。经济作为一个动态过程，循环是保持生机和活力的

关键。马克思在分析资本循环时指出，产业资本、货币资本和商品资本只有并存在资本循环过程的不同阶段，并且能够实现职能形式的相继转换，才能保证资本循环的顺利进行。其中任何一个转换环节出现停滞，下一个环节都会因所需资本的缺失而中断，进而导致整个资本循环的中断。借鉴马克思关于资本循环理论的逻辑，构建"双循环"关键在于疏通影响国内国际大循环的堵点。

（一）构建完整的内需体系，以内需拉动经济发展，疏通国内经济大循环的堵点

消费、投资和出口是拉动我国经济发展的"三驾马车"。在新型冠状病毒肺炎疫情"大流行"所引发的国际贸易和投资受限或者中断的形势下，激发我国经济发展的活力和潜力，必须依靠拉动内需。扩大内需不仅是去产能、去库存的现实需要，而且还是创造新的生产力的迫切需要。消费不仅是商品资本向货币资本转换的过程，而且还是新的生产力的创造过程，即消费不仅由生产决定，而且还中介着生产，消费创造出新的生产需要，为生产提供了观念上的内在动力，替产品创造了主体。我国经济韧性好，国内市场潜力足，经济回旋空间大，在很大程度上得益于我国拥有联合国产业分类中的全部工业门类。我国经济虽然整体态势持续向好，经济发展前景广阔，但在外部市场受限的形势下，内部需求不足与产能过剩之间的矛盾将会更加尖锐。产能过剩会进一步导致库存积压，即企业的生产资本在转换为商品资本之后，难以向货币资本实现"惊险的跳跃"，导致企业资本循环中断，进而影响到整个企业的正常运转。由此，只有构建完整的内需体系并与健全的工业门类体系实现高度匹配，才能发挥我国健全的工业体系、庞大的国内市场体系、强劲的经济韧性等在恢复经济生产中的优势。

构建完整的内需体系，首先，需要着力解决发展不平衡不充分的问题，改善消费环境，提高消费预期。发展不平衡不充分是影响我国人民美好生活需要得以满足的主要原因，同时也是制约我国人民消费水平提升和消费欲望释放的重要因素。社会发展滞后于经济发展，致使我国社会保障体系难以与经济高速发展所带来的风险相抗衡；生态建设滞后于经济发展，导致自然频频报复人类，在威胁人类生存的同时，也束缚了人们对美好生态环境消费需求的释放；乡村发展滞后于城市发展、西部地区滞后于东部地区的发展，致使我国广大乡村地区、边远地区、内陆地区消费内需严重不足，对创造新生产力的贡献率较低，在很大程度上拉低了我国整体内需水平。由此，释放我国居民消费潜力，首先，需要解决发展的不平衡和不充分问题，为提升我国人民消费水平提供物质基础和社会保障，以稳定人民的消费预期，释放人民的消费欲望。其次，需要不断提高居民的收入水平，增强居民的消费能力。消费虽然可以中介生产，但从根本上是由生产决定的。消费意识和消费

欲望能够刺激社会生产，但是推动消费意识产生的不是精神力量，而是物质的力量。因此，要从根本上刺激消费，拉动内需，还需要从物质的力量入手，即从提高居民可支配收入入手。收入水平决定消费水平，收入预期决定消费预期。增加居民可支配收入，一方面需要扩大就业，就业是最大的民生工程，只有扩大就业，才能阻断贫困代际延续，才能不断提高居民收入水平；另一方面还需要不断完善社会保障体系。社会保障体系是社会经济平稳运行的"减震器"和"稳定器"。完善的社会保障体系能够解决居民消费的后顾之忧，如完善的医疗保障体系能够消除居民因病返贫的忧虑，健全的失业保障体系能够提高居民消费预期的乐观程度等。此外，构建完整的内需体系，改善消费环境，稳定消费预期，还需要充分发挥政府的作用，政府在构建内需体系中起着总调控师的作用。政府需要在维持市场秩序、制定消费政策、宣传消费理念、引导消费趋势、提供消费服务等方面发挥更积极和更关键的作用。

（二）借助"一带一路"平台，建设更高水平的开放型经济，打破国际循环壁垒

在全球化时代，即便一个国家国内工业门类再齐全、工业体系再完善，国内市场再宏大，也难以关起门来搞建设，封闭起来谋发展。全球化虽然陷入了历史低谷，处于逆风逆水的状态，但在曲折中前进是新生事物发展的规律。因此，全球化依然是时代潮流，是符合历史前进方向的事物。我们只有顺应全球化趋势，才能在逆境中开新局。因此，在构建国内大循环的同时，我们需要推动国内国际"双循环"互相促进的新发展格局，即继续坚持开放发展理念。全球化是西方国家主导的，以美国为首的西方国家是全球化规则的制定者，也是全球化的既得利益者。然而西方发达国家至今依然没有从2008年国际金融危机的重创和阴影中走出来，西方发达国家经济呈现出增长乏力、长期处于低迷的态势。经济全球化的红利逐渐偏向发展中国家，发达国家从中获利日减，诱发了发达国家的逆全球化行径。美国作为全球化最大的赢家，开始从传统的对其有利的国际贸易平台及国际贸易协定中退群，甚至公然挑衅和无视WTO在世界贸易中的"法官"地位。在新型冠状病毒肺炎疫情全球"大流行"之后，美国政府不仅弃本国国民生命安全于不顾，专注于党派利益之争，而且还拒绝国际抗疫合作，拒缴世界卫生组织会费，执意退出世界卫生组织。很显然，发达国家主导的国际经贸体系因发达国家自身的破坏和违约已经难以正常运行，难以保证国际循环的继续畅通。要打破以美国为首的西方国家设置的贸易壁垒和贸易堵点，摒弃美国"一荣俱损"的国际贸易模式，我们必须开辟新的互利共赢的国际循环模式。"一带一路"是我国开放型经济的新模式，是一种顺应全球化潮流的全新国际合作平台，是我国对外开放常态化的合作新模式，而不是牟取私利的权宜之计。借助"一带一路"平台打

通国际循环脉络,第一,需要加强"一带一路"沿线国家基础贸易设施建设,打通阻碍贸易互通的交通障碍,实现设施联通。在"陆上丝绸之路"建设中,中国需要充分发挥自身在高铁等现代化基础设施建设中高性价比的优势,推动中国高铁出口,援助沿线各国现代化交通运输体系的建设,以促进沿线国家之间商品、货物、人员、文化更自由、更快捷、无障碍地互通。在"海上丝绸之路"的建设中,要大力提升现有港口和机场辐射能力,完善其服务能力,建造多功能和多元化服务的现代化港口和机场,以促进"海上丝绸之路"沿线各国之间贸易更加顺畅。在网络化时代,还要加强"e带e路"建设,搭建电商平台,完善网络设施,畅通网络贸易渠道。第二,要促进文化的交流互鉴,打通阻碍沿线各国贸易互通的心理障碍,实现民心相通。"一带一路"涉及的国家和地区非常之广,既包括欧洲发达国家,也包括亚洲和非洲的广大发展中国家。因此,"一带一路"沿线各国不仅在经济发展水平上参差不齐,同时在语言、宗教、风俗等文化层面上也存在明显的差异。经济贸易并不是纯粹的利益交往,而是建立在平等、互信等情感共鸣的基础之上。因此,要在"一带一路"经济圈内实现贸易互通,除了需要加强交通等基础设施建设之外,还需要加强文化的交流互鉴,加强平等互信、互利共赢、命运与共的心理建设。第三,打造"第三方市场合作机制"贸易新模式,突破传统西方国家旧贸易模式的障碍,实现贸易畅通。第三方市场合作机制是中国首创的全球经贸合作新模式,是对传统欧美国家主导创新研发和消费、发展中国家承担生产和制造的传统国际经贸循环的突破。习近平主席在第二届"一带一路"国际合作高峰论坛开幕式主旨演讲时指出,在秉承共商共建共享原则的前提下,欢迎多边和各国金融机构参与共建"一带一路"投融资,鼓励开展第三方市场合作,把各国优势和潜能充分发挥出来。第三方市场合作模式是指中国企业以市场为导向、联合外企共同在第三方国家市场进行合作,促进项目更高效地运作和落地。第三方市场合作模式能够联合中国的产能优势和发达国家的技术优势,共同促进广大发展中国家的资源能源、发展需求、发展空间等优势向经济优势转化。打造第三方市场合作机制,一方面需要完善合作的体制机制,为合作提供良好的环境,包括沟通协调机制、对话协商机制、信息共享机制、资金货币流通机制等。另一方面,合作要充分考虑到第三方国家的利益,实现三方共赢,而不是掠夺式的开发。特别是要将生态环境保护作为重点,在带动就业的同时,提高当地人民的生活质量。

(三)要把创新链作为耦合生产链和供应链的关键环节,打通全流程创新链条

科技创新是推动构建"双循环"的动力源。在新型冠状病毒肺炎疫情全球"大流行"的形势下,科技创新是战胜疫情的重要法宝。病毒源的论证、有效地控制疫情扩散、疫苗

的研发等都离不开科技创新的支撑。同时在疫情蔓延导致国际贸易萎缩的形势下，科技创新也是恢复国内循环、打通国际循环的重要推力。在全球经贸"双循环"中，中国作为全球经贸大循环的中介和枢纽，一方面能够同时利用发达国家的技术、资源优势和不发达国家的资源、能源、发展需求等优势来充分发展自己；另一方面，也决定了中国在国际经贸循环中处于非常脆弱的环节。中国在全球经贸循环中起连接发达国家和不发达国家的纽带作用，使得中国同时受到上游和下游供应链的制约。因此，虽然中国工业门类齐全，国内回旋空间大，但中国在国际循环中的角色决定了其必然在国际循环中断时首当其冲。

随着新型冠状病毒肺炎疫情全球"大流行"和禁航禁运的施行，我国既面临着因发达国家高端制造业的回撤带来的第一个循环圈断链的风险，也面临着商品服务出口、项目投资投产、资源和能源进口双向受限的困境。在上下游经贸循环都受限的形势下，我国要恢复国内循环圈，同时适度打通国际循环圈，则必须依靠科技创新，把要素驱动、投资驱动转变为创新驱动，不断提升产业链，稳定供应链，提高价值链，推动我国经济由高速度增长向高质量发展阶段迈进，才能尽快缝合发达国家高端制造业回撤给我国的生产带来的断链，尽快弥补广大发展中国家进出口受限给我国供应链造成的中断。以创新链作为耦合生产链和供应链的关键环节，首先，需要推动理论创新。理论是行动的先导，理论创新是实践创新的指南。理论创新从根本上说就是发现实践问题的过程，理论创新是社会问题思想层面的解决，为实践层面解决社会问题提供了科学论证和行动指导。当前我国经济发展面临的主要问题就是国内国际经贸循环面临着一系列堵点，为此，以习近平同志为核心的党中央提出了构建"双循环"新发展格局，这是当前我国重大的理论创新，为我国解决当前经济发展困境提供了科学的理论指引。因此，推动理论创新，我们要树立问题意识，推动形成问题导向的理论创新。其次，我们需要推动创新链与产业链的融合发展。将创新链融入产业链是当前解决国内国际循环不畅的最佳方式。利用零工经济等制造业智能化新模式能够有效解决线下复工高风险的问题；利用"互联网+"经济模式，可以实现远程办公、在线研发设计、远程金融服务、线上商品交付与销售等，打通了生产与销售之间的堵点；利用人工智能、大数据等新一代信息技术，可以实现线上教育、网络就医、无接触快递配送和智能出行，能够维持人们开展最低限度学习和生活等。由此，新一代技术在很大程度上提高了产业链韧性，将创新链融入产业链的每一个环节，关键在于加快建设"新基建"。"新基建"是数字经济、智能经济以及生命经济等这些人类未来文明的技术支撑，包括5G通信技术、大数据平台、工业互联网平台、生物工程、人工智能等。加快建设"新基建"既是中国解决当前国内国际贸易不畅的重要途径，同时也是完善我国创新体系，助推创新驱动发展战略，引领第四次工业革命的关键所在。由此，我们要激发社会整体创新活力，形成万众创新新局面，加速建设"新基建"。最后，我们需要推动创新链与供应链融合发展。将创新链融入供应链是"三去一降一补"的有效举措。打通供应链关键在于实现上下游企业之间供需高度匹配。中国是全球经贸循环生产链的纽带，同时也是供应链的中介。中国既是发达国家中高端制造业产品和服务的供应方，又是发达国家创新技术和高端服务业的接收市场；同时中国既是广大不发达国家和地区资源和能源的主要出口市场，也是广大不发达国家和地区资金和技术的主要供应方。因此，中国对促进全球供应链上下游企业之间实现供需匹配具有重要的协调作用。在卖方市场逐渐向买方市场转变的形势下，我们需要充分利用大数据、云计算等技术对买方市场，包括需求数量、需求种类、需求层次、需求动态等进行精准分析，才能提高企业决策的科学性，实现上游采购、中游制造、下游销售等环节的高效运行。促进创新链与供应链的深度融合需要从政策、技术、金融、管理等方面入手，但关键在于实现信息共享。供应链上下游企业之间建立数据共享体系，提高信息共享的及时性和透明度，能够帮助上下游企业及时调整生产，调整供应模式，以适应市场的需要。为此，打通国内国际供应链堵点关键要建立信息共享体制机制，防止信息垄断，以稳定的供应链保证畅通的生产链，进而实现"双循环"的畅通无阻。

四、"双循环"新发展格局下乡村振兴面临的挑战与对策分析

2021年2月21日，《中共中央国务院关于全面推进乡村振兴加快农业农村现代化的意见》（即2021年中央一号文件，以下简称《意见》）发布。《意见》指出要坚持农业农村优先发展，坚持农业现代化与农村现代化一体设计，一并推进，坚持创新驱动发展，以推动高质量发展为主题，统筹发展和安全，落实加快构建新发展格局要求，深入推进农业供给侧结构性改革，把乡村建设摆在社会主义现代化建设的重要位置。

当前，乡村振兴的推进还与"双循环"新发展格局的构建密切相关。"十四五"时期面临的外部环境可能更加严峻复杂，中国经济中长期发展面临诸多挑战。为积极应对内外部环境变化、掌握发展的主动权，要加快形成以国内大循环为主体、国内国际"双循环"相互促进的新发展格局，通过需求结构升级和供给能力提升，推动总供给与总需求实现更高水平、更高层次的动态平衡。挖掘农村居民消费潜力成为中国经济良性循环发展的重要思维，尤其是新生代农村居民流动性大、接受新观念快、模仿性强、收入来源多元化，其消费呈现"花全家的钱，圆自己的梦"的特点，因此以新生代为主导的农村居民消费潜力巨大。尤其是在新冠肺炎疫情的冲击下，农村产业发展受到冲击，基础设施和脱贫攻坚项目进度延后，公共服务新短板暴露出来。因此，乡村振兴不是一个喊喊而已的口号，对于一个农业人口仍占主体、城乡总体发展很不平衡的发展中国家而言，要走共同富裕的道路、实现全面小康社会的目标，乡村振兴的意义可谓重大而深远。

根据国内相关学者的研究成果，本文对"双循环"新发展格局助力乡村振兴的机制、

"双循环"新发展格局下乡村振兴面临的挑战做出分析,并在此基础上提出推进乡村振兴的具体对策建议。

(一)"双循环"新发展格局助力乡村振兴的机制分析

"双循环"新发展格局的提出对于乡村振兴战略的顺利实施具有重要战略意义,可通过以下三种机制有效助力乡村振兴的全面实现。

1. 动力转换机制

面对国内外形势的根本性变化,特别是新冠肺炎疫情造成的全球经济下行,传统的出口导向型经济发展模式面临严峻挑战。在这种情况下,中央审时度势,提出要构建"以国内大循环为主体、国内国际"双循环"相互促进"的新发展格局。这就意味着我国的经济发展动力将发生根本性转变,外向型动力的作用逐渐减弱,而内源性动力则持续加强,内部大循环对于经济可持续增长的重要性将不断提高。需要注意的是,新发展格局的构建从本质上来说是高质量发展的必然要求,其为乡村振兴提供了前所未有的历史性机遇。这是因为内部大循环的畅通需要打通生产、分配、交换和消费各环节的堵点,而薄弱的农村消费就成为构建新发展格局首先要解决的问题。因此《中共中央国务院关于全面推进乡村振兴加快农业农村现代化的意见》提出,要全面促进农村消费,深入推进电子商务进农村和农产品出村进城,推动城乡生产与消费的有效衔接,满足农村居民消费升级需要。与此同时,内部大循环的畅通还需要构建全国统一大市场,充分发挥超大规模经济体内部需求的优势。《意见》指出,要继续把公共基础设施建设的重点放在农村,加强乡村公共基础设施建设,实施农村道路畅通工程,开展城乡交通一体化示范创建工作。由此可见,新发展格局下发展动力的转换为乡村振兴提供了前所未有的历史性机遇。

2. 环境优化机制

新发展格局的构建是一项系统性工程,牵一发而动全身,因此需要中央政府从顶层设计的角度对其进行科学规划,其中最关键的一点在于供给侧结构性改革与需求侧管理的协调推进。换言之,无论是全面促进农村消费,还是加强乡村公共基础设施建设,都离不开供给侧结构性改革的配套和跟进。要在供给侧打破限制要素自由流动的各种体制机制障碍,充分发挥市场在资源配置中的决定性作用,提高资源配置效率,优化发展环境,促进内部大循环的畅通。正是基于这一原则,《意见》提出要深入推进农村改革,完善农村产权制度和要素市场化配置机制,充分激发农村发展内生动力。与此同时,要加快县域内城乡融合发展,破除城乡分割的体制弊端,加快打通城乡要素平等交换、双向流动的制度性通道。为了更好地吸引要素从城市流向农村,《意见》进一步提出要提升农村基本公共服务水平,建立城乡公共资源均衡配置机制。在此基础上,进一步强化农业农村优先发展投入保障，继续把农业农村作为一般公共预算有限保障领域，中央预算内投资进一步向农村倾斜，并鼓励农村数字普惠金融的发展，加大对农业农村基础设施投融资的中长期信贷支持，健全农业再保险制度。由此可见，新发展格局的构建不仅可以通过动力转换机制为乡村振兴提供良好的历史性机遇，还可以通过环境优化机制为乡村振兴提供坚实的保障与支撑。

3. 空间重构机制

通过需求侧管理和供给侧结构性改革的协调推进，我国的内部大循环将逐渐畅通，新发展格局也将初步确立。在"双循环"新发展格局下，限制要素自由流动的空间关系得到重新组合，由此带来的空间重构会使我国经济获得巨大的发展活力和成长空间。具体来说，通过要素市场改革、基础设施建设、公共服务发展和政策制度保障，城乡之间的非均衡发展格局将被彻底打破，城市和乡村之间会基于产业分工而互为市场，城乡一体化发展进入崭新的阶段，基于共建共治共享的"对称互惠共生"城乡关系开始形成，乡村振兴由此进入自主可持续的发展轨道。为了加快这一进程，《意见》提出要加快县域内城乡融合发展，推进以人为核心的新型城镇化，促进大中小城市和小城镇协调发展。同时，还要统筹县域产业、基础设施、公共服务、基本农田、生态保护、城镇开发、村落分布等空间布局，强化县城综合服务能力，把乡镇建设成为服务农民的区域中心，实现县乡功能衔接互补。因此，在动力转换机制和环境优化机制的作用下，"双循环"新发展格局最终通过空间重构机制来促进乡村振兴的可持续发展。

（二）"双循环"新发展格局下乡村振兴面临的挑战

尽管新发展格局能通过动力转换机制、环境优化机制和空间重构机制助力乡村振兴的实现，但在目前的情况下，我国乡村振兴仍然面临一系列困境和挑战，导致以上机制作用不能得到充分发挥。

1. 乡村自身的资源承载能力不足

尽管为了促进新发展格局的构建和乡村振兴的实现，《意见》既出台了很多针对农村、农业和农民的优惠政策，也提供了大量的资金和信贷支持，但是乡村振兴能够在多大程度上实现不仅取决于资源的数量，还取决于资源的利用效率，即资源的承载能力。在资源承载能力有限的情况下，过多的资源投入不仅会造成资源浪费，还会引起社会不公，影响社会和谐稳定。因此，乡村自身的资源承载能力有限就成为新发展格局下乡村振兴面临的重要挑战。

首先，乡村的基础设施尤其是与信息技术有关的基础设施建设很落后。大量的资源进入后难以获得必要的支撑性服务和配套性保障，从而不得不进入传统的落后产业，这实际上降低了资源配置效率，违背了市场在资源配置中起决定性作用的基本原则。其次，在目前的要素市场结构下，虽然农村的资金和劳动力可以自由流入城市，但是城市的资金和劳动力返回农村却存在一系列体制性和机制性障碍，导致原本投入农村和农业的大量资源通过市场渠道或者其他方式变相重新流入城市，导致城乡差距的进一步扩大，并影响乡村振兴目标的实现。在目前的体制环境下，城市劳动力回乡置业或者创业仍然存在一定的困难，而农村现有的劳动力由于能力有限又难以承担起创新和创业的重任，从而导致乡村振兴的内生动力不足。最后，大量的政策优惠和资金投入只能是短期举措，很难长期维持。虽然这些政策和资金能够在短期内见效，但是从长期来看，农民仍然缺乏较为稳定的资产性收入，这可能会在未来导致新的城乡差距。事实上，对于农民来说，最重要的资产就是土地，但是为了保护耕地和粮食安全，这些土地大都难以真正流通起来，因此也就难以为农民提供持续的资产性收入。

综上，由于乡村自身承载能力不足，导致大量的政策和资金投入难以获得有效利用。这种违背市场配置资源原则的方式会导致资源以变相的方式重新流回城市，而现有的体制和机制性障碍又使得乡村振兴的内生动力不足，农民也难以获得较为稳定的资产性收入，从长期来看，可能会导致城乡差距的进一步扩大，并影响乡村振兴目标的顺利实现。

2. 乡村自身的治理体系较为落后

新发展格局的构建、供给侧结构性改革和需求侧管理协调、基础设施的建设、公共服务的提供乃至乡村振兴的最终实现都离不开乡村治理能力的提高和治理体系的完善，而且乡村治理体系和治理能力现代化本身就是乡村振兴实现的重要表现。正是基于这一原因，《意见》将加强党的农村组织建设和乡村治理作为推进乡村振兴的重要抓手，指出要充分发挥农村基层党组织领导作用，持续抓党建促乡村振兴，并开展乡村治理试点示范创建工作。遗憾的是，目前我国乡村的治理体系仍然较为落后，从而成为新发展格局下我国乡村振兴面临的又一个重要挑战。

具体来说，我国乡村治理体系的落后主要表现在以下三个方面。首先，乡村的治理主体不完善，多元化治理格局尚未形成。乡村是我国基层民主自治的重要载体，而多元化治理格局则是民主自治的主要体现，但遗憾的是，目前我国的农村治理仍然主要是依靠基层政府，村委会在很多情况下仅仅是基层政府意志的传达和执行者，缺乏自我管理、自我教育和自我服务的功能与意识。此外，村民参与基层自治的积极性也不高，多元化治理格局远未形成。其次，村民自治制度建设落后，治理体系作用不明显。部分村委会已经蜕变为乡镇政府的"政权末梢"，村民和社会组织参政意识不强，对于基层民主和公共管理关心程度较低，法治化建设较为薄弱，乡村治理的制度基础呈现出弱化的趋势。此外，随着城镇化的推进，大量的乡村精英和年轻人迁往城市，导致乡村治理缺乏乡贤和年轻人的参与，现代化治理体系推进缓慢。最后，农村党员结构不合理，基层党组织的作用难以充分发挥。目前，我国农村的党员队伍普遍存在年龄偏大、文化层次较低、女性党员较少的结构性问题，这在一定程度上不利于基层党组织作用的发挥。此外，有些基层党组织偏离了群众路线，过于重视形式治理，也难以处理好基层政府与农民之间的关系，导致基层党组织的功能弱化，脱离了实现乡村振兴的轨道。

综上，目前，我国乡村治理主体较为单一，多元化治理格局尚未形成，基层党组织的作用也未得到充分发挥，再加上村民自治制度建设滞后，使得农村治理体系较为落后，难以满足新发展格局下全面推进乡村振兴的要求。

3. 乡村自身的相对贫困开始凸显

2020年，我国已经实现现行标准下消除农村绝对贫困人口的目标，脱贫攻坚的任务顺利完成。为了巩固脱贫成果，《意见》要求设立衔接过渡期，以实现巩固脱贫攻坚成果与乡村振兴的有效衔接。

《意见》指出，对摆脱贫困的县，从脱贫之日起设立五年过渡期，逐步实现由集中资源支持脱贫攻坚向全面推进乡村振兴平稳过渡，推动"三农"工作重心历史性转移。由此可见，乡村振兴是建立在消除农村绝对贫困基础之上的，但是由此带来的相对贫困问题却成为顺利实现乡村振兴的重要挑战。

首先，脱贫地区的内生治理能力不足。虽然在各级政府的共同努力下，我国已经在2020年顺利实现了消除绝对贫困的目标，但是由于时间紧、任务重，一些贫困治理采取了外部"输血"的方式来完成，这可以在短期内提高贫困农民的收入，却不利于贫困村内部治理能力特别是"造血"能力的培育和提升。更重要的是，贫困村的人才流失较为严重，产业结构也较为单一，即使在外部"输血"的帮助下收入得到了提高，也难以吸引流失的人才回归，更谈不上吸引外部人才，因此脱贫村的内生治理能力普遍不足，不利于巩固脱贫攻坚成果与乡村振兴的顺利衔接。其次，相对贫困的识别较为困难，难以采取有针对性的措施。与绝对贫困可以进行有效识别不同，相对贫困是一个动态的概念，无论收入水平有多高，只要存在收入差距，相对贫困问题就会存在。而且相对于绝对贫困，相对贫困所产生的不公平感更容易引发社会矛盾和群体冲突。因此，解决相对贫困是一个长期的系统性任务，其无疑会增加乡村振兴的实现难度。最后，深度贫困和返贫问题突出，可持续的长效脱贫机制尚未建立。随着新冠肺炎疫情带来的经济下行，深度贫困问题可能会再次暴露，因病返贫、因灾返贫的问题也会凸显出来，尤其是那些集中连片的特困地区，由于基础设施建设和公共服务落后，教育和安全问题难以得到有效保障，极易出现返贫问题。与此同时，虽然《意见》已经提出要设立衔接过渡期，但是到目前为止，尚未建立起可持续的长效脱贫机制，这也会进一步加剧可能存在的深度贫困和返贫问题，从而不利于乡村振兴的全面推进。

综上，由于脱贫地区的内生治理能力不足，相对贫困的识别较为困难，再加上缺乏可持续的长效脱贫机制，从而加剧了可能存在的深度贫困和返贫问题，这些都会对新发展格局下乡村振兴的全面推进构成严峻挑战。

（三）"双循环"新发展格局下推进乡村振兴的对策建议

为了更好地发挥"双循环"新发展格局对于乡村振兴的助力作用，应对新发展格局下乡村振兴面临的挑战，在"双循环"新发展格局下应该主要以提升乡村资源承载力、实现农村治理体系现代化、构建相对贫困的长效治理机制等方式推动乡村振兴。

1. 通过投资新基建和畅通要素流动来提升乡村资源承载能力

农村对于资源的承载能力是新发展格局下推进乡村振兴的关键决定因素，然而其提高却不是一蹴而就的，必须有条不紊、循序渐进，尤其是要遵循供给侧结构性改革与需求侧管理协同推进的根本原则。

第一，在新发展格局下，为了促进内部大循环的畅通，必须实现城乡之间基础设施的联通，尤其是要提高乡村的现代信息技术水平。要以政府为主导在农村推进新型基础设施的建设。需要注意的是，新基建并不是单纯指以 5G 等为代表的基站和其他网络基础设施的建设，还包括农村的公路、桥梁和其他生活基础设施的建设，这不仅可以有效的增加投资需求，实现需求侧管理的目标，还可以从根本上改善农村的生活消费环境和投资创业环境，推进农村供给侧结构性改革，从而为提高农村的资源承载能力奠定坚实的基础。

第二，随着农村新基建的不断完善，政府应该由主导作用向引导作用过渡，通过相关的财政补贴或者税收优惠吸引各类市场主体尤其是相关金融机构和电商企业开拓农村市场，提高农业产出和农民收入。需要注意的是，在这一阶段，农村市场并未真正建立起来，无论是金融机构还是电商企业可能都无法获得预期的收益，但是如果缺少这些市场主体，那么农村的供需结构就无法真正改观，也无法吸引更多的生产要素流入农村市场。所以，在这一阶段政府必须为这些市场主体的外部性买单，引导其进入农村市场，从而为完善农村地区的市场经济体系构建一个必要的框架。

第三，随着农村供给侧结构性改革和需求侧管理目标的逐步实现，农村对于各类生产要素的吸引力将大幅提高。此时应该彻底消除阻碍要素自由流动的各种体制和机制性障碍，让资本、劳动力和技术自由进入农村市场。届时"双循环"新发展格局已经初步确立，乡村振兴也进入自主发展的快车道。在目前的情况下，即使消除了要素自由流动的体制机制障碍，也无法吸引要素流入农村和农业，反而会使要素加速流入城镇，从而导致更严重的农村"空心化"问题，这也是我们需要循序渐进地提高农村资源承载能力的根源所在。此外，随着农村生产要素的不断流入，传统的农业经营方式也将随之改变，农民可以凭借土地的承包权和使用权以及出让宅基地获得长期可持续的租赁收入或者可观的转让收入，从而顺利实现城镇化。土地也将被集中化和规模化使用，农业的生产效率大幅提升，乡村振兴的目标也会顺利实现。由此可见，新发展格局的构建，尤其是供给侧结构性改革和需求侧管理的协调推进对于乡村振兴具有显著的积极作用。

2. 通过完善乡村治理结构和培育乡村良好风尚实现农村治理体系和治理能力现代化

随着乡村资源承载能力的不断提升和生产要素的不断涌入，农村治理能力的提高和治理体系的现代化迫在眉睫。实际上，农村治理体系的现代化本身就是乡村资源承载能力的重要决定性因素。尤其是当乡村资源承载能力达到一定程度以后，农村治理体系的落后就成为制约因素。所以，必须通过完善乡村治理结构和培育乡村良好风尚来实现农村治理体系和治理能力现代化。

第一，要纵深推进农村改革，创新乡村治理模式，完善农村治理结构。基层党组织是乡村善治的重要基础，基层民主则是乡村善治的根本保障。因此，要在改善党员结构、提高农村党员素质的基础上，不断健全协商民主理事会、家乡发展委员会、乡村发展促进会等民主协商组织，激发村民的主人翁意识。尤其是要引导农村精英、新乡贤和广大农村群众积极参与党务、村务和政务工作，并利用新型基础设施，以不同形式构建便民服务网、党群联系网等，全面推进村级、组级民主协商和民主评议活动，实现乡村发展的共建共享。与此同时，要充分发挥党建工作在促进农村产业升级和新兴经营主体发展中的引领作用，构建起"党组织+龙头企业+合作社+基地+农户"的完整产业链和供应链，实现以党建为引领、以产业为核心、产供销一体化的产业升级目标，将组织优势和组织活力转化成发展优势与发展活力，为新发展格局下乡村振兴的全面实现提供不竭动力。

第二，要积极培育乡村良好风尚，促进群众自觉发展意识和干事奋斗精神的觉醒。除了正式的制度架构以外，非正式规则尤其是文明乡风建设对于农村治理体系和治理能力现代化具有重要影响。良好的乡风不仅能够浸润人心、引领向善，还能够规范行为、凝聚力量，助力新发展格局的构建和乡村振兴的实现。要紧抓《中华人民共和国民法典》宣传契机，大力开展尊老爱幼、亲仁善邻、社会和谐的文明乡风建设活动，集中解决"因婚、因不孝、因懒、因赌"等致贫和返贫问题，实现德治法治自治的互促互进。与此同时，要引导群众将乡村文化建设转化成对美好生活奋斗目标的执着追求，从精神上鼓励群众，树立感恩意识、主体意识和能动意识，调动群众干事创业、努力奋斗的积极性、主动性和创造性，并使之凝聚成构建新发展格局、全面推进乡村振兴的强大精神动力。

第三，要实施乡村振兴"人才强基"工程，推进"职业农民"的教育培训，并强化农村的生态治理和资源保护。构建新发展格局、推进乡村振兴，离不开强大的人才储备，必须把"人才强基"工程作为农村治理体系现代化的重要任务。要加大对农民的培训力度，使其成为推进乡村振兴所需要的经营型、技术型、管理型和综合型人才，尤其是要重视新型经营主体的培养。此外，要积极探索"市场化"的长效环境管护机制，鼓励市场主体成立服务公司，参与农村人居环境改善，推广城乡环卫"全域一体化"的第三方治理，由注重建设向建管并重转变，将农民自己管、引进企业专业管和政府履责严格管有机结合，确保农村通过绿色发展实现乡村全面振兴。

3. 通过持续推进精准扶贫和建设农村现代产业体系构建相对贫困的长效治理机制

相对贫困是构建"双循环"新发展格局、全面推进乡村振兴过程中出现的新问题，相对贫困不同于绝对贫困，不仅在识别难度上大大的增加，而且在治理时间上也大幅延长，需要构建起相对贫困的长效治理机制。

第一，要加深对相对贫困产生和识别机制的理解，持续推进精准扶贫。相对贫困要解决的不再是基本的生存问题，而是发展问题和发展成果的共享问题。因此，在构建新发展格局的背景下，相对贫困具有多重维度，必须加强对相对贫困产生和识别机制的理解，并依据区域发展水平科学划定相对贫困标准，建立相对贫困群体的动态检测、动态调整和跟踪服务机制，持续推进精准扶贫，实现对相对贫困人口的精准管理和精准帮扶。与此同时，要推进城乡扶贫治理开发一体化，将城镇贫困人口也纳入城乡居民基本养老保险扶贫政策范围，逐步推进城乡扶贫开发梯次并轨。在此基础上，我们不仅要尽可能减少相对贫困人口，还要努力缩小收入差距，实现收入分配的公平化。

第二，要科学规划乡村产业，多渠道引进龙头企业等市场主体，推进农村一、二、三产业融合发展，构建现代产业体系。充分利用构建"双循环"新发展格局的历史性契机，在更高层面、更广领域进行资源要素的优化配置，增进区域产业发展和产业集聚比较优势，激活农村产业发展和转型升级的内生动力。与此同时，大力发展农业生产社会化服务，加大现代农业产业技术体系建设的支持力度，多渠道引进龙头企业等市场主体，强化高阶要素融汇能力和水平，进一步增强产业发展的动力和活力。努力推进"产业合作共同体"建设，带动扶持小农户分享生产、加工、销售环节的增值收益，优先发展绿色生态农业，坚持"创特色与抓规模并重，创品牌与增效益并举"，推进农业一、二、三产业融合发展，在农村构建起现代产业体系，帮助农民共享发展成果，彻底解决可能出现的相对贫困问题。

第三，在治理相对贫困问题的过程中，必须强化领导体制，创新工作机制，坚决防止"一刀切"。根据村庄发展特点建立健全"差异化"相对贫困治理考核制度，坚持农业农村发展优先、干部配备优先、要素配置优先和资金投入优先四个原则，压实责任，强化协同。坚持整合资金，形成政府投入和社会资本协同发力的良性机制和制度体系，凝聚社会各方面共同参与的强大合力，形成全社会共同参与的相对贫困治理新格局，并将其与"双循环"新发展格局的构建和乡村振兴的全面实现有机结合，最终实现社会主义现代化强国的建设目标。

第二节 乡村振兴战略的背景及重要意义

乡村振兴战略是我国推进农村税费改革、新农村建设、城乡一体化改革后的又一重大战略决策，具有重大历史性、理论性和实践性意义。

一、乡村振兴战略的背景

（一）我国"三农"政策的变迁

进入新世纪之前，我国实施农业支持工业的战略，主要通过从农业中汲取资金支持工业。进入新世纪以后，我国逐步将原农业支持工业战略转变为工业反哺农业战略。2002年，党的十六大报告首次提出了"统筹城乡经济社会发展"。2004年9月，十六届四中全会提出"两个趋向"重要论断。第一个趋向，即在工业化初始阶段，农业支持工业、为工业提供积累是带有普遍性的趋向，绝大多数国家在工业化初期阶段发展工业的资金都来自农业。第二个趋向，即在工业化达到相当程度后，工业反哺农业、城市支持农村，实现工业与农业、城市与农村协调发展，也是带有普遍性的倾向，在理论界被称为工业化中期阶段。也就是说，在工业化中期阶段以后，一个国家或者地区的基本工业体系已经形成，工业体系相对完整，工业有了自我发展、自我积累的能力，不需要从农业中汲取资金。相反，农业因为长期为工业提供资金，其发展相对滞后，客观上需要工业为其"输血"。

从教育方面看，2003年以前，由于相当一部分农村教育都是民办的，即农民自己筹集资金开展农村教育基础设施建设，导致当时城乡教育差距明显。从医疗方面看，2003年以前，接近80%的农村居民没有任何医疗保障，因此，从2003年开始，我国在一些地区试点实行新型农村合作医疗。

2005年3月，十届全国人大三次会议政府工作报告中提出，适应我国经济发展新阶段的要求，实行工业反哺农业、城市支持农村的方针，合理调整国民收入分配格局，更多地支持农业和农村发展。2005年10月，党的十六届五中全会提出，"建设社会主义新农村是我国现代化进程中的重大历史任务"。2006年中央一号文件部署了推进社会主义新农村建设，提出了"五句话、二十个字"，即"生产发展、生活宽裕、乡风文明、村容整洁、管理民主"。这一阶段，我国推行了农业税收减免政策。2004年，《中共中央国务院关于促进农民增加收入若干政策的意见》提出要"逐步降低农业税税率，2004年农业税税率总体降低1个百分点，同时取消除烟叶外的农业特产税"。2005年中央一号文件提出，"减免农业税、取消除烟叶以外的农业特产税"，"进一步扩大农业税免征范围，加大农业税减征力度"。2005年12月29日，十届全国人大常委会第十九次会议通过了关于废止农业税条例的决定。

与此同时，从2004年开始，我国相继实行了"四大补贴"政策：一是良种补贴。该补贴从2002年开始试点，2004年在全国正式推开。现在，我国主要农产品品种，包括种植业、畜牧业、渔业都实施了良种补贴。二是种粮农民直接补贴。该补贴从2004年开始实施，按照农民承包土地亩数面积计算。三是农机购置补贴。即国家对农民购买农机具给予补贴，该补贴最初补贴1/3，后来转变为定额补贴。四是农资综合补贴。该补贴从2006年开始实施。随着经济的发展，我国劳动力成本、各种原料及农业生产资料价格逐步上升，因此，国家实施了农业生产资料综合补贴。

2004年开始，我国对主要农产品实施了最低收购价格。2004年、2005年主要针对稻谷实施最低保护价收购，2006年开始对小麦实施最低保护价收购。随后，我国对其他农产品也实行了相应的价格保护政策。由于2008年后政府最低收购价逐年提升，我国主要农产品价格也逐渐高于国际生产价格。2015年、2016年国内主要农产品价格已经大大高于国际同类农产品价格，每种产品价格在不同时期高出的幅度也不同。这种情况下就必须改革我国主要农产品的价格形成机制。2014年，我国对粮食价格形成机制进行改革，对大豆和棉花实行目标价格制度。2016年，财政部印发了《关于建立玉米生产者补贴制度的实施意见》，取消了玉米临时收储政策，实行生产者补贴政策。

在公共事业上，2006年，我国对西部地区农村义务教育阶段学生全部免除学杂费，2007年，对全国农村义务教育阶段学生全部免除学杂费。2007年7月，国务院下发了《关于在全国建立农村最低生活保障制度的通知》，开始在全国逐渐推开建立农村低保。从居民养老保险制度来看，2007年10月，党的十七大报告强调，"覆盖城乡居民的社会保障体系基本建立，人人享有基本生活保障"，并强调要"探索建立农村养老保险制度"。2009年，国务院发布了《关于开展新型农村社会养老保险试点的指导意见》，从2009年开始实施。新农保试点的基本原则是"保基本、广覆盖、有弹性、可持续"。"保基本"就是保障农村养老基本生活、基本需求。"广覆盖"就是逐渐提高覆盖面，最终让所有农村居民的养老问题都纳入制度里。2014年，国务院印发了《关于建立统一的城乡居民基本养老保险制度的意见》。《意见》提出，"十二五"末，在全国基本实现新农保与城市职工基本养老保险制度相衔接；2020年前，全面建成公平、统一、规范的城乡居民养老保险制度。从医疗保险领域来看，2012年，国家发展改革委、卫生部等六个部门发布了《关于开展城乡居民大病保险工作的指导意见》。2015 年，国务院办公厅发布了《关于全面实施城乡居民大病保险的意见》，开始在全国推行城乡居民大病保险。2016 年，国务院印发了《关于整合城乡居民基本医疗保险制度的意见》，把城镇居民基本医疗保险和新型农村合作医疗整合在一起，形成城乡居民基本医疗保险（城乡居民医保）。城乡居民医保从 2016 年开始实施，其最终目标是让城镇居民和农村居民的基本医疗保险达到一致，让保险在区域上可以互相衔接。这样既有利于人口的流动，又有利于农村居民整体医疗保险水平的提高。

党的十八大以来，我国农业农村政策在很多方面体现在中央一号文件上。2013 年中央一号文件《中共中央国务院关于加快发展现代农业进一步增强农村发展活力的若干意见》，其中第六部分是"改进农村公共服务机制，积极推进城乡公共资源均衡配置"。2013 年中央一号文件还强调要"努力建设美丽乡村"。2015 年，国家质量监督检验检疫总局、国家标准化管理委员会发布《美丽乡村建设指南》国家标准，就是用于指导全国不同地区不同情况的美丽乡村建设。2014 年中央一号文件提出，"健全城乡发展一体化体制机制"，"开展村庄人居环境整治"，"推进城乡基本公共服务均等化"。2015 年中央一号文件强调，"围绕城乡发展一体化，深入推进新农村建设"文件指出，"中国要美，农村必须美"。文件还强调，要在 2015 年解决无电人口用电问题，加快推进西部地区和集中连片特困地区农村公路建设。2016 年中央一号文件强调，"加快建设社会主义新农村"，"社会主义新农村建设水平进一步提高"。2017 年中央一号文件强调，要"壮大新产业新业态，拓展农业产业链价值链"，"大力发展乡村休闲旅游产业"，"培育宜居宜业特色村镇"，"支持有条件的乡村建设以农民合作社为主要载体、让农民充分参与和受益，集循环农业、创意农业、农事体验于一体的田园综合体"。2021 年 2 月 21 日，中央一号文件正式出炉，主题是"全面推进乡村振兴 加快农业农村现代化"。

（二）"三农"工作取得的成效

1. 粮食总产量年年丰收

根据国家统计局数据，2004—2015 年，我国粮食生产实现了 12 年连续增产。虽然 2016 年的全国粮食总产量（61 625 万吨）较 2015 年的全国粮食总产量（62 144 万吨）有所降低，但降低的并不多。2017 年全国粮食总产量是 61 791 万吨，虽然在总量上没有超过 2015 年的 62 144 万吨，但是较 2016 年的 61 625 万吨还是有所提升。2020 年全国粮食总产量为 66950 万吨，比上年增加 565 万吨，增长 0.9%，产量连续 6 年保持在 65000 万吨以上。2020 年中国粮食产量创历史新高，粮食生产实现"十七连丰"，为确保国家粮食安全提供了坚实支撑。

2. 农村居民人均可支配收入持续增长

2021 年 3 月，农业农村部对外公布"十三五"期间（2016—2020 年）中国农民收入情况。情况显示，近 5 年农民收入持续较快增长，城乡居民收入差距不断缩小。

2019 年，中国农村居民人均可支配收入达到 16 021 元，提前 1 年实现比 2010 年翻一番目标。2020 年面对新冠肺炎疫情冲击，中国着力稳就业、促创业、兴产业，农民收入逐季好转，全年实际增长 3.8%，收入达到 17 131 元，较 2015 年增加 5709 元。特别是贫困地区农民收入增长较快，2020 年达到 12 588 元，"十三五"期间年均增长 7.87%，高于全国农村平均水平 1.87 个百分点。

3. 脱贫攻坚全面胜利

2021 年 2 月 25 日，我国脱贫攻坚战取得了全面胜利。经过全党全国各族人民共同努力，在迎来中国共产党成立 100 周年的重要时刻，我国脱贫攻坚战取得了全面胜利，现行标准下 9899 万农村贫困人口全部脱贫，832 个贫困县全部摘帽，12.8 万个贫困村全部出列，区域性整体贫困得到解决，完成了消除绝对贫困的艰巨任务，创造了又一个彪炳史册的人间奇迹。

（三）"三农"工作面临的形势

"十三五"时期，我国农业农村发展的外部条件和内在动因正在发生深刻变化，既存在不少有利条件，也面临很多困难和挑战。

从有利条件看，一是中央高度重视"三农"工作，加快补齐农业农村短板已经成为全党全社会共识，我国发展仍处于可以大有作为的重要战略机遇期，经济长期向好的基本面没有改变，强农惠农富农政策体系将更加完善。二是粮食等主要农产品供给充足，城乡居民消费结构加快升级，新一轮科技革命和产业变革正在孕育兴起，为农业转方式、调结构、拓展发展空间提供了强有力的支撑。三是农村改革和城乡一体化深入推进，将进一步激发农村发展活力，为促进农民增收和农村繁荣提供持续动力。四是全球经济一体化进程加快及"一带一路"等战略的实施，有利于更好地统筹利用两个市场两种资源，缓解国内资源环境压力，优化国内农业结构。

从困难挑战看，一是农业供给侧结构性改革任务艰巨，玉米等农产品库存积压和优质化、多样化、专用化农产品供给不足并存，农业生产成本持续上升，农业生产效益低而不稳，农业基础设施建设滞后，农产品质量安全风险增多，农业面临的国际竞争压力加大。二是农业资源环境问题日益突出，水土资源紧张，部分地区耕地基础地力下降明显，面源污染加重，拼资源、拼消耗的生产方式难以为继，农村劳动力老龄化加速，专业型、技术型、创新型人才和青壮年劳动力缺乏，谁来种地问题逐步显现，实现农业持续发展任重道远。三是我国经济发展进入新常态，经济增速放缓，持续大幅增加财政"三农"投入空间有限，促进农民工外出就业和工资增长难度加大。四是城乡二元结构问题突出，城乡资源要素平等交换和均衡配置仍存在体制性障碍，农村基础设施和公共服务依然薄弱，缩小城乡差距任务繁重。"十三五"时期我国农业农村发展机遇与挑战并存，希望与困难同在，实现农业稳定发展、农民持续增收的任务非常艰巨。必须牢固树立强烈的短板意识，坚持问题导向，不断创新工作思路，凝聚各方力量，落实新发展理念，破解发展难题，合力开拓农业农村工作新局面。

二、实施乡村振兴战略的重要意义

党的十九大报告提出实施乡村振兴战略具有重大的历史性、理论性和实践性意义。从历史角度看，它是在新的起点上总结过去，谋划未来，深入推进城乡发展一体化，提出了乡村发展的新要求新蓝图。从理论角度看，它是深化改革开放，实施市场经济体制，系统解决市场失灵问题的重要抓手。从实践角度看，它是呼应老百姓新期待，以人民为中心，把农业产业搞好，把农村保护建设好，把农民发展进步服务好，提高人的社会流动性，扎实解决农业现代化发展、社会主义新农村建设和农民发展进步遇到的现实问题的重要内容。

（一）实施乡村振兴战略是解决发展不平衡不充分矛盾的迫切要求

中国特色社会主义进入新时代，这是党的十九大报告做出的一个重大判断，它明确了我国发展新的历史方位。新时代，伴随社会主要矛盾的转化，对经济社会发展提出更高要求。新时代我国社会主要矛盾已经转化为人民日益增长的美好生活需要和不平衡不充分的发展之间的矛盾。改革开放以来，随着工业化的快速发展和城市化的深入推进，我国城乡出现分化，农村发展也出现分化，目前最大的不平衡是城乡之间发展的不平衡和农村内部发展的不平衡，最大的不充分是"三农"发展的不充分，包括农业现代化发展的不充分，社会主义新农村建设的不充分，农民群体提高教科文卫发展水平和共享现代社会发展成果的不充分等。从决胜全面建成小康社会，到基本实现社会主义现代化，再到建成社会主义现代化强国，解决这一新的社会主要矛盾需要实施乡村振兴战略。

（二）实施乡村振兴战略是解决市场经济体系运行矛盾的重要抓手

改革开放以来，我国始终坚持市场经济改革方向，市场在资源配置中发挥越来越重要的作用，提高了社会稀缺配置效率，促进了生产力发展水平大幅提高，社会劳动分工越来越细。随着市场经济深入发展，需要考虑市场体制运行所内含的生产过剩矛盾及经济危机等问题，需要不断扩大稀缺资源配置的空间和范围。解决问题的途径是实行国际国内两手抓，除了把对外实行开放经济战略、推动形成对外开放新格局，包括以"一带一路"建设为重点加强创新能力开放合作，拓展对外贸易、培育贸易新业态新模式、推进贸易强国建设，实行高水平的贸易和投资自由化便利化政策，创新对外投资方式、促进国际产能合作，加快培育国际经济合作和竞争新优势等作为重要抓手外，也需要把对内实施乡村振兴战略作为重要抓手，形成各有侧重和相互补充的长期经济稳定发展战略格局。由于国际形势复杂多变，相比之下，实施乡村振兴战略更加安全可控、更有可能做好和更有福利效果。

（三）实施乡村振兴战略是解决农业现代化的重要内容

经过多年持续不断的努力，我国农业农村发展取得重大成就，现代农业建设取得重大进展，粮食和主要农产品供求关系发生重大变化，大规模的农业剩余劳动力转移进城，农民收入持续增长，脱贫攻坚取得决定性进展，农村改革实现重大突破，农村各项建设全面推进，为实施乡村振兴战略提供了有利条件。与此同时，在实践中，由于历史原因，目前农业现代化发展、社会主义新农村建设和农民的教育科技文化发展存在很多突出问题迫切需要解决。面向未来，随着我国经济不断发展，城乡居民收入不断增长，广大市民和农民都对新时期农村的建设发展存在很多期待。把乡村振兴作为党和国家战略，统一思想，提高认识，明确目标，完善体制，搞好建设，加强领导和服务，不仅呼应了新时期全国城乡居民发展新期待，而且也将引领农业现代化发展和社会主义新农村建设以及农民教育科技文化进步。

第三节　乡村振兴战略的科学内涵及战略导向

相比较新农村建设而言，乡村振兴战略的内容更全面，内涵更丰富，层次更高，目标更大，这是新时代我国农村工作发展方向和理念的一次深刻变革。其战略导向体现在"三个坚持"，即坚持高质量发展、坚持农业农村优先发展、坚持走城乡融合发展道路。

一、乡村振兴战略的科学内涵

（一）产业兴旺是乡村振兴的核心

新时代推动农业农村发展核心是实现农村产业发展。农村产业发展是农村实现可持续发展的内在要求。从中国农村产业发展历程来看，过去一段时期内主要强调生产发展，而且主要是强调农业生产发展，其主要目标是解决农民的温饱问题，进而推动农民生活向小康迈进。从生产发展到产业兴旺，这一提法的转变，意味着新时代党的农业农村政策体系更加聚焦和务实，主要目标是实现农业农村现代化。产业兴旺要求从过去单纯追求产量向追求质量转变、从粗放型经营向精细型经营转变、从不可持续发展向可持续发展转变、从低端供给向高端供给转变。城乡融合发展的关键步骤是农村产业融合发展。产业兴旺不仅要实现农业发展，还要丰富农村发展业态，促进农村一、二、三产业融合发展，更加突出以推进供给侧结构性改革为主线，提升供给质量和效益，推动农业农村发展提质增效，更好地实现农业增产、农村增值、农民增收，打破农村与城市之间的壁垒。农民生活富裕的前提是产业兴旺，而农民富裕、产业兴旺又是乡风文明和有效治理的基础，只有产业兴旺、农民富裕、乡风文明、治理有效有机统一起来才能真正提高生态宜居水平。党的十九大将产业兴旺作为实施乡村振兴战略的第一要求，充分说明了农村产业发展的重要性。当前，我国农村产业发展还面临区域特色和整体优势不足、产业布局缺少整体规划、产业结构较为单一、产业市场竞争力不强、效益增长空间较为狭小与发展的稳定性较差等问题，实施乡村振兴战略必须紧紧抓住产业兴旺这个核心，作为优先方向和实践突破点，真正打通农村产业发展的"最后一公里"，为农业农村实现现代化奠定坚实的物质基础。

（二）生态宜居是乡村振兴的基础

党的十九大报告指出，加快生态文明体制改革，建设美丽中国。美丽中国起点和基础是美丽乡村。乡村振兴战略提出要建设生态宜居的美丽乡村，更加突出了新时代重视生态文明建设与人民日益增长的美好生活需要的内在联系。乡村生态宜居不再是简单强调单一化生产场域内的"村容整洁"，而是对融"生产、生活、生态"为一体的内生性低碳经济发展方式的乡村探索。生态宜居的内核是倡导绿色发展，是以低碳、可持续为核心，是对融"生产场域、生活家园、生态环境"为一体的复合型"村镇化"道路的实践打造和路径示范。绿水青山就是金山银山。乡村产业兴旺本身就蕴含着生态底色，通过建设生态宜居家园实现物质财富创造与生态文明建设互融互通，走出一条中国特色的乡村绿色可持续发展道路，在此基础上真正实现更高品质的生活富裕。同时，生态文明也是乡风文明的重要组成部分，乡风文明内涵则是对生态文明建设的基本要求。此外，实现乡村生态的更好治理是实现乡村有效治理的重要内容，治理有效必然包含着有效的乡村生态治理体制机制。从这个意义而言，打造生态宜居的美丽乡村必须把乡村生态文明建设作为基础性工程扎实推进，让美丽乡村看得见未来，留得住乡愁。

（三）乡风文明是乡村振兴的关键

文明中国根在文明乡风，文明中国要靠乡风文明。乡村振兴想要实现新发展，彰显新气象，传承和培育文明乡风是关键。乡土社会是中华民族优秀传统文化的主要阵地，传承和弘扬中华民族优秀传统文化必须注重培育和传承文明乡风。乡风文明是乡村文化建设和乡村精神文明建设的基本目标，培育文明乡风是乡村文化建设和乡村精神文明建设的主要内容。乡风文明的基础是重视家庭建设、家庭教育和家风家训培育。家庭和睦则社会安定，家庭幸福则社会祥和，家庭文明则社会文明；良好的家庭教育能够授知识、育品德，提高精神境界、培育文明风尚；优良的家风家训能够弘扬真善美、抑制假恶丑，营造崇德向善、见贤思齐的社会氛围。积极倡导和践行文明乡风能够有效净化和涵养社会风气，培育乡村德治土壤，推动乡村有效治理；能够推动乡村生态文明建设，建设生态宜居家园；能够凝人心、聚人气，营造干事创业的社会氛围，助力乡村产业发展；能够丰富农民群众文化生活，汇聚精神财富，实现精神生活上的富裕。实现乡风文明要大力实施农村优秀传统文化保护工程，深入研究阐释农村优秀传统文化的历史渊源、发展脉络、基本走向；要健全和完善家教家风家训建设工作机制，挖掘民间蕴藏的丰富家风家训资源，让好家风、好家训内化为农民群众的行动遵循；要建立传承弘扬优良家风家训的长效机制，积极推动家风家训进校园、进课堂活动，编写优良家风家训通识读本，积极创作反映优良家风家训的优秀文艺作品，真正把文明乡风建设落到实处，落到细处。

（四）治理有效是乡村振兴的保障

实现乡村有效治理是推动农村稳定发展的基本保障。乡村治理有效才能真正为产业兴旺、生态宜居、乡风文明和生活富裕提供秩序支持，乡村振兴才能有序推进。新时代乡村治理的明显特征是强调国家与社会之间的有效整合，盘活乡村治理的存量资源，用好乡村治理的增量资源，以有效性作为乡村治理的基本价值导向，平衡村民自治实施以来乡村社会面临的冲突和分化。也就是说，围绕实现有效治理这个最大目标，乡村治理技术手段可以更加多元、开放和包容。只要有益于推动实现乡村有效治理的资源都可以充分地整合利用，而不再简单强调乡村治理技术手段问题，而忽视对治理绩效的追求和乡村社会的秩序均衡。党的十九大报告提出，要健全自治、法治、德治相结合的乡村治理体系。这不仅是实现乡村治理有效的内在要求，也是实施乡村振兴战略的重要组成部分。这充分体现了乡村治理过程中国家与社会之间的有效整合，既要盘活村民自治实施以来乡村积淀的现代治理资源，又要毫不动摇地坚持依法治村的底线思维，还要用好乡村社会历久不衰、传承至今的治理密钥，推动形成相辅相成、互为补充、多元并蓄的乡村治理格局。从民主管理到治理有效，这一定位的转变，既是国家治理体系和治理能力现代化的客观要求，也是实施乡村振兴战略、推动农业农村现代化进程的内在要求。而乡村治理有效的关键是健全和完善自治、法治、德治的耦合机制，让乡村自治、法治与德治深度融合、高效契合。例如，积极探索和创新乡村社会制度内嵌机制，将村民自治制度、国家法律法规内嵌入村规民约、乡风民俗中去，通过乡村自治、法治和德治的有效耦合，推动乡村社会实现有效治理。

（五）生活富裕是乡村振兴的根本

生活富裕的本质要求是共同富裕。改革开放 40 年来，农村经济社会发生了历史性巨变，农民的温饱问题得到彻底解决，农村正在向着全面建成小康社会迈进。但是，广大农村地区发展不平衡不充分的问题也日益凸显，积极回应农民对美好生活的诉求必须直面和解决这一问题。生活富裕不富裕，对于农民而言有着很大影响。长期以来，农村地区发展不平衡不充分的问题无形之中让农民感受到了一种"被剥夺感"，农民的获得感和幸福感也随之呈现出"边际现象"，也就是说，简单地靠存量增长已经不能有效提升农民的获得感和幸福感。生活富裕相较于生活宽裕而言，虽只有一字之差，但其内涵和要求却发生了非常大的变化。生活宽裕的目标指向主要是解决农民的温饱问题，进而使农民的生活水平基本达到小康，而实现农民生活宽裕主要依靠的是农村存量发展。生活富裕的目标指向则是农民的现代化问题，是要切实提高农民的获得感和幸福感，消除农民的"被剥夺感"，而这也使得生活富裕具有共同富裕的内在特征。如何实现农民生活富裕？显然，靠农村存量发展已不具有可能性。有效激活农村增量发展空间是实现农民生活富裕的关键。而乡村振兴战略提出的产业兴旺则为农村增量发展提供了方向。

二、推进乡村振兴的战略导向

（一）坚持高质量发展

党的十九大报告指出，"我国经济已由高速增长阶段转向高质量发展阶段"，"必须坚持质量第一、效益优先，以供给侧结构性改革为主线，推动经济发展质量变革、效率变革、动力变革"。2017 年，中央经济工作会议提出，"推动高质量发展是当前和今后一个时期确定发展思路、制定经济政策、实施宏观调控的根本要求"。实施乡村振兴战略是建设现代化经济体系的主要任务之一，尽管实施乡村振兴战略涉及的范围实际上超出经济工作，但推动乡村振兴高质量发展应该是实施乡村振兴战略的基本要求和重大导向之一。仔细研读十九大报告中关于新时代中国特色社会主义思想和基本方略的内容，不难发现这实际上也是指导中国特色社会主义高质量发展的思想。在实施乡村振兴战略的过程中，坚持高质量发展的战略导向，需要弄清楚什么是乡村振兴的高质量发展，怎样实现乡村振兴的高质量发展。

1. 突出抓重点、补短板、强弱项的要求

随着中国特色社会主义进入新时代，中国社会主要矛盾转化为人民日益增长的美好生活需要和不平衡不充分发展之间的矛盾。实施乡村振兴战略的质量如何，首先要看其对解决社会主要矛盾有何实质性的贡献，对于缓解工农城乡发展不平衡和"三农"发展不充分的问题有何实际作用。比如，随着城乡居民收入和消费水平的提高，社会需求结构加快升级，呈现个性化、多样化、优质化、绿色化迅速推进的趋势。这要求农业和农村产业发展顺应需求结构升级的趋势，增强供给适应需求甚至创造需求、引导需求的能力。与此同时，对农村产业发展在继续重视"生产功能"的同时，要求更加重视其生活功能和生态功能，将重视产业发展的资源环境和社会影响，同激发其科教、文化、休闲娱乐、环境景观甚至体验功能结合起来。尤其是随着"90后"、"00后"、"10后"逐步成为社会的主流消费群体，产业发展的生活、生态功能更加需要引起重视。以农业为例，要求农业在"卖产品"的同时，更加重视"卖风景""卖温情""卖文化""卖体验"，增加对人才、人口的吸引力。近年来，电子商务的发展日益引起重视，一个重要原因是有很好的连接和匹配功能，能够改善居民的消费体验、增进消费的便捷性和供求之间的互联性，而体验、便利、互联性正在成为实现社会消费需求结构升级和消费扩张的重要动力，尤其为边角化、长尾性、小众化市场增进供求衔接和实现规模经济提供了新的路径。

2. 突出推进供给侧结构性改革

推进供给侧结构性改革的核心要义是按照创新、协调、绿色、开放、共享的新发展理念，提高供给体系的质量、效率和竞争力，即增加有效供给，减少无效供给，增强供给体系对需求体系和需求结构变化的动态适应和反应能力。当然，这里的有效供给包括公共产品和公共服务的有效供给。这里的提高供给体系质量、效率和竞争力，首先表现为提升农业和农村产业发展的质量、效率和竞争力；除此之外，还表现在政治建设、文化建设、社会建设和生态文明建设等方方面面，体现这些方面的协同性、关联性和整体性。解决好"三农"问题之所以要被始终作为全党工作的"重中之重"，归根到底是因为它是一个具有竞争弱势特征的复合概念，需要基于使市场在资源配置中起决定性作用，通过更好发挥政府作用矫正市场失灵问题。实施乡村振兴战略旨在解决好"三农"问题，重塑新型工农城乡关系。因此，要科学区分"三农"问题形成演变中的市场失灵和政府失灵，以推进供给侧结构性改革为主线，完善体制机制和政策环境。借此，将支持农民发挥主体作用、提

升农村人力资本质量与调动一切积极因素并有效激发工商资本、科技人才、社会力量参与乡村振兴的积极性结合起来，通过完善农村发展要素结构、组织结构、布局结构的升级机制，更好地提升乡村振兴的质量、效率和竞争力。

3. 协调处理实施乡村振兴战略与推进新型城镇化的关系

在党的十九大报告和新版《中国共产党章程》中，"乡村振兴战略"与"科教兴国战略""可持续发展战略"等被列入其中，但"新型城镇化战略"未被列入要坚定实施的七大战略，这并不等于说推进新型城镇化不是一个重要的战略问题。之所以这样，主要有两方面的原因：一是城镇化是自然历史过程。虽然推进新型城镇化也需要"紧紧围绕提高城镇化发展质量"，也需要"因势利导、趋利避害"，仍是解决"三农"问题的重要途径，但城镇化更是"我国发展必然要遇到的经济社会发展过程"，"是现代化的必由之路"，必须"使城镇化成为一个顺势而为、水到渠成的发展过程"。而实施七大战略则与此有明显不同，更需要摆在经济社会发展的突出甚至优先位置，更需要大力支持。否则，容易出现比较大的问题，甚至走向其反面。二是实施乡村振兴战略是贯穿21世纪中叶全面建设社会主义现代化国家过程中的重大历史任务。虽然推进新型城镇化是中国经济社会发展中的一个重要战略问题，但在2030—2035年，城镇化率达到75%左右后，中国城镇化将逐步进入饱和阶段，届时城镇化率提高的步伐将明显放缓，城镇化过程中的人口流动将由乡—城单向流动为主转为乡—城流动、城—城流动并存，甚至城—乡流动的人口规模也会明显增大。届时，城镇化的战略和政策将会面临重大阶段性转型，甚至逆城镇化趋势也将会明显增强。至于怎样科学处理实施乡村振兴战略与推进新型城镇化的关系，关键是建立健全城乡融合发展的体制机制和政策体系。

4. 科学处理实施乡村振兴战略与推进农业农村政策转型的关系

乡村振兴的高质量发展，最终体现为统筹推进增进广大农民的获得感、幸福感、安全感和增强农民参与乡村振兴的能力。2018年，《中共中央国务院关于实施乡村振兴战略的意见》（以下简称"中央一号文件"）把"坚持农民主体地位"作为实施乡村振兴战略的基本原则之一，要求，"调动亿万农民的积极性、主动性、创造性，把维护农民群众根本利益、促进农民共同富裕作为出发点和落脚点，促进农民持续增收"。如果做到这一点，不断提升农民的获得感、幸福感、安全感就有了坚实的基础。党的十九大报告突出强调"坚持以人民为中心"，高度重视"让改革发展成果更多更公平惠及全体人民"。在推进工业化、信息化、城镇化和农业现代化的过程中，农民利益最容易受到侵犯，最容易成为增进获得感、幸福感、安全感的薄弱环节。注意增进广大农民的获得感、幸福感、安全感，正是实施乡村振兴战略的重要价值所在。当然也要看到，在实施乡村振兴战略的过程中，农民发挥主体作用往往面临观念、能力和社会资本等局限。因此，调动一切积极因素，鼓励社会力量和工商资本带动农民在参与乡村振兴的过程中增强参与乡村振兴的能力，对于提升乡村振兴质量至关重要。

增强农民参与乡村振兴的能力，有许多国际经验可供借鉴。如在美国、欧盟和日、韩等的发展过程中，都有很多措施支持农民培训、优化农业农村经营环境，并有利于增加农村就业创业机会。2014年美国《新农业法案》将支持中小规模农户和新农户发展作为重要方向，甚至在此之前就有一些政策专门支持初始农牧场主创业，为其提供直接贷款、贷款担保和保险优惠，借此培育新生代职业农民。该法案增加农产品市场开发补助金，明确优先支持经验丰富的农牧场主，优先支持最能为某些经营者或农牧场主创造市场机会的项目；鼓励优化农村经济环境，在农村地区提高经商创业效率、创造就业机会并推进创新发展。2000年以来，欧盟的农村发展政策将培养青年农民、加强职业培训、推动老年农民提前退休、强化农场服务支持等作为重要措施。为解决农村人口外迁特别是青年劳动力外流问题，欧盟注意改善农民获得服务和发展机会的渠道，培育农村企业家，以确保农村区域和社区对居民生活、就业有吸引力。2014年欧盟农业政策改革通过新的直接支付框架挂钩支持青年农民和小农户；采取重组和更新农场等措施，为青年农民提供创业援助，建立农场咨询服务系统和培训、创新项目等。后文强调坚持农业农村优先发展的战略导向，为此必须把推进农民优先提升技能作为战略支撑，借此为新型城镇化提供合格市民，为农业农村现代化提供合适的劳动力和农村居民。

（二）坚持农业农村优先发展

党的十九大报告首次提出，要坚持农业农村优先发展。这从根本上是因为工农城乡发展不平衡和"三农"发展不充分，是当前中国发展不平衡不充分最突出的表现。此外，因为"三农"发展对促进社会稳定和谐、调节收入分配、优化城乡关系、增强经济社会活力和就业吸纳能力及抗风险能力等，可以发挥重要的作用，具有较强的公共品属性；在发展市场经济条件下，"三农"发展在很大程度上呈现竞争弱势特征，容易存在市场失灵问题。因此，需要在发挥市场对资源配置起决定性作用的同时，通过更好地发挥政府作用，优先支持农业农村发展，解决好市场失灵问题。鉴于"农业农村农民问题是关系国计民生的根本性问题，必须始终把解决好'三农'问题作为全党工作重中之重"，按照增强系统性、整体性、协同性的要求和突出抓重点、补短板、强弱项的方向，坚持农业农村优先发展应该是实施乡村振兴战略的必然要求。

学习关于"坚持推动构建人类命运共同体"的思想，也有利于更好地理解坚持农业农村优先发展的重要性和紧迫性。在当今世界大发展、大变革、大调整的背景下，面对世界多极化、经济全球化、社会信息化、文化多样化深入发展的形势，"各国日益相互依存、命运与共，越来越成为你中有我、我中有你的命运共同体"。相对于全球，国内发展、城乡之间更是命运共同体，更需要"保证全体人民在共建共享发展中有更多获得感"。面对国内工农发展、城乡发展失衡的状况，用命运共同体思想指导"三农"工作和现代化经济体系建设，更应坚持农业农村优先发展，借此有效防范因城乡之间、工农之间差距过大导致社会断裂，增进社会稳定和谐。

那么，在实践中如何坚持农业农村优先发展呢？可借鉴国外尤其是发达国家支持中小企业的思路，同等优先地加强对农业农村发展的支持。具体地说，要注意以下几点。

1. 以完善产权制度和要素市场化配置为重点，优先加快推进农业农村市场化改革。

《国务院关于在市场体系建设中建立公平竞争审查制度的意见》（国发〔2016〕34号）提出，"公平竞争是市场经济的基本原则，是市场机制高效运行的重要基础"，"统一开放、竞争有序的市场体系，是市场在资源配置中起决定性作用的基础"，要"确立竞争政策基础性地位"。为此，要通过强化公平竞争的理念和社会氛围，以及切实有效的反垄断措施，完善维护公平竞争的市场秩序，促进市场机制有效运转；也要注意科学处理竞争政策和产业政策的关系，积极促进产业政策由选择性向功能性转型，并将产业政策的主要作用框定在市场失灵领域。

为此，要通过强化竞争政策的基础地位，积极营造有利于"三农"发展，并提升其活力和竞争力的市场环境，引导各类经营主体和服务主体在参与乡村振兴的过程中公平竞争，成为富有活力和竞争力的乡村振兴参与者，甚至乡村振兴的"领头雁"。要以完善产权制度和要素市场化配置为重点，加快推进农业农村领域的市场化改革，结合发挥典型示范作用，根本改变农业农村发展中部分领域改革严重滞后于需求，或改革自身亟待转型升级的问题。如在依法保护集体土地所有权和农户承包权的前提下，如何平等保护土地经营权？目前，这方面的改革亟待提速。目前，对平等保护土地经营权重视不够，加大了新型农业经营主体的发展困难和风险，也影响了其对乡村振兴带动能力的提升。近年来，部分地区推动"资源变资产、资金变股金、农民变股东"的改革创新，初步取得了积极效果。但随着"三变"改革的推进，如何加强相关产权和要素流转平台建设，完善其运行机制，促进其转型升级，亟待后续改革加力跟进。

2. 加快创新相关法律法规和监管规则，优先支持优化农业农村发展环境。

通过完善法律法规和监管规则，清除不适应形势变化、影响乡村振兴的制度和环境障碍，可以降低"三农"发展的成本和风险，也有利于促进农业强、农民富、农村美。例如，近年来虽然农村宅基地制度改革试点积极推进，但实际惠及面仍然有限，严重影响农村土地资源的优化配置，导致大量宅基地闲置浪费，也加大了农村发展新产业、新业态、新模式和建设美丽乡村的困难，制约农民增收。2018 年中央一号文件已经为推进农村宅基地制度改革"开了题"，明确"完善农民闲置宅基地和闲置农房政策，探索宅基地所有权、资格权、使用权'三权分置'……，适度放活宅基地和农民房屋使用权"。这方面的政策创新较之前前进了一大步。但农村宅基地制度改革严重滞后于现实需求，导致宅基地流转限制过多、宅基地财产价值难以显性化、农民房屋财产权难以有效保障、宅基地闲置浪费严重等问题日趋凸显，也加大了农村新产业新业态新模式发展的用地困难。

2018 年 3 月习近平总书记在全国两会参加广东代表团审议时强调"要让精英人才到乡村的舞台上大施拳脚""城镇化、逆城镇化两个方面都要致力推进"。但现行农村宅基地制度和农房产权制度改革滞后，不仅仅是给盘活闲置宅基地和农房增加了困难，影响农民财产性收入的增长；更重要的是加大了城市人口、人才"下乡"甚至农村人才"跨社区"居住特别是定居的困难，不利于缓解乡村振兴的"人才缺口"，也不利于农业农村产业更好地对接城乡消费结构升级带来的需求扩张。在部分城郊地区或发达的农村地区，甚至山清水秀、交通便捷、文化旅游资源丰厚的普通乡村地区，适度扩大农村宅基地制度改革试点范围，鼓励试点地区加快探索和创新宅基地"三权分置"办法，尤其是适度扩大农村宅基地、农房使用权流转范围，有条件地进一步向热心参与乡村振兴的非本农村集体经济组织成员开放农村宅基地或农房流转、租赁市场。这对于吸引城市或异地人才、带动城市或异地资源、要素参与乡村振兴，日益具有重要性和紧迫性。其意义远远超过增加农民财产性收入的问题，并且已经不是"看清看不清"或"尚待深入研究"的问题了，而是应该积极稳健地"鼓励大胆探索"的事情。建议允许这些地区在保护农民基本居住权和"不得违规违法买卖宅基地，严格实行土地用途管制，严格禁止下乡利用农村宅基地建设别墅大院和私人会馆"的基础上，通过推进宅基地使用权资本化等方式，引导农民有偿转让富余的宅基地和农民房屋使用权，允许城乡居民包括"下乡"居住或参与乡村振兴的城市居民有偿获得农民转让的富余或闲置宅基地。

近年来，许多新产业、新业态、新模式迅速发展，对于加快农村生产方式、生活方式转变的积极作用迅速凸显。但相关政策和监管规则创新不足，成为妨碍其进一步发展的重要障碍。部分地区对新兴产业发展支持力度过大、过猛，也给农业农村产业发展带来新的不公平竞争和不可持续发展问题。此外，部分新兴产业"先下手为强""赢者通吃"带来的新垄断问题，加剧了收入分配和发展机会的不均衡。要注意引导完善这些新兴产业的监管规则，创新和优化对新经济垄断现象的治理方式，防止农民在参与新兴产业发展的过程中，成为"分享利益的边缘人，分担成本、风险的核心层"。

此外，坚持农业农村优先发展，要以支持融资、培训、营销平台和技术、信息服务等环境建设，鼓励包容发展、创新能力成长和组织结构优化等为重点，将优化"三农"发展的公共服务和政策环境放在突出地位。相对而言,由于乡村人口和经济密度低、基础设施条件差,加之多数农村企业整合资源、集成要素和垄断市场的能力弱,面向"三农"发展的服务体系建设往往难以绕开交易成本高的困扰。因此,坚持农业农村优先发展,应把加强和优化面向"三农"的服务体系建设放在突出地位,包括优化提升政府主导的公共服务体系、加强对市场化或非营利性服务组织的支持,完善相关体制机制。

坚持农业农村优先发展,还应注意以下两个方面。一是强化政府对"三农"发展的"兜底"作用,并将其作为加强社会安全网建设的重要内容。近年来,国家推动农业农村基础设施建设、持续改善农村人居环境、加强农村社会保障体系建设、加快建立多层次农业保险体系等,都有这方面的作用。二是瞄准推进农业农村产业供给侧结构性改革的重点领域和关键环节,加大引导支持力度。如积极推进质量兴农、绿色兴农,加强粮食生产功能区、重要农产品生产保护区、特色农产品优势区、现代农业产业园、农村产业融合发展示范园、农业科技园区、电商产业园、返乡创业园、特色小镇或田园综合体等农业农村发展的载体建设,更好地发挥其对实施乡村振兴战略的辐射带动作用。

(三)坚持走城乡融合发展道路

从党的十六大首次提出"统筹城乡经济社会发展",到十七届三中全会提出"把加快形成城乡经济社会发展一体化新格局作为根本要求",再到党的十九大报告首次提出"建立健全城乡融合发展体制机制和政策体系",这种重大政策导向的演变反映了我们党对加快形成新型工农城乡关系的认识逐步深化,也顺应了新时代工农城乡关系演变的新特征和新趋势,这与坚持农业农村优先发展的战略导向也是一脉相承、互补共促的。党的十九大报告将"建立健全城乡融合发展体制机制和政策体系"置于"加快推进农业农村现代化"之前。这说明,建立健全城乡融合发展体制机制和政策体系,同坚持农业农村优先发展一样,也是加快推进农业农村现代化的重要手段。

近年来,随着工农、城乡之间相互联系、相互影响、相互作用不断增强,城乡之间的人口、资源和要素流动日趋频繁,产业之间的融合渗透和资源、要素、产权之间的交叉重组关系日益显著,城乡之间日益呈现"你中有我,我中有你"的发展格局。越来越多的问题,表现在"三农",根子在城市(或市民、工业和服务业,下同);或者表现在城市,根子在"三农"。这些问题,采取"头痛医头、脚痛医脚"的办法越来越难解决,越来越需要创新路径,通过"头痛医脚"的办法寻求治本之道。因此,建立健全城乡融合发展的体制机制和政策体系,走城乡融合发展之路,越来越成为实施乡村振兴战略的当务之急和战略需要。借此,按照推进新型工业化、信息化、城镇化、农业现代化同步发展的要求,加快形成以工促农、以城带乡、工农互惠、城乡共荣、分工协作、融合互补的新型工农城乡关系。那么，如何坚持城乡融合发展道路，建立健全城乡融合发展的体制机制和政策体系呢？

1. 注意同以城市群为主体构建大中小城市和小城镇协调发展的城镇格局衔接起来

在当前的发展格局下，尽管中国在政策上仍然鼓励"加快培育中小城市和特色小城镇，增强吸纳农业转移人口能力"。但农民工进城仍以流向大中城市和特大城市为主，流向县城和小城镇的极其有限。这说明，当前，中国大城市、特大城市仍然具有较强的集聚经济、规模经济、范围经济效应，且其就业、增收和其他发展机会更为密集；至于小城镇，就总体而言，情况正好与此相反。因此，在今后相当长的时期内，顺应市场机制的自发作用，优质资源、优质要素和发展机会向大城市、特大城市集中仍是难以根本扭转的趋势。但是，也要看到，这种现象的形成，加剧了区域、城乡发展失衡问题，给培育城市群功能、优化城市群内部不同城市之间的分工协作和优势互补关系，以及加强跨区域生态环境综合整治等增加了障碍，不利于疏通城市人才、资本和要素下乡的渠道，不利于发挥城镇化对乡村振兴的辐射带动作用。

上述现象的形成，同当前的政府政策导向和资源配置过度向大城市、特大城市倾斜也有很大关系，由此带动全国城镇体系结构重心上移。突出地表现在两个方面，一是政府在重大产业项目、信息化和交通路网等重大基础设施、产权和要素交易市场等重大平台的布局，在公共服务体系建设投资分配、获取承办重大会展和体育赛事等机会分配方面，大城市、特大城市往往具有中小城市无法比拟的优势。二是许多省区强调省会城市经济首位度不够是其发展面临的突出问题，致力于打造省会城市经济圈，努力通过政策和财政金融等资源配置的倾斜，提高省会城市的经济首位度。这容易强化大城市、特大城市的极化效应，弱化其扩散效应，影响其对"三农"发展辐射带动能力的提升，制约以工促农、以城带乡的推进。许多大城市、特大城市的发展片面追求"摊大饼式扩张"，制约其实现集约型、紧凑式发展水平和创新能力的提升，容易"稀释"其对周边地区和"三农"发展的辐射带动能力，甚至会挤压周边中小城市和小城镇的发展空间，制约周边中小城市、小城镇对"三农"发展辐射带动能力的成长。

随着农村人口转移进城规模的扩大，乡、城之间通过劳动力就业流动，带动人口流动和家庭迁移的格局正在加快形成。在此背景下，过度强调以大城市、特大城市为重点吸引农村人口转移，也会因大城市、特大城市高昂的房价和生活成本，加剧进城农民工或农村转移人口融入城市、实现市民化的困难，容易增加进城后尚待市民化人口与原有市民的矛盾，影响城市甚至城乡社会的稳定和谐。

因此，应按照统筹推进乡村振兴和新型城镇化高质量发展的要求，加大国民收入分配格局的调整力度，深化相关改革和制度创新，在引导大城市、特大城市加快集约型、紧凑式发展步伐，并提升城市品质和创新能力的同时，引导这些大城市、特大城市更好地发挥区域中心城市对区域发展和乡村振兴的辐射带动作用。要结合引导这些大城市、特大城市疏解部分非核心、非必要功能，引导周边卫星城市或其他中小城市、小城镇增强功能特色，形成错位发展、分工协作新格局，借此培育特色鲜明、功能互补、融合协调、共生共荣的城市群。这不仅有利于优化城市群内部不同城市之间的分工协作关系，提升城市群系统功能和网络效应；还有利于推进跨区域性基础设施、公共服务能力建设和生态环境综合整治，为城市人才、资本、组织和资源等要素下乡参与乡村振兴提供便利，有利于更好地促进以工哺农、以城带乡和城乡融合互补，增强城市化、城市群对城乡、区域发展和乡村振兴的辐射带动功能，帮助农民增加共商共建共享发展的机会，提高农村共享发展水平。实际上，随着高铁网、航空网和信息网建设的迅速推进，网络经济的去中心化、去层级化特征，也会推动城市空间格局由单极化向多极化和网络化演进，凸显发展城市群、城市圈的重要性和紧迫性。

为更好地增强区域中心城市特别是城市群对乡村振兴的辐射带动力，要通过公共资源配置和社会资源分配的倾斜引导，加强链接周边的城际交通、信息等基础设施网络和关键节点、连接线建设，引导城市群内部不同城市之间完善竞争合作和协同发展机制，强化分工协作、增强发展特色、加大生态共治，并协同提升公共服务水平。要以完善产权制度和要素市场化配置为重点，以激活主体、激活要素、激活市场为目标导向，推进有利于城乡融合发展的体制机制改革和政策体系创新，着力提升城市和城市群开放发展、包容发展水平和辐射带动能力。要加大公共资源分配向农业农村的倾斜力度，加强对农村基础设施建设的支持。与此同时，通过深化制度创新，引导城市基础设施和公共服务能力向农村延伸，加强以中心镇、中心村为节点，城乡衔接的农村基础设施、公共服务网络建设。要通过深化改革和政策创新，以及推进"三农"发展的政策转型，鼓励城市企业或涉农龙头企业同农户、农民建立覆盖全程的战略性伙伴关系，完善利益联结机制。

2. 积极发挥国家发展规划对乡村振兴的战略导向作用

党的十九大报告提出，"着力构建市场机制有效、微观主体有活力、宏观调控有度的经济体制"，"创新和完善宏观调控，发挥国家发展规划的战略导向作用"。要结合规划编制和执行，加强对各级各类规划的统筹管理和系统衔接，通过部署重大工程、重大计划、重大行动，加强对农业农村发展的优先支持，鼓励构建城乡融合发展的体制机制和政策体系。在编制和实施乡村振兴规划的过程中，要结合落实主体功能区战略，贯彻中央关于"强化乡村振兴规划引领"的决策部署，促进城乡国土空间开发的统筹，注意发挥规划对统筹城乡生产空间、生活空间、生态空间的引领作用，引导乡村振兴优化空间布局，统筹乡村生产空间、生活空间和生态空间。今后大量游离于城市群之外的小城市、小城镇很可能趋于萎缩，其发展机会很可能迅速减少。优化乡村振兴的空间布局应该注意这一方面。

要注意突出重点、分类施策，在引导农村人口和产业布局适度集中的同时，将中心村、中心镇、小城镇和粮食生产功能区、重要农产品生产保护区、特色农产品优势区、现代农业产业园、农村产业融合发展示范园、农业科技园区、电商产业园、返乡创业园、特色小镇或田园综合体等，作为推进乡村振兴的战略节点。20 世纪 70 年代以来，法国中央政府对乡村地区的关注逐步实现了由乡村全域向发展缓慢地区的转变，通过"乡村行动区"和"乡村更新区"等规划手段干预乡村地区发展；同时逐步形成中央政府和地方乡村市镇合力推动乡村地区发展的局面。乡村市镇主要通过乡村整治规划和土地占用规划等手段，推动乡村地区发展。乡村整治规划由地方政府主导，地方代表、专家和居民可共同参与。我国实施乡村振兴战略要坚持乡村全面振兴，但这并不等于说所有乡、所有村都要实现振兴。从法国的经验可见，在推进乡村振兴的过程中，找准重点、瞄准薄弱环节和鼓励不同利益相关者参与，都是至关重要的。此外，建设城乡统一的产权市场、要素市场和公共服务平台，也应在规则统一、环境公平的前提下，借鉴政府扶持小微企业发展的思路，通过创新"同等优先"机制，加强对人才和优质资源向农村流动的制度化倾斜支持，缓解市场力量对农村人才和优质资源的"虹吸效应"。

3. 完善农民和农业转移人口参与发展、培训提能机制

推进城乡融合发展，关键要通过体制机制创新，一方面，帮助农村转移人口降低市民化的成本和门槛，让农民获得更多且更公平、更稳定、更可持续的发展机会和发展权利；另一方面，增强农民参与新型城镇化和乡村振兴的能力，促进农民更好地融入城市或乡村发展。要以增强农民参与发展能力为导向，完善农民和农业转移人口培训提能支撑体系，为乡村振兴提供更多的新型职业农民和高素质人口，为新型城镇化提供更多的新型市民和新型产业工人。要结合完善利益联结机制，注意发挥新型经营主体、新型农业服务主体带头人的示范带动作用，促进新型职业农民成长，带动普通农户更好地参与现代农业发展和乡村振兴。要按照需求导向、产业引领、能力本位、实用为重的方向，加强统筹城乡的职业教育和培训体系建设，通过政府采购公共服务等方式，加强对新型职业农民和新型市民培训能力建设的支持。要创新政府支持方式，支持政府主导的普惠式培训与市场主导的特惠式培训分工协作、优势互补。鼓励平台型企业和市场化培训机构在加强新型职业农民和新型市民培训中发挥中坚作用。要结合支持创新创业，加强人才实训基地建设，健全以城带乡的农村人力资源保障体系。

4. 加强对农村一、二、三产业融合发展的政策支持

推进城乡融合发展，要把培育城乡有机结合、融合互动的产业体系放在突出地位。推进农村一、二、三产业融合发展，有利于发挥城市企业、城市产业对农村企业、农村产业

发展的引领带动作用。要结合加强城市群发展规划，创新财税、金融、产业、区域等支持政策，引导农村产业融合优化空间布局，强化区域分工协作、发挥城市群和区域中心城市对农村产业融合的引领带动作用。要创新农村产业融合支持政策，引导农村产业融合发展统筹处理服务市民与富裕农民、服务城市与繁荣农村、增强农村发展活力与增加农民收入、推进新型城镇化与建设美丽乡村的关系。鼓励科技人员向科技经纪人和富有创新能力的农村产业融合企业家转型。注意培育企业在统筹城乡发展、推进城乡产业融合中的骨干作用，努力营造产业融合发展带动城乡融合发展新格局。鼓励商会、行业协会和产业联盟在推进产业融合发展中增强引领带动能力。

第二章 中国新时代乡村振兴的现实意义

第一节 乡村振兴的理论渊源

党的十九大报告中提出了"乡村振兴实施战略",并以此为主题全面部署"三农"工作。以习近平同志为核心的党中央,在"三农"工作中推进理论创新、实践创新和制度创新。乡村振兴战略是新时代中国特色社会主义伟大事业的重要组成部分,它将指导当前乃至今后一段时期的"三农"工作。

自中国改革开放以来,"农业、农村、农民"的"三农"问题一直被党和国家视为工作重点。2004—2021年,党中央先后共提交18份中央一号文件,并全部以"三农"为主题,强调了"三农"问题在中国社会主义现代化时期"重中之重"的地位。

通过党中央和政府的共同努力,中国农业、农村和农民的发展取得了令人瞩目的成就。主要表现在以下方面:第一,就农业产业结构而言,之前为单一作物生产,但现在农民以一种作物为主,以多种经济作物为辅,从而获得了多样化的农业收入;第二,就农业发展方式而言,之前均为落后的生产方式,但日益发展的各种技术手段,促使农业生产工具等变得更先进,提高了农产品的数量与质量;第三,就农村建设而言,我国新农村建设取得了重大的进展,农民不仅物质方面更富裕,而且精神方面更丰富。

但是,由于一些经济和观念因素的存在,我国"三农"的发展仍存在很多不足。具体表现在以下五个方面:一是农业产业化优势不足,产业管理模式落后,产业管理机制单一;二是农业生产方式落后,土地的利用效率较低,与自然资源矛盾尖锐;三是农民收入增长动力不足,地区间收入差距仍存在;四是农村人口老龄化、留守儿童、农村空心化等问题依然存在;五是即使农村建设方面取得了不错的进展,但是有些落后的观念仍跟不上现实的节奏。

"振兴"的本义是大力发展和繁荣,适用于经济、政治等各个领域。"战略"是指达到目的和效果的方法。认识和把握乡村振兴战略的科学内涵,是深入贯彻习近平新时代中国特色社会主义思想,全面贯彻乡村振兴战略和推进乡村治理现代化的必要前提。

首先，从乡村振兴战略的基本内涵看：乡村振兴战略是指以习近平同志为核心的领导集体，在习近平新时代中国特色社会主义思想的指引下，紧紧围绕新时期"三农"问题，促进农村农业的现代化发展，加快推动我国从农业大国迈向农业强国的重大战略举措。

其次，从乡村振兴战略的总体要求和主要目标来看：乡村振兴战略的总体要求是产业兴旺、生态宜居、乡风文明、治理有效、生活富裕。产业兴旺是根本，生态宜居是基础，乡风文明是关键，治理有效是保障，生活富裕是目标。这五个方面是一个有机的整体，在乡村振兴战略中是统一的。改革开放以来，中国农村经济社会发展迅速，农民生活水平不断提高，农村面貌明显改善，但是"三农"问题在新时代下仍然突出。为了契合新时代我国社会主要矛盾变化的要求，乡村振兴战略是"满足人民日益增长的美好生活需要"的必要途径。乡村振兴战略的主要目标是实现农业和农村地区的现代化。农业和农村现代化不仅是国家现代化建设的重要方面，也是解决新时期"三农"问题和社会主要矛盾的重要手段。

最后，从乡村振兴战略的主要内容来看，乡村振兴战略是一项系统的战略工程。乡村振兴战略的内容主要包括促进城乡一体化，农业和农村的现代化发展，农村一、二、三产业一体化，农村工作队伍建设，粮食安全等多方面。这些内容都反映了党对"三农"工作的重视和战略实施的具体措施。

一、乡村振兴战略是解决"三农"问题的最新指导纲领

在全面建设小康社会的道路上，"三农"问题是最大的障碍，如果农业、农村、农民未实现现代化，那么中国就不可能真正实现现代化。乡村振兴战略不仅是对他国实行农村农业现代化的借鉴，也是我国在农业和农村发展理论和实践中的又一次历史性突破。"乡村"一词涵盖了农业和农村的所有问题，从而使整个"三农"问题的覆盖范围更广。它不仅强调农业现代化和新农村建设的目标，而且强调农民生活的现代化和新农民的培养。因为农民仍占我们人口的大多数，只有当农村、农业都实现了现代化，才有可能实现真正意义上的现代化。只有农民过上富裕的生活，中国才能真正全面建成小康社会。

二、实施乡村振兴战略是解决我国城乡二元结构的必然选择

城乡发展的二元结构在中国的时间已经足够悠久，我们现在已有足够的条件去打破这一模式。因为在近年来，中国在城乡统筹发展和新农村建设方面具有一定的基础和经验。农村地区在道路、电力、水利等基础设施与义务教育、新型农村合作医疗、农村养老等方面取得了历史性的发展。中国的工业化已进入中后期，经济、文化、综合实力等方面得到了显著的提高，已有足够的条件实施工业反哺农业的政策，已到了可以实施乡村振兴战略

的时期。

三、实施乡村振兴战略是建设现代化经济体系的新引擎

党的十九大报告将社会主义新农村建设的要求全面升华为农村农业现代化的总要求,其中,"生产发展、生活富裕、乡风文明、村容整洁、管理民主"是前者的具体内容;"产业兴旺、生态宜居、乡风文明、治理有效、生活富裕"是后者的详细内容。其中,"产业兴旺"可以看作是"生产发展"的新内容;"生态宜居"是从"村容整洁"发展而来;"治理有效"是对"人民当家作主"更为具体的要求。总体而言,农村农业现代化总需求更契合实际,体现了党和国家实施乡村振兴战略,推动以及加快现代化经济体系建设的勇气和决心。

从"新农村建设""美丽乡村建设"再到"乡村振兴战略",表面上看是国家战略统筹的升级,实际上反映了我们党对城乡关系的更深刻的认识和更理性的思考。从"以工补农、以城带乡"到"城乡统筹、城乡一体化发展"再到"乡村振兴战略",可以看出我国乡村的地位和作用日益增强。随着党和国家的战略调整,农村地区在现代化经济体系中的作用将逐步凸显,从以往的反哺到统筹带动,再到如今的纳入战略化布局,乡村逐步发展成为城乡发展中的新主角,进而成为我国实现城乡融合发展、建设现代化经济体系、进入城乡互动共赢新时代、迈向小康社会的新引擎。

四、实施乡村振兴战略是解决新时代我国社会主要矛盾的迫切需要

党的十九大报告做出了一项重大判断,即中国特色社会主义进入了一个新时期,明确了我国社会发展新的历史方位。由于我国社会主要矛盾发生了变化,因此新时代对经济社会发展提出了更高的要求。目前,我国社会的主要矛盾已经变成人民日益增长的美好生活需要和不平衡不充分的发展之间的矛盾。由于我国长期存在的城乡"二元"体制结构,特别是改革开放以来对城市建设发展的深入推进,我国城乡分化的局面越来越严重。目前,最大的不平衡就是城乡发展的不平衡,最大的不充分是农业农村和农民发展的不充分。为了全面建成小康社会,国家要基本上实现现代化,建成社会主义现代化强国,解决新时期的社会主要矛盾,实施乡村振兴战略是我国"三农"建设的客观要求。

五、实施乡村振兴战略是解决我国现代市场经济体系运行矛盾的重要手段

改革开放以来,我国坚持市场经济体制改革。市场在资源配置的过程中发挥着越来越重要的作用,提高了社会资源的配置效率,社会生产力发展水平不断提高。随着市场经济的不断发展,社会生产过剩的矛盾和经济危机等问题日益突出,需要不断扩大资源配置空

间和格局。要解决这些问题，必须坚持国际和国内"双管齐下"。对外实行开放经济战略，形成良好的对外开放新格局。以"一带一路"为桥梁和纽带深化对外合作、贸易，创新对外投资模式，提高对外合作与竞争优势。除了对外的经济贸易合作政策外，还要在国内以乡村振兴战略为重点抓手，形成国际国内相互补充各有侧重的能够维护国家经济长期稳定发展的总体格局。国际形势严峻复杂，相比之下，在国内实施的乡村振兴战略是更加安全可控、更有把握做到的手段。

第二节　乡村振兴的现实问题

乡村振兴背景下推动乡村面貌向现代化转型，对于促进政府职能转变和农村经济社会发展具有重要作用。但目前，我国乡村仍面临着治理结构不科学、村民参与度低和公共服务供给低效、农村基础设施和环境问题日益凸显等困境。

一、乡村振兴的现实问题

在中国新农村建设到乡村振兴的过程中，还存在下列问题。

（一）乡村治理结构不科学

首先，当前乡村治理结构存在着失衡问题。基层政府过度干预乡村事务，不仅加剧了基层政府的事务管理负担，也不利于发展基层民主。其次，陈旧的乡村治理制度，制约着乡村发展水平。随着农业和农村的转型发展，如果乡村治理制度滞后于转型的步伐，会使得解决农村社会矛盾缺乏有力的制度保障，不利于农村社会的稳定发展。最后，民间组织是乡村治理的主体之一，在维护社会稳定方面发挥着重要作用。但是，现阶段乡村民间组织发展落后、数量较少，不能充分发挥其作用。

（二）公共服务供给效率低下

第一，一些基层干部服务意识、思想觉悟较低，由于没有充分倾听并考虑农民群众的具体需求，对民间的矛盾不能及时有效处理。第二，乡村公共产品的供给与实际需求之间存在矛盾。政府对乡村公共产品的供给模式和内容不齐全，而我国行政村数量庞大，东西部乡村差异较大，与实际需求不符，造成了资源的浪费与不足，需要根据乡村实际情况制订合理的公共服务供给计划。

（三）村民参与程度低

首先，村民民主法治意识较为薄弱，参与乡村事务的愿望较低，缺乏民主协商意识。其次，年富力强的村民纷纷选择进城务工，及时返乡参与乡村事务的现实性较小。再次，部分基层干部民主意识薄弱，未能倾听、尊重和反映村民们的意见，沟通渠道的不畅阻碍了村民对乡村事务的参与。最后，部分乡村的基层民主仅存于形式，其决定都是以上级县、乡政府的规定为准，实施的决策权也掌握在基层干部手中，村民的建言献策力量微不足道。长此以往，村民们无法有效表达自己的意见与愿望，从而使其参与乡村治理的积极性降低。

（四）农村基础设施和环境问题日益凸显

当前，我国农村基础设施供给严重不足，乡村道路、供水、供电、网络通信等公共产品配置效率低下，制约了我国农村发展和乡村振兴战略的实施。长期以来，我国粗放的农业发展方式以及农民群众环保知识匮乏、环境保护意识较差等，造成了部分农村严重的环境污染和农村生态系统的破坏。近年来，虽然中央加大了各项强农惠农富农政策，对乡村财政资金投入不断增加，但是，总的来看，国家支农体系仍较薄弱，农村生态治理资金投入不足，农村生态治理的评估与监督机制尚未形成。

（五）农业发展人才严重不足

人才是农业发展的第一要素。当前，随着城市化的发展，我国农村大批青壮年外出务工涌向城市，导致农村高素质的劳动力严重缺失，农业生产的主力变成了留守在农村的老人和妇女，他们文化素质偏低，难以掌握先进的农业生产技术，导致农村生产力大幅下降，农产品质量较低。另外，农村懂经营、善管理的人才更加缺乏，大部分留守在农村的农民市场化意识不强，不会充分利用互联网等电商平台，不会构建健全的农产品销售网络。

二、多管齐下，全面解决乡村振兴的现实问题

乡村振兴战略是基于新时期我国社会主要矛盾变化的基础上提出来的，它是为了实现"两个一百年"目标而做出的重大战略部署。要实现乡村振兴就要从以下方面着手。

（一）发展农业现代化是实现乡村振兴的基础

众所周知，农业是国民经济的基础，而全面建设小康社会的最大障碍是农村。发展农

业现代化是提升农村经济水平的战略选择，也是推进城镇化、工业化、信息化发展的中坚力量。城市和乡村是命运共同体。农业和农村是发展的重点，政策向"三农"地区的资源配置倾斜，鼓励更多的资金、人才和技术流向农村，从而促进农业和农村的现代化，协调城乡一体化发展。要建立和完善城乡一体化发展的制度和政策体系，转变农业发展方式，发展多种形式适度规模经营，提高农产品质量和竞争力，增强科技支撑功能，发展绿色现代农业。

（二）解放和发展农村生产力是实现乡村振兴的根本

如果农村生产力没有得到解放，乡村振兴就不会实现。要坚持以"三变"为切入点，推进农村土地流转，盘活集体资产，发展新型农村集体经济，并扩大经营规模，发展品牌农业，从而真正增加农民的财富。与此同时要把政府和市场的关系处理好。一方面，要充分发挥市场在农业资源配置中的决定性作用，并且提高农业资源的利用效率；另一方面，充分发挥政府职能，加强市场监管，维护市场秩序，并鼓励和保护农业种植，确保国家粮食安全。

（三）健全乡村治理体系是实现乡村振兴的保障

党的一切工作和战斗力的基础是党的基层组织，农村基层组织治理的好坏直接关系到乡村振兴战略能不能有力地贯彻与实施。党的十九大报告指出，"加强农村基层基础工作，健全自治、法治、德治相结合的乡村治理体系"，通过法治维护社会秩序，用道德力量调节人们的行为，用自治调动群众的积极性和主动性，把三者有机地结合起来，构建中国特色的新型乡村治理体系，这有利于促进乡村治理体系的现代化和治理能力的提高。

（四）培养新型"三农"工作队伍是实现乡村振兴的关键

乡村振兴，人才和科技是关键。当前，我国农业发展和乡村振兴受到制约的因素有：科技投入不足、农产品的科技含量低、农民的知识水平不能适应社会的发展需要。因此，要振兴乡村，一定要重视人才和科技的作用，加大农业科技资金的投入，从而完善农业科技创新体系；同时，可以实施优惠贷款等政策鼓励年轻人回乡创业，加强对农民、村干部和新型经营主体的业务知识培训，培养一支新的有战斗力的"三农"工作队伍，这是实现乡村振兴的有力人才保障。

（五）深化农村各项制度改革是实现乡村振兴的核心

实施乡村振兴战略，有必要改进和完善农村的各项制度，使广大农民从改革中受益。

党的十九大报告中指出："巩固和完善农村基本经营制度，深化农村土地制度改革，深化农村集体产权制度改革，完善农业支持和保护制度，发展多种形式的适度规模经营。"这些政策和制度的完善，有利于调动农民的生产生活积极性，有利于农业的可持续发展，有利于巩固农业的基本地位，有利于提高农产品产量，保障国家粮食安全，实现国家长期稳定。

乡村振兴战略是一项系统工程，与多元化农村人才的培养和现代科学技术的运用密不可分。必须正确理解和把握乡村振兴战略的理论和意义，处理好各项重大关系，认识并克服各种困难，加强乡村振兴的制度性供给，打造中华文明的根基，发展现代文明，实现城乡、区域和人的均衡发展，从而推动新型城市化、乡村现代化，实现中国经济可持续发展。

第三节 乡村振兴的主体力量

党的十九大报告中提出，实施乡村振兴战略，要坚持农业农村优先发展，按照产业兴旺、生态宜居、乡风文明、治理有效、生活富裕的总要求，建立健全城乡融合发展体制机制和政策体系，加快推进农业农村现代化。实施乡村振兴战略，党的十九大把其作为贯彻新发展理念，建设现代化经济体系的内容之一，这是党站在中国特色社会主义进入新时代历史方位下新的"三农"工作方略，是习近平"三农"思想的集中体现，是在深刻认识新时代"三农"发展新阶段新规律新任务基础上做出的重大战略部署，集中反映了新时代农业农村发展的必然要求。改革开放以来，我国农业农村同国家其他事业同步发展，取得了历史性成就，社会主义新农村建设成效显著，农村面貌发生了翻天覆地的变化，农村公路、桥梁、通信等基础设施，教育、医疗、社保、文化等方面得到极大改善。

与此同时，我国"三农"问题依然突出，特别是"农村空心化""农业边缘化"和"农民老龄化"等"新三农"问题日益突出。农村劳动力大量外流，农村人才流失严重；不少地方的农民增收主要依靠外出打工等非农收入，留守在农村的多为老人、妇女和儿童，农地荒芜，"谁来种地""如何种地"问题突出；农村产业不大，农产品竞争力不强，农业农村污染问题突出，城乡之间发展不平衡，长期以来资源要素从乡村向城市单向流动没有得到根本性扭转。新"三农"问题成为全面建成小康社会、基本实现现代化和中华民族复兴的"短腿短板"。

一、社会组织在乡村振兴中的主体作用

在这样的大环境下，社会组织作为一股新兴力量，以一种积极的态度参与到了乡村振

兴的历史进程中。中央一号文件《关于实施乡村振兴战略的意见》在"加强农村基层基础工作，构建乡村治理新体系"这部分提到"大力培育服务性、公益性、互助性农村社会组织，积极发展农村社会工作和志愿服务"明确了乡村公益组织的作用和地位。

习近平同志在党的十九大报告中强调，中国特色社会主义进入新时代，我国社会主要矛盾已经转化为人民日益增长的美好生活需要和不平衡不充分的发展之间的矛盾。这种发展的不平衡不充分，突出反映在农业和乡村发展的滞后上，因此党的十九大报告提出要坚持农业农村优先发展，要加快推进农业农村现代化。乡村很早就是中国最大的问题，中国的改革开放自乡村改革始，改革成效有目共睹，给中国带来的变化是翻天覆地的。然而，在这种剧变之下产生的问题却是城乡发展之间的不平衡和不充分，城乡发展不平衡已经成了我国社会中最大的发展不平衡，而农村发展不充分已经成了最大的发展不充分。

中国现代化到底走什么样的路，能不能学美国和欧洲？这是近代以来，中国多少志士仁人经常萦绕于心的重大问题。我国知名学者吴景超在1937年提出，中国的现代化道路未必是欧美方式的城市化之路，需要探索不同于其他国家的独特之路。在《第四种国家的出路》一文中，他以两个指标来度量世界的所有国家，第一个指标就是人地关系，是人多地少还是人少地多；第二个指标就是农业人口占总人口的比重是高还是低。这样，他将世界各国分成四个类型，一是人多地少，农业人口比重低，如西欧国家；二是人少地多，农业人口比重低，如美国、加拿大、澳大利亚等；三是人少地多，农业人口比重较高，如苏联；四是人多地少，但农业人口比重很高，如中国、印度及大多数亚洲国家。他认为，第四类国家要实行现代化，难度最大，非走自己独特的道路不可。

吴景超通过两个指标的交叉对比，提出中国走现代化的道路必须是独特的，因为亚洲的资源禀赋和欧美不同，而在亚洲区域内，中国人口最多，农民最多，人地矛盾最紧张，所以迈向现代化的难度最大。由于人地关系和农业人口两个指标关系到土地和劳动力的资源禀赋，人地关系紧张，农业人口多，资源就大都需要放在养人、维持生计上，这样用于追求更高层次发展的资源就严重不足，那种以大量耗费资源求得现代化的城镇化道路就难以行得通，就需要寻找更加符合中国实际的，资源耗费更少、就业比较充分、贫富差距不太大的路。

所以，乡村振兴是中国几代人的探索，现在传到了我们这一代手里。乡村振兴不能仅仅看作是政府主导的经济政治行为，乡村振兴更是新时代中国最大的公益事业，是政府、企业、社会组织、高校科研技术部，即"政产学研社"都要一起努力的最大的公益事业。

党中央在党的十九大提出乡村振兴，提出走向人类命运共同体，也就是全世界人民要一起共创、共荣、共享，是应对世界新形势创出新格局的大战略。打铁要本身硬，而中国的乡村是中国的软肋，是洼地。要填平洼地，要消除城乡不平等，要解决贫富悬殊问题，那么，中国乡村就必须强起来，富起来，乡村富才能中国富，乡村强才能中国强。中国乡村不兴旺，中国的未来就不可持续。所以，乡村振兴是一个跨时代的重大命题，也是跨时代的重大难题。

只有在乡土基础上和城市融合，一、二、三产业融合，才能走出乡村的现代化。党的十九大报告中提出实施乡村振兴战略，要以产业兴旺为重点、生态宜居为关键、乡风文明为保障、治理有效为基础、生活富裕为根本，建立健全城乡融合发展体制机制和政策体系，加快推进农业农村现代化。产业兴旺是第一，没有乡村的产业兴旺，就没有资源来做乡村的社会、教育、文化、环保的建设。在乡土基础上和城市融合，第一产业、第二产业和第三产业融合，才能走出乡村的现代化。

但是，我们要认识到，实施乡村振兴战略，不能脱离其主体力量，这个主体力量主要是乡村中的社会组织。

二、乡村振兴是中国未来几十年最大的公益事业

首先，我们从慈善法来看社会组织的角色，慈善法总则的第三大条，讲的六小条都属于公益慈善范围，头两条，一是扶贫济困，二是扶老、救孤、恤病、助残、优抚，讲的是传统慈善，而第三、第四、第五条非常明确讲的是现代慈善也叫公益。第三条是将救助自然灾害、事故灾难和公共卫生事件等突发事件造成的损害纳入慈善；第四条是将促进教育、科学、文化、卫生、体育等事业的发展纳入慈善；第五条是将防治污染和其他公害，保护和改善生态环境纳入慈善。公益和慈善应如何区分？公益是为非特定的多数人的公共利益服务，而不是以行为主体来划分的，所以无论政府和企业还有社会组织，都在做公益；而慈善可以为特定的人服务，而且要分主体，政府用纳税人的钱做的扶贫济困不是慈善，是公益，只有公民个人、民间组织、民间企业自愿拿钱拿时间来做这些，才是慈善。

慈善和公益的区分一是资源，慈善的资源必须来自民间；二是为谁服务，为特定小群体、个人服务往往是慈善不是公益。公益要分解为政府公益、企业公益和社会组织公益。政府公益是强制性公益，靠强制税收做公益。民间公益包括企业和社会组织公益，主要靠捐赠，所以是志愿做公益。

之所以说乡村振兴是中国未来几十年最大的公益，正是由于乡村振兴是为全中国人民未来可持续发展必须做的事业，是非特定的全体人民的事业，而不仅仅是农民的事业，所以，这个公益目标在中国的认同感是最强的。是完全可能做到"政产学研社民"通力合作的。同时，慈善法第三大条的第六小条提出，只要符合本法规定的其他公益活动都可以归属于慈善。所以，乡村振兴也是可以归入大慈善范畴的。

乡村振兴中的公益慈善是以各种方式捐赠财产、提供服务、政策倡导和政府以及企业

合作等来推动党的十九大提出的"产业兴旺、生态宜居、乡风文明、治理有效、生活富裕"方针的实现。

社会组织在乡村振兴中主要有以下贡献：一是社会工作者能够协同政府制订整体方案，将社会工作融入整体方案中；二是社工机构能够进行能力建设和相关的培训交流，有能力协同政府提供乡村振兴整体性方案，既服务于政府顶层设计，又为之提供基层实验样本，这也是建立政府行政体系和社会工作服务系统人才晋升通道，社会工作者在乡村工作的经验可以作为进入行政系统报考公务员的条件。以社会组织为主导建设的"百乡工程"是为实现中国乡村振兴大目标探路的整套综合性规划，按照"产业兴旺、生态宜居、乡风文明、治理有效、生活富裕"的总体要求，以质量兴农、现代农业绿色发展为目标，以县乡党委领导推动各部门、各机构形成合力为资源平台，以农业合作组织联合会为执行组织，以培养"懂农业爱农村爱农民"的人才为工作队伍，联合科技、经济、社会各界力量，支持县乡政府制定符合当地自然条件、资源禀赋和人文传统的现代农业发展规划并设立产业基金予以实施。

"百乡工程"不是只依靠社会组织就能做成的，而是需要各界的联合。以农业阶梯理论为例，种养农业是基础，价值农业是枢纽，社造农业是前景。从种养农业到价值农业到社造农业是在上阶梯，而这三级台阶就是我们经常讲的一、二、三产业。三个台阶在不同的地域其结构不同，这就需要因地制宜、因用施整，提出最符合当地生态人文环境的优势产业发展规划。以永泰县为例，永泰县不是平原地区，而是浅山丘陵地带。其种养农业的比例由于土地少而在整体结构中占比较低，不过，如果没有种养农业，后面的价值农业、社造农业，还有梅干等附加主产品，就无法一起协同成为一条成熟的产业链。在三个阶梯之后，最后一个阶梯叫作自立农业，即社区不依靠政府补助，而是依靠三个阶梯农业的结构性调整，也就是通常所说一、二、三产业的所在地结构化，打造出社区的整体自立。自立不仅是财政上的自立，而且是要在物质和精神上、生态人文上的高层级的有地方优势特色的自立。自立的理念在中国乡村并没有被推广开来，现在的县乡都是依靠房地产和工业，而不是靠农业阶梯升级，所以只有在整体设计，包括理念和制度上有创新的东西，乡村振兴才有后劲，才可持续。

社会组织在乡村振兴中的努力方向：第一，要提高认知，要理解乡村振兴是中国未来几十年最大的公益事业；第二，要提升能力，如何让经济融入社会，如何将社会组织带上公益经济的道路。公益经济和行政主导的计划经济、单纯的市场经济、为个人谋利的市场经济不同。它并不完全排斥计划和市场，而是协同政府，运用市场。而公益经济和公共经济又有不同。最根本的不同，公共经济是政府运用税收做的，公益经济是政府、社会组织、企业、个人运用协同手段做经营，是合作共赢。社会组织如何做公益经济？就是要重视所在地，把自己当作所在地人的支持者、协同者、合作者，而不是替代者。

　　站在新时代的历史起点上，深刻把握乡村振兴战略理论逻辑，科学领会其科学内涵，加快实现乡村振兴战略，必将使我们牢牢把握农业农村发展的阶段性特征，加快推动实现农业农村现代化，加快实现农业大国向农业强国的转化。其发展中，社会组织的力量是不可忽视的。它不断提醒我们乡村振兴不是某一个人的小事，而是需要全民族参与的国家大事。

第三章 乡村振兴战略规划

第一节 乡村振兴战略规划概述

乡村振兴战略规划是基础和关键，其作用是为实施乡村振兴战略提供重要保障。同时，在编制乡村振兴战略规划应把握四个方面的重点。

一、乡村振兴战略规划的作用与功能

（一）乡村振兴战略规划的作用

1. 为实施乡村振兴战略提供重要保障

习近平总书记在参加十三届全国人大一次会议山东代表团审议时强调，推动乡村振兴健康有序进行，要规划先行、精准施策。制订乡村振兴战略规划，明确总体思路、发展布局、目标任务、政策措施，有利于发挥集中力量办大事的社会主义制度优势；有利于凝心聚力，统一思想，形成工作合力；有利于合理引导社会共识，广泛调动各方面积极性和创造性。

2. 是实施乡村振兴战略的基础和关键

编制一个立足全局、切合实际、科学合理的乡村振兴战略规划，有助于充分发挥融合城乡的凝聚功能，统筹合理布局城乡生产、生活、生态空间，切实构筑城乡要素双向流动的体制机制，培育发展动能，实现农业农村高质量发展。制订出台乡村振兴战略规划，既是实施乡村振兴战略的基础和关键，又是有力有效的工作抓手。当前，编制各级乡村振兴规划迫在眉睫。国家乡村振兴战略规划即将出台，省级层面的乡村振兴战略规划正在抓紧制订，有的省份已经出台；各地围绕乡村振兴战略都在酝酿策划相应的政策和举措，有的甚至启动了一批项目；全国上下、社会各界特别是在农业农村一线工作的广大干部职工和农民朋友都对乡村振兴充满期待。以上这些都迫切要求各地尽快制订乡村振兴规划，一方面与国家和省级乡村振兴战略规划相衔接，另一方面统领本县域乡村振兴各项工作扎实有

序开展。

3. 有助于整合和统领各专项规划

乡村振兴涉及产业发展、生态保护、乡村治理、文化建设、人才培养等诸多方面，相关领域或行业都有相应的发展思路和目标任务，有的已经编制了专项规划，但难免出现内容交叉、不尽协调等问题。通过编制乡村振兴规划，在有效集成各专项和行业规划的基础上，对乡村振兴的目标、任务、措施做出总体安排，有助于统领各专项规划的实施，切实形成城乡融合、区域一体、多规合一的规划体系。

4. 有助于优化空间布局，促进生产、生活、生态协调发展

长期以来，我国农业综合生产能力不断提升，为保供给、促民生、稳增长做出重要贡献，但在高速发展的同时，农业农村生产、生活、生态不相协调的问题日益突出，制约了农业高质量发展。通过编制乡村振兴规划，全面统筹农业农村空间结构，优化农业生产布局，有利于推动形成与资源环境承载力相匹配、与村镇居住相适宜、与生态环境相协调的农业发展格局。

5. 有助于分类推进村庄建设

随着农业农村经济的不断发展，村庄建设、农民建房持续升温，农民的居住条件明显改善，但千村一面现象仍然突出。通过编制乡村振兴规划，科学把握各地地域特色、民俗风情、文化传承和历史脉络，不搞一刀切、不搞统一模式，有利于保护乡村的多样性、差异性，打造各具特色、不同风格的美丽乡村，从整体上提高村庄建设质量和水平。

6. 有助于推动资源要素合理流动

长期以来，受城乡二元体制机制约束，劳动力、资金等各种资源要素不断向城市聚集，造成农村严重"失血"和"贫血"。通过编制乡村振兴规划，贯彻城乡融合发展要求，抓住钱、地、人等关键要素，谋划有效举措，打破城乡二元体制壁垒，促进资源要素在城乡间合理流动、平等交换，有利于改善农业农村发展条件，加快补齐发展"短板"。

（二）乡村振兴战略规划的功能

乡村在其成长过程中，始终沿着两个维度发展，一个维度是适应乡村生产，另一个维度是方便乡村生活。在此基础上衍生出乡村的诸如生产价值、生活价值、生态价值、社会价值、文化价值等，维系着乡村的和谐与可持续发展。乡村振兴不是要另起炉灶建设一个新村，而是要在尊重乡村固有价值基础上使传统的乡村价值得到提升。乡村振兴战略的目标，无论是产业兴旺、生态宜居，还是乡风文明、治理有效、生活富裕，只有在遵循乡村价值的基础上才能事半功倍，脱离乡村价值体系的项目投入多数会因难以融入乡村体系而成为项目"孤岛"。因此，发现和科学认识乡村价值是乡村振兴战略规划的前提。

1. 生产与经济价值功能

一方面，乡村为耕地保护、土地综合利用、精耕细作提供了条件；另一方面，乡村通过发展种植业养殖业，为农民生产与生活能量循环提供保障。正是有乡村的存在，才有循环农业文化的传承和发展。乡村也为庭院经济、乡村手工业得以存在和发展提供空间。村落形态与格局、田园景观、乡村文化与村民生活连同乡村环境一起构成重要的乡村产业资源。近些年，乡村旅游、特色农业的发展，既验证了绿水青山就是金山银山的理念，也充分体现了乡村的存在是产业兴旺和农民生活富裕的基础。产业兴旺一定是多业并举，种植业、养殖业、手工业和乡村休闲旅游业等都只有在乡村这个平台上才能满足人们对美好生活的需求，实现真正的产业融合。

2. 生态与生活价值功能

乡村作为完整的复合生态系统，以村落地域为空间载体，将村落的自然环境、经济环境和社会环境通过物质循环、能量流动和信息传递等机制，综合作用于农民的生产生活。乡村的生态价值不仅在于乡村坐落于青山绿水之间的怡人村落环境，更主要体现在乡村内部所具有的生态文明系统：天人合一的理念，维系着人与自然的和谐，体现着劳动人民尊敬自然、利用自然的智慧；自给性消费方式减少了人们对市场的依赖，因农民需要而维系了生物多样性；与大自然节拍相吻合的慢生活节奏，被认为是有利于身心健康的生活方式；低碳的生活传统，种养结合，生产与生活循环体系等，构成了乡村独特的生态系统和生态文化，凸显着劳动人民充分利用乡村资源的生存智慧。乡村的宜居环境不仅包括村落环境、完善的基础设施和舒适的民宅建设，还包括了和谐的邻里关系与群体闲暇活动为人们带来了精神的愉悦；正因如此，乡村被认为是理想的养生、养老、养心社区。在乡村建设实践中如果忽视乡村生态价值，盲目模仿城市建设模式，就会导致循环农业链中断，乡村垃圾问题凸显，乡村人与环境、人与资源问题突出等问题。

3. 文化与教化价值功能

文化与教化价值是乡村治理和乡风文明的重要载体。中国乡村文化不仅表现在山水风情自成一体，特色院落、村落、田园相得益彰，更重要地表现在乡村所具有的信仰、道德，所保存的风俗和所形成的品格。特别是诸如耕作制度、农耕风俗、节日时令、地方知识和生活习惯等活态的农业文化，无不体现着人与自然和谐发展的生存智慧。在食品保障、原料供给、就业增收、生态保护、观光休闲、文化传承、科学研究等方面均具有重要价值。同时，我们必须认识到尊老爱幼、守望相助、诚实守信、邻里和睦等优秀传统，是乡风文明建设和乡村有效治理的重要文化资源。农事活动、熟人交往、节日庆典、民俗习惯、地方经验、民间传统、村落舆论、村规民约、示范与模仿等，都是维系村落价值系统的重要载体，不断强化着人们的行为规范，而且是以润物无声的形式深入人们的内心世界，内化为行为准则。

乡村振兴战略规划若缺乏对乡村特点和价值体系的认识，其结果自然是难以适应农民的生产与生活，更谈不上传承优秀传统文化。因此，乡村振兴规划要以乡村价值系统为基础，善于发现乡村价值，探索提升乡村价值的途径。乡村价值的提升一方面可以通过乡村价值放大来实现，如发展地方特色种植业、养殖业和手工业，这种产业具有鲜明的地域特色，不可复制和替代，凸显其地方特色与品牌价值，也可以通过农业和乡村功能的扩展，实现其经济价值；另一方面赋予乡村体系以新的价值和功能，如发展文旅农融合产业，把乡村生态、生活、教育等价值转变成财富资源，发展乡村休闲、观光、体验等新兴产业。乡村振兴欢迎外来力量的介入，外来人可以帮助乡村发现其特有价值，并利用乡村价值为乡村造福。外来资金可以帮助乡村做想做而做不成的事情，为乡村注入新的动力。但是需要强调的是，无论外来的人才还是外来资金都不能取代农民主体地位，不能削弱乡村主体性。只有在充分尊重农民主体地位和乡村价值体系的基础上，乡村振兴的各项目标才能实现。

二、编制乡村振兴战略规划应把握的重点

（一）提升规划的战略思维

2018 年中央一号文件提出，实施乡村振兴战略是"决胜全面建成小康社会、全面建设社会主义现代化国家的重大历史任务"，《国家乡村振兴战略规划（2018—2022 年）》与一般规划有所不同的是，规划名称包括了"战略"二字；尽管这是一个五年规划，但对到 2035 年基本实现社会主义现代化、到 21 世纪中叶建成富强民主文明和谐美丽的社会主义现代化强国时，我国实现乡村振兴战略的远景也会进行战略谋划，甚至在 2018 年中央一号文件中对于到 2035 年、2050 年推进乡村振兴的目标任务都有所勾勒。2017 年中央农村工作会议要求，"实施乡村振兴战略是一项长期的历史性任务，要科学规划、注重质量、从容建设，不追求速度，更不能刮风搞运动"。2018 年中央一号文件进一步要求实施乡村振兴战略要"既尽力而为，又量力而行，不搞层层加码，不搞一刀切，不搞形式主义，久久为功，扎实推进"。可见，在编制乡村振兴规划的过程中，要特别注意体现其战略性，做好突出战略思维的大文章。

编制战略思维，首先要注意规划的编制和实施过程，更多的不是"按既定方针办"，而是要追求创新、突破和超越，要科学把握"不忘本来、吸收外来、面向未来"的关系，增强规划的前瞻性。许多人在制订战略规划时，习惯于惯性思维，从现在看未来，甚至从过去看现在，首先考虑当前的制约和短期的局限，"这不能干""那很难办"成为"口头

禅", 或者习惯于按照过去的趋势推测未来, 这在设计规划指标的过程中最为明显。这不是战略, 充其量只能算战术或推算, 算可行性分析。按照这种方式编制规划, 本身就是没有太大意义的事。按照这种思维方式考虑规划问题, 很容易限制战略或规划制定者的想象力, 束缚其思维空间, 形成对未来发展的悲观情绪和消极心理, 导致规划实施者或规划的利益相关者对未来发展缩手缩脚, 难以办成大事, 也容易导致大量的发展机会不知不觉地"溜走"或流失。

战略需要大思维、大格局、大架构, 战略制定者需要辩证思维、远景眼光。当然此处的"大"绝非虚空, 而是看得见、摸得着, 经过不懈努力最终能够实现。真正的战略不是从过去看未来, 而是逆向思维, 从未来的终局看当前的布局, 从未来推导现在, 根据未来的战略方向决定当前如何行动。好的规划应该富有这种战略思维。因此, 好的战略规划应该具备激发实施者、利益相关者信心的能力, 能够唤醒其为实现战略或规划目标努力奋斗的"激情"和"热情"。好的战略规划, 往往基于未来目标和当前、未来资源支撑能力的差距, 看挖潜改造的方向, 看如何摆脱资源、要素的制约, 通过切实有效的战略思路、战略行动和实施步骤, 不断弥合当前可能和未来目标的差距。借此, 拓展思维空间, 激活发展动能, 挖掘发展潜力。

好的战略意图要给人带来方向感、探索感和共同的命运感。方向感很容易理解, 但从以往的实践来看, 有些地方规划的战略思维不够, 难以体现战略性要求。要通过提升规划的战略思维, 描绘出未来规划发展的蓝图和目标, 告诉人们规划的未来是什么, 我们想要努力实现的规划图景如何。为了实现这种规划图景, 今天和明天我们应该怎么做。鉴于规划的未来和当前的现实之间可能存在巨大的资源、要素和能力缺口, 应该让规划的实施者想方设法去努力实现这些规划的未来目标, 形成探索感。如果把规划的未来目标比作吃到树上可口的苹果, 那么这个苹果不是伸手可及的, 应是经过艰苦、卓越的努力才能吃到的。那么, 怎么努力? 是站个板凳去摘, 还是跳着去摘? 要通过博采众智、集思广益, 创新规划实施手段去实现这种努力。探索感就是要唤起参与者、组织者的创新创业精神和发展潜能, 发现问题, 迎难而上, 创造性解决; 甚至在探索解决问题的过程中, 增强创造性地解决问题的能力。共同的命运感就是要争取参与者和组织者成为命运共同体, 形成共情效应, 努力产生"风雨同舟, 上下齐心"的共鸣。如在编制和实施乡村振兴战略的过程中, 要注意在不同利益相关者之间形成有效的利益联结机制, 激励大家合力推进乡村振兴, 让广大农民和其他参与者在共商共建的过程中有更多的获得感, 实现共享共赢发展。

重视规划的战略思维, 要在规划的编制和实施过程中, 统筹处理"尽力而为"与"量力而行"、增强信心与保持耐心的关系, 协调处理规划制订、实施紧迫性与循序渐进的关系。2018年中央农村工作会议要求, "科学规划、注重质量、从容建设, 不追求速度,更不能刮风搞运动";2018 年中央一号文件要求实施乡村振兴战略要"做好顶层设计,注重规划先行""久久为功,扎实推进",说的都是这个道理。

重视规划的战略思维,还要注意增强乡村振兴规划的开放性和包容性。增强规划的开放性,要注意提升由外及内的规划视角,综合考虑外部环境变化、区域或城乡之间竞争——合作关系演变、新的科技革命和产业革命,甚至交通路网、信息网发展和转型升级对本地区本部门实施乡村振兴战略的影响,规避因规划的战略定位简单雷同、战略手段模仿复制,导致乡村振兴区域优势和竞争特色的弱化,进而带来乡村振兴的低质量发展。增强规划的包容性,不仅要注意对不同利益相关者的包容,注意调动一切积极因素参与乡村振兴;还要注意区域之间、城乡之间发展的包容,积极引导部门之间、区域之间、城乡之间加强乡村振兴的合作。如在推进乡村产业兴旺的过程中,引导区域之间联合打造区域品牌,合作打造公共服务平台、培育产业联盟等。实际上,增强乡村振兴规划的开放性和包容性,也有利于推进乡村产业振兴、人才振兴、文化振兴、生态振兴和组织振兴"一起上",更好地坚持乡村全面振兴,增进乡村振兴的协同性、关联性和整体性,统筹提升乡村的多种功能和价值。要注意在开放、包容中,培育乡村振兴的区域特色和竞争优势。

(二)丰富网络经济视角

当今世界,随着全球化、信息化的深入推进,网络经济的影响日益深化和普遍化。根据梅特卡夫法则,网络的价值量与网络节点数的平方成正比。换句话说,如果网络中的节点数以算术级速度增长,网络的价值就会以指数级速度增长。与此相关的是,新网络用户的加入往往导致所有用户的价值都会迅速提升;网络用户的增多,会导致网络价值的总量迅速膨胀,并进一步带来更多新的用户,产生正向反馈循环。网络会鼓励成功者取得更大的成功。这就是网络经济学中的"回报递增"。如果说传统社会更关注对有形空间的占有和使用效率,那么,网络社会更关注价值节点的分布和链接,在这里"关系甚至比技术质量更重要"。按照网络经济思维,要注意把最合适的东西送到最合适的人手中,促进社会资源精准匹配。

随着交通路网特别是高铁网、航空网和信息网络基础设施的发展,在实施乡村振兴战略的过程中,如何利用网络效应、培育网络效应的问题迅速凸显。任何网络都有节点和链接线两类要素,网络功能是二者有机结合、综合作用的结果。在实施乡村振兴战略的过程中,粮食生产功能区、重要农产品生产保护区、特色农产品优势区、农村产业融合示范园、中心村、中心镇等载体和平台都可以看作推进乡村振兴的网络节点,交通路网基础设施、信息网络基础设施都可以看作推进乡村振兴的链接线;也可以把各类新型经营主体、各类社会组织视作推进乡村振兴的网络节点,把面向新型经营主体或各类社会组织的服务体系看作链接线；把产业兴旺、生态宜居、乡风文明、治理有效、生活富裕五大维度，或乡村产业振兴、人才振兴、文化振兴、生态振兴、组织振兴五大振兴作为推进乡村振兴的网络节点，把推进乡村振兴的体制机制、政策环境或运行生态建设作为链接线，这也是一种分析视角。在实施乡村振兴战略的过程中，部分关键性节点或链接线建设，对于推进乡村振兴的高质量发展，可能具有画龙点睛的作用。在编制乡村振兴战略规划的过程中需要高度重视这一点。

如果推进乡村振兴的不同节点之间呈现互补关系，那么，推进乡村振兴的重大节点项目建设或工程、行动，在未形成网络效应前，部分项目、工程、行动的单项直接效益可能不高；但待网络轮廓初显后，就可能在这些项目或工程、行动之间形成日趋紧密、不断增强的资源、要素、市场或环境联系，达到互为生态、相互烘托、互促共升的效果，产生日益重大的经济、社会、生态、文化价值，带动乡村功能价值的迅速提升。甚至在此背景下，对少数关键性节点或链接线建设的投资或支持，其重点也应从追求项目价值最大化转向追求网络价值最大化。当然，如果推进乡村振兴的不同节点或链接线之间呈现互斥关系，则部分关键性节点或链接线建设的影响，可能正好相反，要防止其导致乡村价值的迅速贬值。

在乡村振兴规划的编制和实施过程中，培育网络经济视角，对于完善乡村振兴的规划布局，更好地发挥新型城镇化或城市群对乡村振兴的引领、辐射、带动作用具有重要意义。2017年中央经济工作会议提出，要"提高城市群质量，推进大中小城市网络化建设，增强对农业转移人口的吸引力和承载力"。要注意通过在城市群内部培育不同类型城市之间错位发展、分工协作、优势互补、网络发展新格局，带动城市群质量的提高，更好地发挥城市群对解决工农城乡发展失衡、"三农"发展不充分问题的辐射带动作用。也要注意引导县城和小城镇、中心村、中心镇、特色小镇甚至农村居民点、农村产业园或功能区，增进同所在城市群内部区域中心城市（镇）之间的分工协作和有机联系，培育网络发展新格局，为带动提升乡村功能价值创造条件。

要结合培育网络经济视角，在乡村振兴规划的编制和实施过程中，加强对乡村振兴的分类施策。部分乡村能够有效融入所在城市群，或在相互之间能够形成特色鲜明、分工协作、优势互补、网络发展新关联，应该积极引导其分别走上集聚提升型、城郊融合型、卫星村镇型、特色文化或景观保护型、向城市转型等不同发展道路。部分村庄日益丧失生存发展的条件，或孤立于所在城市群或区域性的生产生活网络，此类村庄的衰败不仅是难以扭转根本的趋势，还可以为在总体上推进乡村振兴创造更好的条件。如果不顾条件，盲目要求此类乡村实现振兴，将会付出巨大的经济社会或生态文化代价，影响乡村振兴的高质量发展和可持续发展。

此外，用网络经济视角编制和实施乡村振兴规划，还要注意统筹谋划农村经济建设、政治建设、文化建设、社会建设、生态文明建设和党的建设，提升乡村振兴的协同性、关联性，加强对乡村振兴的整体部署，完善乡村振兴的协同推进机制。按照网络经济视角，链接大于拥有，代替之前的"占有大于一切"。因此，在推进乡村振兴的过程中，要注意通过借势发展带动造势发展，创新"不求所有，但求所用"的方式，吸引位居城市的领军企业、领军人才参与和引领乡村振兴，更好地发挥"四两拨千斤"的作用。这样也有利于促进乡村振兴过程中的区域合作、部门合作、组织合作和人才合作，用开放、包容的理念，推进乡村振兴过程中资源、要素和人才质量的提升。

（三）把编制规划作为撬动体制机制改革深入推进的杠杆

在实施乡村振兴战略的过程中，推进体制机制改革和政策创新具有关键性的影响。有人说，实施乡村振兴战略，关键是解决"人、地、钱"的问题。先不评论这种观点，但解决"人、地、钱"的问题关键又在哪里？还是体制机制改革问题。所以2018年中央一号文件特别重视强化乡村振兴的制度性供给。在编制乡村振兴战略规划的过程中，提出推进体制机制改革、强化乡村振兴制度性供给的思路或路径固然是重要的，但采取有效措施，围绕深化体制机制改革提出一些切实可行的方向性、目标性要求，把规划的编制和实施转化为撬动体制机制改革深入推进的杠杆，借此唤醒系列、连锁改革的激发机制，对提升规划质量、推进乡村振兴的高质量发展更有重要意义，正如"授人以鱼不如授人以渔"一样。

如有些经济发达、被动城市化的原农村地区，原来依托区位交通优势，乡村工商业比较发达，城市化推进很快。但长期不重视统筹城乡规划，导致民居和乡村产业园区布局散、乱、杂，乡村产业园改造和城中村治理问题日趋突出。其主要表现是乡村产业园甚至农村民居错乱分布，环境污染和生态破坏问题加重，消防、安全等隐患日趋严重和突出，成为社会治理的难点和广受关注的焦点；农村能人强势与部分乡村基层党建弱化的矛盾时有发生；乡村产业园区分散布局、转型缓慢，并难以有效融入区域现代化经济体系建设的问题日益突出。在这些地区，新型城镇化与乡村振兴如何协调，"三农"发展的区域分化与乡村振兴如何有效实现分类施策？这些问题怎么处理？在现有格局下解决问题的难度已经很大。但由于这些地区经济发达，城乡居民收入和生活水平比较高，很容易形成"温水煮青蛙"的格局。村民小组和老百姓的小日子比较好过，难以形成改变现状的冲动和危机意识；加之改变现状的难度很大，很容易让人形成"得过且过""过一天是一天"的思维方式。但长远的问题和隐患可能越积越多，等到有朝一日猛然惊醒了，再来想着解决问题，可能为时已晚或难度更大。比如有的城郊村，之前有大量外来资本租厂房发展工商业，也带动了大量外来务工人员租房居住。但随着市场需求变化和需求结构升级，许多传统工商业日益难以为继，亟待转型升级，甚至被迫破产倒闭或转移外迁，带动村民租金收入每况愈下。

在这些地区，不仅产业结构要转型升级，人口、经济甚至民居、产业园的布局方式也有待转型升级。之前那种"普遍撒网""村村点火"的布局方式，后遗症越来越大。无论是发展先进制造业，还是发展服务业，都要求在空间布局上更加集中集聚，形成集群集约发展态势。在这些地区，有些乡村目前可能感觉还不错，似乎规划部门给它的新上项目"松"个口子，前景就会很好。但从长远来看，实际情况可能不是这样。规划部门给它"松"个口子，乡村的日子暂时可能好过点，但只能说是"苟延残喘"一段时间，今后要解决问题的难度更大，因为"沉没成本"更高了。还有前述生态问题、乡村治理问题，包括我们党组织怎么发挥作用的问题，越早重视越主动，越晚越被动。许多问题如果久拖不决，未来的结果很可能是下列三种结果之一。

第一种结果是慢慢把问题拖下去。但是，越不想改变现状，越对改变现状有畏难情绪，时间长了解决问题的难度就越大，也就越难以解决。这种结果对地方经济社会发展的长期负面影响更大，更容易因为当前治理的犹豫不决，导致未来发展问题的积重难返，甚至盛极而衰。当然，这很可能要到若干年后，问题才会充分暴露出来。第二种结果是有朝一日，环保、治安、消防、党建等问题引起居民强烈不满或媒体关注，或上级考核发出警告，导致政府不得不把其当作当务之急。第三种结果是发生类似火灾、爆炸伤人等恶性安全事故，不得不进行外科大手术式治疗。但这种结果的代价可能太惨烈。

显然，这三种结果都不是理想结果，都有很大的后遗症。第二种、第三种结果对地方党政领导人的负面影响很大。习近平总书记在党的十九大报告中要求"坚决打好防范化解重大风险、精准脱贫、污染防治的攻坚战"。在这些地区，乡村产业园改造和城中村治理问题不解决好，这三大攻坚战都难以打好，甚至会加重重大风险、城中村贫困、污染严重化等问题。

但解决上述问题难度很大，仅靠一般性的加强政策甚至投入支持，无异于画饼充饥，亟待在各级政府高度重视解决问题紧迫性的基础上，通过加强相关综合改革的试点试验和推广工作，为解决这些复杂严峻的区域乡村振兴问题探索新路。2018年中央一号文件要求，"做好农村综合改革、农村改革试验区等工作"，应加强对这些地区的支持，鼓励其以加强城中村、乡村产业园治理或其他具有区域代表性的特色问题治理为重点，开展农村综合改革和农村改革试验区工作。也可鼓励这些地区直接创建"城乡融合发展体制机制改革试验区"，率先探索、推进城乡融合发展的体制机制和政策创新。

2017年召开的中央农村工作会议提出，要走"中国特色社会主义乡村振兴道路"。重点围绕各地区乡村振兴亟待解决的重大难点问题，组织相关体制机制改革和政策创新的试验，这也是为形成具有区域特色的乡村振兴道路探索了一条新路。推进乡村振兴，每个地方都应走有区域特色的乡村振兴道路。中国特色的社会主义乡村振兴道路，应该是由各地富有区域特色的乡村振兴道路汇聚而成的。

（四）加强规划精神和典型经验的宣传推广

为强化乡村振兴的规划引领，加强规划编制和实施工作固然是重要的，但加强规划精神、规划思路的宣传推广更加不可或缺。这不仅有利于推进乡村振兴的利益相关者更好地理解乡村振兴规划的战略意图，增强其实施规划的信心和主动性、积极性，还有利于将乡村振兴的规划精神更好地转化为推进乡村振兴的自觉行动，有利于全党全社会凝精聚力，提升推进乡村振兴的水平和质量。加强对乡村振兴规划精神的宣传推广，还可以将工作适当前移，结合加强对党的十九大精神和党中央关于实施乡村振兴战略思想的学习，通过在规划编制过程中促进不同观点的碰撞、交流和讨论，更好地贯彻中央推进乡村振兴的战略意图和政策精神，提升乡村振兴规划的编制质量与水平。要结合规划编制和实施过程中的调研，加强对典型经验、典型模式、典型案例的分析总结，将加强顶层设计与鼓励基层发挥首创精神结合起来，发挥榜样的示范引领作用，带动乡村振兴规划编制和实施水平的提高。近年来，许多发达地区在推进社会主义新农村或美丽乡村建设方面走在全国前列，探索形成了一系列可供借鉴推广的乡村振兴经验。也有些欠发达地区结合自身实际，在部分领域发挥了推进乡村振兴探路先锋的作用。要注意不同类型典型经验、典型模式、典型案例的比较研究和融合提升，借此提升其示范推广价值。如近年来在安徽宿州率先发展起来的现代农业产业化联合体、在四川成都兴起的"小（规模）组（团式）微（田园）生（态化）"新农村综合体、在浙江乡村的现代农业综合体，都各有成效和特色，值得我们借鉴推广。

有些地区在推进乡村振兴方面虽然提供了一些经验，但提供的教训可能更加深刻。加强对这些教训的分析研究甚至案例剖析，对于提升乡村振兴规划编制、实施的水平与质量，更有重要意义。宣传典型经验，如果只看好的，不看有问题的，可能会错失大好的提升机会。对此不可大意。当然，对待这些"称得上"教训的案例分析，也要有历史的耐心，要注意其发展阶段和中长期影响。有些模式在发展初期，难免遇到"成长中的烦恼"。但跨越这一阶段后，就可能"柳暗花明"或"前程似锦"。对于其成长中的挫折，也要冷静分析，多些从容、宽容和包容，不可"一棍子打死"，更不能"站着说话不腰疼"，横加指责，粗暴评论。

第二节　乡村规划的历史演进及面临的形势

改革开放以来，我国乡村规划的历史演进大致经历了初步成形、探索实践、建设完善三个阶段。当前，我国乡村振兴战略规划正面临新的形势。

一、乡村规划的历史演进

乡村规划是对乡村未来一定时期内发展做出的综合部署与统筹安排，是乡村开发、建设与管理的主要依据。我国真正意义上的乡村规划起步于改革开放后，经历了初步成形、探索实践、调整完善等发展阶段。

（一）初步成形阶段（1978—1988年）：从房屋建设扩大到村镇建设范畴

1981年，国务院下发《关于制止农村建房侵占耕地的紧急通知》，同年提出"全面规划、正确引导、依靠群众、自力更生、因地制宜、逐步建设"的农村建房总方针，同年的第二次全国农村房屋建设工作会议将农村房屋建设扩大到村镇建设范畴。'自此，村镇规划列入了国家经济社会发展计划。1982年，国家建委与农委联合颁布《村镇规划原则》，对村镇规划的任务、内容做出了原则性规定。这一阶段，村镇规划从无到有，我国乡村逐步走上有规划可循的发展轨道。

（二）探索实践阶段（1989—2013年）：城市规划模式下的村镇规划体系的探索

1989年，《中华人民共和国城市规划法》颁布，该法以城市为范围，没有对村镇规划的规范和标准进行定义，造成了城乡规划割裂，村镇规划编制无法可依、规划编制不规范等问题。但村镇规划编制的探索并未停止，1988—1990年，村镇建设司分三批在全国进行试点，探索村镇规划的编制。1993年，建设部颁布《村庄和集镇规划建设管理条例》；同年，我国第一个关于村镇规划的国家标准《村镇规划标准》发布，成为后来乡村规划编制的重要标准与指南。2000年，在试点实践与多方论证基础上，建设部颁布《村镇规划编制办法》，规定编制村镇规划一般分为村镇总体规划和村镇建设规划两个阶段，从现状分析图、总体规划、村镇建设规划等几个方面规范了村镇规划的编制。2007年，建设部颁布的《镇规划标准》提出了镇规划的标准与指南，但对中心镇周边的乡村区域重视不够。2008年，《中华人民共和国城乡规划法》发布，代替了使用10年的《中华人民共和国城市规划法》，该法将城乡一体化写入法律，强化了对村镇规划编制与实施的监督与检查。之后，"村镇体系规划"逐渐替代"村庄集镇规划"，初步形成了镇、乡、村的乡村规划体系。这一阶段，村镇规划深入实践、渐成体系。虽然还深受城市规划模式的影响，但从乡村角度出发、适合乡村发展需求的规划理念已经开始成为共识。

（三）建设完善阶段（2014 年至今）：构建乡村建设（乡村振兴）视角下的县域村镇体系

2014 年，住建部发布《关于做好 2014 年村庄规划、镇规划和县域村镇体系规划试点工作的通知》，提出，"通过试点工作进一步探索符合新型城镇化和新农村建设要求、符合村镇实际、具有较强指导性和实施性的村庄规划、镇规划理念和编制方法，以及'多规合一'的县域村镇体系规划编制方法"。2015 年，中央办公厅、国务院下发的《深化农村改革综合性实施方案》提出，"完善城乡发展一体化的规划体制，要求构建适应我国城乡统筹发展的规划编制体系"。这一阶段，村镇规划开始从城乡统筹角度探索规划的编制，县域乡村建设规划一般包括县域村镇体系规划、城乡统筹的基础服务设施和公共服务设施规划、村庄整治指引三大重点内容。

二、乡村振兴战略规划面临的形势

（一）工业化和城镇化对传统乡村社会结构造成冲击

长期以来，城乡间的体制性隔离使得以传统农业为基础的乡村社会结构得以保持，并相对稳定地延续发展。快速的工业化与城镇化打破了乡村系统的封闭性，稳态的农业社会开始逐步瓦解。首先表现在经济结构上，以传统农业为代表的乡村经济在国民经济中的比重大幅跌落。自 20 世纪 90 年代中后期，粮食价格持续下降，而外出打工却可获得高出农业收入数倍的收益，农民收入结构开始发生根本性转变。

经济结构的巨变必然引起社会结构的重组。随着农业衰落，传统乡村社会围绕农业组织的家庭就业结构逐步瓦解，农民以家庭为单位进行了劳动力资源的再分工。家庭中青壮人口大量流出投入二、三产业的生产经营活动中，家庭成员以代际分隔实现了经济活动空间的分离和经济活动类型的分化。正如梁漱溟所言，农业团结家庭，工商业分离家庭。农业的衰落和非农经济活动的不断丰富使得传统农村的社会组织网络开始失去赖以存在的基础。

（二）乡村规划建设的困惑

传统乡村社会的瓦解已成为必然，但在这新旧交替的过渡期，社会对于传统乡村社会的想象却从未停止。乡村发展的客观规律和趋势到底是什么？美好乡村究竟是什么样？乡村规划建设到底怎么做？社会各界对于这一系列关键问题的激烈争论甚至论战恰恰反映了这些问题的复杂性和挑战性，而规划学界的整体性失语则充分反映了乡村规划理论的缺失和实践的困惑。

中国当前的乡村规划实践很大程度上都处于探索与试错状态。早期的拆村并点已被实践证明是简单的想象，片面关注数量而忽略乡村社会复杂性的做法不仅引发激烈的社会矛盾，事实上也并未达到规划的预期。轰轰烈烈的乡村美化运动一定程度上是又一次规划价值观的试验性输入，成效依然是学界争论的话题。不可否认的是，在这一探索和试错过程中，对乡村的认识在不断加深，优秀的乡村规划实践开始出现。然而，由于缺乏充分的理论总结和方法归纳，一些宝贵的规划经验尚未被合理地解析、提炼和系统化，就被简单地模仿。在基本忽略中国乡村的巨大差异与规划的在地性与在时性的情况下，不断制造出异化的复制品。当前乡村规划建设理论和方法的滞后已影响了乡村的转型发展，而既有的探索和试错已为正确地认识乡村的发展趋势、合理地总结乡村规划的方法论奠定了基础。

（三）乡村发展趋势与精明收缩的认知

1. 乡村收缩是快速城镇化过程中的必然趋势

快速城镇化进程是理解判断中国乡村发展趋势的核心，而乡村发展本身就是城镇化进程的重要组成部分。2019 年年末，我国城镇常住人口为 84 843 万，占总人口比重60.60%，这是我国常住人口城镇化率首次超过 60%。据中国社会科学院的预测，2050 年中国城镇化率可能超过80%，也就是说在未来 30 多年里，中国的城镇人口仍将大规模增长，乡村人口的持续减少将成为必然趋势。人口大量减少必然要求空间重整，乡村收缩不可避免。

作为城镇化发展的必然结果，乡村收缩的根本动力是乡村经济与社会的转型。随着城镇化和工业化的加速，经济发展方式的转变必然直接影响乡村经济的发展。一方面随着农业份额的不断下降，农业将逐步转向以提高生产率为主的现代化模式，提供的就业岗位将不断减少，对土地等要素资源的集聚要求不断提高，农业尤其是种植农业的就业密度将大幅降低。另一方面，随着"互联网+""生态+"等新经济的出现，乡村空间将围绕新的资源禀赋密集区重新集聚；大都市区等新的城镇化空间的出现，也将导致跨区域的乡村空间集聚重组，而新的集聚过程就是新的收缩过程。在社会层面，随着老龄化、少子化社会的到来，养老、医疗、教育等公共服务的供给数量、质量与空间布局都将持续影响乡村人口的减少和乡村空间的收缩。

乡村人口的大量收缩，从集约资源、提高服务水平的角度，必然要求对乡村空间和相应的公共服务设施进行重组。当前农村常住人口的大量外流不仅留下了大量空置房屋、抛荒土地，导致空间低效利用，还导致以基层服务功能衰退为代表的整体经济社会功能的退化。中国乡村地大面广，都市区域以外的普通乡村在数量上仍占很大比例，在缺乏优势发展资源的情况下，这些乡村即使生态良好，也仍是城镇化进程中主要人口外流地。显然在资源有限的情况下，投入需要兼顾公平和效率，而对已空心地区的持续投入必然造成巨大的浪费。同时，在总体供给不足的情况下，低水平均衡的设施供给也无法真正满足乡村居民日益提高的需求。因此，为了集约、高水平而进行的精明收缩对于这些地区有着非常现实的意义。

2. 精明收缩的特征是更新导向的加减法

乡村收缩是中国城镇化进程发展到一定阶段出现的必然现象，和增长一样只是一种状态。目前所呈现的与衰退、恶化相伴的收缩，其实是不正常的、不精明的收缩，问题不在于收缩本身，而在于收缩的方式和方法。如只拆不建、只堵不疏、治表不治里等消极的建设管理方式，只会导致乡村功能的衰退和人居环境的恶化。因此必须尽快形成精明收缩理念的共识。精明收缩概念是近年来新兴于欧美国家的规划策略，和精明增长相对应，旨在应对城市衰退所引发的人口减少、经济衰落和空间收缩等问题，从收缩中寻求发展。虽然欧美的城市衰退与中国乡村收缩的背景、过程与机制截然不同，但精明收缩的理念却具有启发性，重在倡导积极、主动地适应发展趋势的结构性重整。

中国乡村的精明收缩必然也应当是积极的、主动的，是更新导向的加减法，有增有减而不是一味地做减法。乡村是城乡体系中具有重要价值与意义的组成，精明的收缩不以消灭乡村为最终结果，而以发展乡村为根本目的。当前忽略乡村发展需求，在资金、指标、政策上对尚有发展可能的乡村做出种种限制，致使乡村发展陷入长久停滞的做法，都是简单减法思维的体现。精明收缩下的乡村发展必然是一个总体减量，但有增有减、以增促减的更新过程，从被动衰退转向主动收缩。减少的不仅是乡村空间，还包括乡村无序发展阶段形成的不合理增量，如大规模的违建住房、不适应现代发展环境的要素、传统的低效农业、污染的乡村工业等。相应增加的应当是更具适应性的现代发展要素，如以生态农业、农村电商为代表的、面向需求的新兴乡村产业和服务设施。精明收缩需要在总量减少的同时加大对积极要素的集中投入，有选择地引入新的辅助要素，同时保护、更新具有历史文化意义的要素。这既是资源要素有限情况下效率与公平的追求，也是乡村转型过程中系统更新的要求。

3. 精明收缩的目的是助推乡村现代化转型

更新导向的精明收缩最终目的是在中国现代化转型的关键阶段，助推传统乡村社会实现现代化转型，从而建构稳定、强健的新社会结构。首先，通过精明收缩实现农民福利的正增长。农民是乡村发展的主要参与者，其意愿和行为决策对于乡村发展具有关键性影响。在城乡交流越发频繁、信息传播日益便利的当下，农民的经济理性正迅速觉醒。农民不再"被捆绑在土地上"，尤其新一代农村人口具有自主、理性选择最大化利益的意愿和能力。大量的调研结果显示，当前个人打工的年均收入远高于务农收入，乡村劳动力的非农化现象非常显著，进城打工成为大量农村家庭的主要经济来源。在这个意义上，当前中国乡村的持续衰退是农民"用脚投票"的结果。乡村发展是人的发展，而非物的发展，因此仅仅依靠环境整治和文化复兴留住农民只是精英主义的祈望。只有通过为农民提供切实的福利增长，即提高经济收益、提高公共服务水平，或者两方面同步提高，才能精明收缩，才是精明收缩。

精明收缩的关键在于精明，在于缩小城乡差距、打破二元结构，在城乡聚落系统内通过收缩将城乡差距变为城乡均等，实现城乡要素自由流动，公共服务基本均等，同时差异化地保持或赋予乡村丰富的内涵与地位。面向未来城乡聚落体系中乡村可能扮演的角色，精明收缩需要在乡村数量收缩的同时大大拓宽乡村的功能与产业发展可能，通过集聚促进传统农业产业更新升级，促进适应性非农生产要素集聚，在新经济不断发育的进程中，使得乡村不仅延续农业服务空间的职能，同时在现代产业体系中承担一定分工。精明收缩助推乡村现代化转型，农村和农民不再是特定身份、待遇的符号，而是一种新的生活与生产方式的代名词。

推动乡村社会现代化转型必然要求构建可持续的现代乡村系统。精明收缩并非短期的外来输血或扶持干预，而是在有条理、有意识的规划引导下，促进乡村社会的空间重构与治理重构。前者主要体现为建立符合现代要求的生活、生产空间，有选择地建立高标准的基础设施和服务设施，满足乡村居民不断提高的消费要求；后者主要体现为建立在现代化生产分配关系网络基础上的新社会秩序和治理结构。即在市场、政府与公民三者之间，在自上而下和自下而上的治理模式之间找到最佳组合与平衡点，推进乡村治理体系和治理能力的现代化。通过重构具有高度适应性、结构完整的乡村社会，精明收缩将激活乡村内生造血功能，最终形成一个具有自我发展能力的现代乡村社会。

（四）结论

快速的工业化与城镇化打破了中国乡村系统的封闭性，内外动力的交织作用逐步瓦解了传统乡村社会，转型的时代已经到来。显然，中国的现代化进程不可能缺失乡村社会的现代化。如何平稳实现乡村社会的现代化是乡村规划需要解决的关键问题。深化对乡村发展趋势的理解、认知，已经成为城乡规划学科发展的重要领域。基于对中国快速城镇化趋势的研究，认为乡村收缩是快速城镇化过程中的必然趋势，在一定程度或阶段上这一过程是不可逆的。因此，必须充分正视乡村收缩问题，以更为积极、主动的态度去应对乡村收缩趋势可能带来的种种困难与挑战。如果说乡村收缩是客观的，那么精明收缩就是主观的规划理念，它以更新为导向，倡导在整体收缩的背景下综合运用加减法，通过增量盘活存量，最终一方面实现农民个体福利的正增长，另一方面全面助推乡村整体的现代化。

第三节 乡村振兴战略规划制订的基础与分类

制订乡村振兴战略规划要以正确处理好几方面关系，在此基础上，要把握好乡村振兴战略的类型与层级。

一、乡村振兴战略规划制订的基础

乡村振兴战略规划是一个指导未来 30 余年乡村发展的战略性规划和软性规划，涵盖范围非常广泛，既需要从产业、人才、生态、文化、组织等方面进行创新，又需要统筹特色小镇、田园综合体、全域旅游、村庄等重大项目的实施。因此，乡村振兴战略规划的制订首先须理清五大关系，即 20 字方针与五个振兴的关系；五个振兴之间的内在逻辑关系；特色小镇、田园综合体与乡村振兴的关系；全域旅游与乡村振兴的关系；城镇化与乡村振兴的关系。

20 字方针与五个振兴的关系：产业兴旺、生态宜居、乡风文明、治理有效、生活富裕的 20 字方针是乡村振兴的目标，而习近平总书记提出的产业振兴、人才振兴、文化振兴、生态振兴、组织振兴是实现乡村振兴的战略逻辑，亦即 20 字方针乡村振兴目标的实现需要五个振兴的稳步推进。

五个振兴之间的内在逻辑关系：产业振兴、人才振兴、文化振兴、组织振兴、生态振兴共同构成乡村振兴不可或缺的重要因素。其中，产业振兴是乡村振兴的核心与关键，而产业振兴的关键在人才，以产业振兴与人才振兴为核心，五个振兴间构成互为依托、相互作用的内在逻辑关系。

特色小镇、田园综合体和乡村振兴的关系：从乡村建设角度而言，特色小镇是点，是解决三农问题的一个手段，其主旨在于壮大特色产业，激发乡村发展动能，形成城乡融合发展格局；田园综合体是面，是充分调动乡村合作社与农民力量，对农业产业进行综合开发，构建"以农为核心的乡村发展架构，乡村振兴则是在点、面建设基础上的统筹安排，是农业、农民、农村的全面振兴"。

全域旅游与乡村振兴的关系：全域旅游与乡村振兴同时涉及区域的经济、文化、生态、基础设施与公共服务设施等各方面的建设，通过"旅游+"建设模式，全域旅游在解决三农问题、拓展农业产业链、助力脱贫攻坚等方面发挥重要作用。

城镇化与乡村振兴的关系：乡村振兴战略的提出，并不是要否定城镇化战略，相反，两者是在共生发展前提下的一种相互促进关系。第一，在城乡生产要素的双向流动下，城镇化的快速推进将对乡村振兴起到辐射带动作用。第二，乡村振兴成为解决城镇化发展问题的重要途径。

二、乡村振兴战略规划的类型与层级

（一）乡村振兴战略规划的类型

1. 综合性规划

乡村规划是特殊类型的规划，需要生产与生活结合。乡村现有规划为多部门项目规划、少地区全域综合规划，运行规则差异较大，如财政部门管一事一议、环保部门管环境集中整治、农业部门管农田水利、交通部门管公路建设、建设部门管居民点撤并等。因此乡村规划应强调多学科协调、交叉，需要规划、建筑、景观、生态、产业、社会等各个学科的综合引入，实现多规合一。

2. 制度性规划

2011年，我国的城市人口历史性地超过农村人口，但在非完全城镇化背景下，乡村规划与实施管理的复杂性凸显：一是产业收益的不确定性导致的村民收入的不稳定性；二是乡村建设资金来源的多元性；三是部门建设资金的项目管理转向综合管理。乡村规划与实施管理的表征是对农村地区土地开发和房屋建设的管制，实质是对土地开发权及其收益在政府、市场主体、村集体和村民的制度化分配与管理。与此相悖，我国的现代乡村规划是建立在制度影响为零的假设之上，制度的忽略使得规划远离了现实。因此乡村规划与实施管理重心、管理方法和管理工具需要不断调整，乡村规划制度的重要性凸显。

3. 服务型规划

乡村规划是对乡村空间格局和景观环境方面的整体构思和安排，既包括乡村居民点生活的整体设计，体现乡土化特征，也涵盖乡村农牧业生产性基础设施和公共服务设施的有效配置。同时乡村规划不是一般的商品和产品，实施的主体是广大的村民、村集体乃至政府、企业等多方利益群体，在现阶段基层技术管理人才不足的状况下，需要规划编制单位在较长时间内提供技术型咨询服务。

4. 契约式规划

乡村规划的制订是政府、企业、村民和村集体对乡村未来发展和建设达成的共识，形成有关资源配置和利益分配的方案，缔结起政府、市场和社会共同遵守和执行的"公共契约"。《城乡规划法》规定乡村规划须经村民会议讨论同意、由县级人民政府批准和不得随意修改等原则要求，显示乡村规划具有私权民间属性，属于没有立法权的行政机关制定的行政规范性文件，具有不同于纯粹的抽象行政行为的公权行政属性和"公共契约"的本质特征。

（二）乡村振兴战略规划的层级

1. 国家级乡村振兴战略规划

实施乡村振兴战略是党和国家的大战略，必须规划先行，强化乡村振兴战略的规划引领。《国家乡村振兴战略规划（2018—2022年）》以中央一号文件为依据，具体部署国家重大工程、重大计划、重大行动，确保中央一号文件得到贯彻落实，政策得以执行落地。简单说，中央一号文件是指导规划的，规划是落实中央一号文件的。国际级乡村振兴规划是指导全国各省制订乡村振兴战略规划的行动指南。

2. 省级乡村振兴战略规划

省级乡村振兴战略规划是以《中共中央、国务院关于实施乡村振兴战略的意见》和《国家乡村振兴战略规划（2018—2022年）》为指导，同时结合各自省情来制订，一般与国家级乡村振兴战略规划同步。各省乡村振兴战略规划也要按照产业兴旺、生态宜居、乡风文明、治理有效、生活富裕的总要求，对各省实施乡村振兴战略做出总体设计和阶段谋划，明确目标任务，细化实化工作重点、政策措施、推进机制，部署重大工程、重大计划、重大行动，确保全省乡村振兴战略扎实推进。省级乡村振兴战略规划是全省各地各部门编制地方规划和专项规划的重要依据，是有序推进乡村振兴的指导性文件。

3. 县域乡村振兴战略规划

乡村振兴，关键在县。县委书记是乡村振兴的前线总指挥，是落地实施的第一责任人。乡村振兴不是一个形象工程，也不是一个贸然行动，它需要在顶层设计引领下，在县域层面分步踏实地推进。县域乡村振兴是国家乡村振兴战略推进与实施的核心与关键，应该以国家和省级战略为引导，以市场需求为依托，突破传统村镇结构，在城镇规划体系基础上，构建既区别于城市，又与城市相互衔接、相互融合的"乡村规划新体系"，进行科学系统的规划编制，保证乡村振兴战略的有效实施。

（1）县域乡村振兴规划体系

县域乡村振兴规划是涉及五个层次的一体化规划，即《县域乡村振兴战略规划》《县域乡村振兴总体规划》《乡/镇/聚集区（综合体）规划》《村庄规划》《乡村振兴重点项目规划》。一是县域乡村振兴战略规划。县域乡村振兴战略规划是发展规划，需要在进行现状调研与综合分析的基础上，就乡村振兴总体定位、生态保护与建设、产业发展、空间布局、居住社区布局、基础设施建设、公共服务设施建设、体制改革与治理、文化保护与传承、人才培训与创业孵化十大内容，从方向与目标上进行总体决策，不涉及细节指标。县域乡村振兴战略规划应在新的城乡关系下，在把握国家城乡发展大势的基础上，从人口、产业的辩证关系着手，甄别乡村发展的关键问题，分析乡村发展的动力机制，构建乡村的产业体系，引导村庄合理进行空间布局，重构乡村发展体系，构筑乡村城乡融合的战略布局。二是县域乡村振兴总体规划。县域乡村振兴总体规划是与城镇体系规划衔接的，在战略规划指导下，落地到土地利用、基础设施、公共服务设施、空间布局与重大项目，而进行的一定期限的综合部署和具体安排。在总体规划的分项规划之外，可以根据需要，编制覆盖全区域的农业产业规划、旅游产业规划、生态宜居规划等专项规划。此外，规划还应结合实际，选择具有综合带动作用的重大项目，从点到面布局乡村振兴。三是乡、镇、聚集区（综合体）规划。聚集区（综合体）为跨村庄的区域发展结构，包括田园综合体、现代农业产业园区、一二三产业融合先导区、产居融合发展区等。其规划体例与乡镇规划一致。四是村庄规划。村庄规划是以上层次规划为指导，对村庄发展提出总体思路，并具体到建设项目，是一种建设性规划。五是乡村振兴重点项目规划。重点项目是对乡村振兴中具有引导与带动作用的产业项目、产业融合项目、产居融合项目、现代居住项目的统一称呼，包括现代农业园、现代农业庄园、农业科技园、休闲农场、乡村旅游景区等。规划类型包括总体规划与详细规划。

（2）县域乡村振兴的规划内容

一是综合分析。乡村振兴规划应针对"城乡发展关系"及"乡村发展现状"，进行全面、细致、详实的现场调研、访谈、资料搜集和整理、分析、总结，这是规划落地的基础。二是战略定位及发展目标。乡村振兴战略定位应在国家乡村振兴战略与区域城乡融合发展的大格局下，运用系统性思维与顶层设计理念，通过乡村可适性原则，确定具体的主导战略、发展路径、发展模式、发展愿景等。而乡村振兴发展目标的制定，应在中央一号文件明确的乡村三阶段目标任务与时间节点基础上，依托现状条件，提出适用于本地区发展的可行性目标。三是九大专项规划。产业规划：立足产业发展现状，充分考虑国际国内及区域经济发展态势，以现代农业三大体系构建为基础，以一、二、三产业融合为目标，对当地三次产业的发展定位及发展战略、产业体系、空间布局、产业服务设施、实施方案等进行战略部署。生态保护建设规划：统筹山水林田湖草生态系统，加强环境污染防治、资源有效利用、乡村人居环境综合整治、农业生态产品和服务供给，创新市场化多元化生态补偿机制，推进生态文明建设，提升生态环境保护能力。空间布局及重点项目规划：以城乡融合、三生融合为原则，县域范围内构建新型"城—镇—乡—聚集区—村"发展及聚集结构，同时要形成一批重点项目，形成空间上的落点布局。居住社区规划：以生态宜居为目标，结合产居融合发展路径，对乡镇、聚集区、村庄等居住结构进行整治与规划。基础设施规划：以提升生产效率、方便人们生活为目标，对生产基础设施及生活基础设施的建设标准、配置方式、未来发展做出规划。公共服务设施规划：以宜居生活为目标，积极推进城乡基本公共服务均等化，统筹安排行政管理、教育机构、文体科技、医疗保健、商业金融、社会福利、集贸市场等公共服务设施的布局和用地。体制改革与乡村治理规划：以乡村新的人口结构为基础，遵循"市场化"与"人性化"原则，综合运用自治、德治、法治等治理方式，建立乡村社会保障体系、社区化服务结构等新型治理体制，满足不同乡村人口的需求。人才培训与孵化规划：统筹乡村人才的供需结构，借助政策、资金、资源等的有效配置，引入外来人才、提升本地人才技能水平、培养职业农民、进行创业创新孵化，形成支撑乡村发展的良性人才结构。文化传承与创新规划：遵循"在保护中开发，在开发中保护"的原则，对乡村历史文化、传统文化、原生文化等进行以传承为目的的开发，在与文化创意、科技、新兴文化融合的基础上，实现对区域竞争力及经济发展的促进作用。四是三年行动计划。首先，制度框架和政策体系基本形成，确定行动目标。其次，分解行动任务，包括深入推进农村土地综合整治，加快推进农业经营和产业体系建设，农村一、二、三产业融合提升，产业融合项目落地计划，农村人居环境整治等。同时制定政策支持、金融支持、土地支持等保障措施，最后安排近期工作。

第四章　乡村振兴体系建设

第一节　经济建设

中国一直都是农业人口占总人口比重非常高的国家，农业生产总值在国民经济三次产业中占比也非常高的国家。回望历史，我们既有先贤"大同社会"的哲学构思，又有文人"桃花源"的诗意畅想，也不乏封建士绅、近现代知识分子的乡村建设实践，然而由于时代的局限和历史条件的制约，这些探求只能停留在乌托邦式的空想和局部的简单实践中；放眼国际，欧美的大农场、日韩的民俗村、拉美的种植园，乡村建设各有亮点，但是由于国情农情不同，我们想学学不了，想搬搬不来。纵览古今，揆诸国际，新时代中国的乡村振兴，没有完整的模式可鉴，没有现成的路径可走。中国共产党站在中华民族伟大复兴的高度，在对世情、农情深刻审视的基础上，提出了扎实地推进乡村振兴战略：坚持农业农村优先发展，把生活富裕作为实施乡村振兴战略的中心任务，按照产业兴旺、生态宜居、乡风文明、治理有效、生活富裕的总要求，建立健全城乡融合发展机制和政策体系，加快推进农业农村现代化。这一战略不仅指明了中国乡村高质量发展的辉煌前景，也必将为全球解决农村发展问题提供中国智慧和中国方案。

全面推动乡村地区经济发展，既是乡村振兴的需要，也是乡村振兴的基础。乡村地区经济建设一方面是满足人民生活水平提高后对农产品的需求，另一方面是满足农业生产者收入不断提高的需要。乡村经济建设要以农业供给侧结构性改革为指导思想，以市场经济为基础，依托制度创新、组织创新和技术创新来进行。深化农村土地产权制度改革和农业经营制度改革，大力实施农业生产组织创新，推动一、二、三产业融合发展，充分利用分子生物技术和物联网等新技术，改造传统农业生产方式，提高农业生产率和竞争力。

一、深入推进农业供给侧结构性改革

（一）农业供给侧结构性改革的核心内容

农业供给侧结构性改革就是要从供给入手转变农业的发展方式，改善供给结构。其核

心是指通过自身的努力调整，让农民生产出的产品，在质量和数量上，符合消费者的需求，实现产地与消费地的无缝对接；也就是用改革的办法推进结构调整，减少无效和低端供给，扩大有效和中高端供给，增强供给结构对需求变化的适应性和灵活性，提高全要素生产率，使供给体系更好地适应需求结构变化。

近年来，我国粮食连年丰收，为保障国家粮食安全、促进经济社会发展奠定了坚实基础。当前我国粮食供给的矛盾已由总量不足转变为结构性矛盾，库存高企、销售不畅、优质粮食供给不足、深加工转化滞后等问题突显，加快推进农业供给侧结构性改革，是大力发展粮食产业经济，促进农业提质增效、农民就业增收和经济社会发展的重要保障。

（二）推进结构调整，提高农业供给体系质量和效率

农业供给侧结构性改革需要进一步优化农产品品种结构和区域布局，建设好粮食功能区和主要农产品保护区，巩固国家的粮食安全底线。一方面是要强化扶持引导，建设新型农业经营体系。发挥新型经营主体的凝聚带动作用，突破农民分散经营、效率低下、盲目生产、风险大收益小的难题。以新型经营主体为带动，促进土地规模化经营和农业产业结构调整，大力发展设施农业，不断促进农业增效、农民增收。另一方面是要发挥各地由市场力量和资源禀赋决定的竞争优势，大力发展特色优势农产品生产，使农产品特而专、新而奇、精而美。随着生活水平的提高，人们对食品安全和健康有了新的追求。绿色无污染，由农户自己养殖、种植的畜禽、蔬菜日益受到人们的追捧。当前农产品"有没有""够不够"已不是问题，"好不好""优不优"才更受关注。面对大宗农产品总量过剩，优质农产品供给不足，其实质是农业结构调整跟不上消费升级步伐导致的矛盾，其背后也蕴藏着农业供给侧结构性改革的巨大空间和质量兴农的巨大潜力。

（三）因地制宜，做大做强地方优势特色产业

农业供给侧结构性改革必须因地制宜，做大做强地方优势特色产业，使具有地方特色的优质农产品，例如，杂粮杂豆、蔬菜瓜果、茶叶、花卉、食用菌、中药材和特色养殖等提升档次、升级产品、扩大利润空间，努力把地方特色小品种和土特产做成带动农民增收的大产业。加强优势特色农产品生产、加工、储藏等技术研发，构建具有地方特色的技术体系。加快信息技术、绿色制造等高新技术向农业生产、经营、加工、流通、服务领域渗透和应用。加强特色产品、特色产业开发和营销体系建设。加快推进特色农产品优势区建设，制订特色农产品优势区建设规划，鼓励各地争创园艺产品、畜产品、水产品等特色农产品优势区，推动资金项目向优势区、特色产区倾斜。推动完善"菜篮子"市长负责制考核机制，开展鲜活农产品调控目录试点。加快发展都市现代农业，深挖农业潜力，创造新

需求。塑造农产品品牌，以优势企业、产业联盟和行业协会为依托，在粮油、果茶、瓜菜、畜产品、水产品等大宗作物及特色产业上打造市场信誉度高、影响力大的区域公用品牌、企业品牌和产品品牌。通过培训、学习、经验交流，提升乡村居民的品牌意识，以及农业品牌建设与管理的能力和水平，充分利用各种农产品营销推介平台，推进乡村品牌建设。

二、建设新型农业经营体系

现代农业产业体系、生产体系、经营体系，是发展现代农业、特色农业、创汇农业的"三大支柱"。产业体系和生产体系的关键是提升农业生产力水平和生产效率，而经营体系的关键则在于创新农业经营模式。党的十九大报告将"构建现代农业产业体系、生产体系、经营体系"作为乡村振兴战略的主要措施之一。结合我国农村目前的实际情况和条件，协调推进"现代农业三大体系"的建设工作，同时进一步完善农业支持保护制度，发展多种形式适度规模经营，培育新型农业经营主体，健全农业社会化服务体系，实现小农户和现代农业发展有机衔接，是当前农村经济改革与发展的重要环节。

（一）加快构建现代农业产业体系

现代农业产业体系是集食物保障、原料供给、资源开发、生态保护、经济发展、文化传承、市场服务于一体的综合系统，是多层次、复合型的产业体系。现代农业产业体系是衡量现代农业整体素质和竞争力的主要标志，解决的是农业资源的市场配置和农产品的有效供给问题。构建现代农业产业体系，就是要以市场需求为导向，充分发挥各区域的资源比较优势，以粮经饲统筹、农牧渔结合、种养加一体为手段，通过对农业结构的优化调整，提高农业资源在空间和时间上的配置效率。深入实施藏粮于地、藏粮于技战略，严守耕地红线，全面落实永久基本农田特殊保护制度，稳定耕地保有量，保护基本农田面积。加强基础建设，调整品种结构，强化政策扶持，确保国家粮食安全。

构建现代农业产业体系，需要以地方优质特色优势产业为支撑。特色主要是指资源和产品的品质，而优势则是指市场份额、消费信誉、品牌影响和出口能力。一方面，必须深入挖掘各地农村农业资源的发展潜力，在现有农村产业的基础上做好优选和结构优化工作，使产业优势能够充分反映资源优势。注重生产力空间布局工作，高效配置资源；关注农村产业培育与生态环境的协调发展问题，做好生态红线和耕地红线的划定和管理。另一方面，必须创新产业发展战略，着力培育有市场需求、有出口能力、产业链条长、产业互补性强、产品品质高的产业体系。各地选择主导产业应坚持差异性、互补性、循环性的原则，尽量避免结构雷同。同时，要加快培育创新体系，加强农村技能培训，还须培育一大批农业企业家引领产业成长。

（二）加快构建现代农业生产体系

现代农业生产体系是先进科学技术与生产过程的有机结合，是衡量现代农业生产力发展水平的主要标志。主要是通过实施良种化、延长产业链、储藏包装、流通和销售等环节的有机结合，提升产业的价值链，发展高层次农产品，壮大农业新产业和新业态，提高农业质量效益和整体竞争力。

构建现代农业生产体系，就是要转变农业要素投入方式，用现代物质装备武装农业，用现代科学技术服务农业，用现代生产方式改造农业，提高农业良种化、机械化、科技化、信息化、标准化水平。大规模推进农村土地整治和高标准农田建设，稳步提升耕地质量。按照"五个集中"原则，以粮食生产功能区和重要农产品保护区为重点，全面加强田、土、水、路、林、电、技的建设和改造。加快构建现代农业生产体系，一是要发展龙头企业、家庭农场、家庭牧场、农民专业合作社等，创新农业经济的微观经济基础，加快粮食生产全程机械化推进，加强全程机械化主体和示范区建设，着力发展高效、节本、智能化农机装备，促进机械化向产前产后延伸，培育农机作业服务市场，建设全程机械化示范区，提高农作物耕种收综合机械化水平。二是要加快培育有文化知识、技能水平高、创新创业能力强的新型职业农民，同时支持农民工、职业院校毕业生等人员加入新型职业农民队伍中去。三是要打造现代化农业引领平台，推进现代农业产业园、科技园建设。加快培育标准化生产基地，以农产品基地、合作社、服务公司等为主要平台，全面实行标准化和组织化。四是要坚持实施适度规模化经营战略，积极发展生产、供销、信用、电商的综合合作关系。大力发展数字农业，加快推进"互联网+"现代农业，实施智慧农业林业水利工程。提升信息进村入户水平，推进玉米、水稻、畜牧、设施蔬菜等产业物联网示范园区建设，加快农业卫星数据云平台建设，提升气象为农服务能力，争取早日实现信息服务站行政村全覆盖。五是创新农业科技研发推广体制机制，围绕提质增效需要，开展重大科技攻关和技术模式创新，加快成果转化和集成应用，加强基层农技推广体系建设，不断提高农业科技贡献率。重点培育地方领军型龙头企业。加大对产品开发和技术改造支持力度，推动农产品加工业转型升级，引导一般食品加工业在镇村、大型食品加工业在县域工业集中区集群发展，就近转化农业原料和产品。

（三）加快构建现代农业经营体系

现代农业经营体系是新型农业经营主体、新型职业农民与农业社会化服务体系的有机组合，是衡量现代农业组织化、社会化、市场化程度的重要标志，主要涉及专业大户、家庭农场、家庭牧场、农民合作社、龙头企业等。当前构建现代农业经营体系要集中解决好一系列问题，如农民要向职业化方向发展、坚持适度规模经营、建立社会化服务体系等。

加快构建现代农业经营体系，一是要着力推进土地流转型适度规模经营，统筹兼顾培育新型农业经营主体和扶持小农户，积极培育和规范建设家庭农场、农民专业合作社、农业产业化龙头企业等新型农业经营主体，并有效发挥其示范引领作用和带动农户功能。积极推广"种养结合"模式的农户经营结构，支持具有一定规模的种植户发展养殖业，发挥对农民增收和培肥地力的促进作用。加大对小农户生产的政策扶持，改善小农户生产设施条件，加强科技培训和职业教育，提高小农户抗风险能力，促进小农户和现代农业发展有机衔接。创新"公司+农户"模式，在"公司+基地+农户""超市+基地+农户""科技公司+基地+合作社"等方面做更多的尝试。二是要培育新型市场经营体系，提升农产品的国内和出口层次。特别是"一带一路"沿线的省区市农村，要把外向发展和经营作为新的战略重点，按照国际农产品市场的需要和特点，打造出口型现代农业高新技术产业园区、出口基地、出口加工区、出口贸易区等。三是加快培育农业社会化服务体系。发展服务带动型规模经营，发展农业生产性服务业，培育各类专业化服务组织，推进农业生产全程社会化服务，帮助小农生产节本增效。推动群体发展型规模经营，实施产业兴村强乡行动，促进扶持一村一品、一乡一业发展，引导小农从分散的单打独斗式生产向集中连片的群体化生产转变，帮助小农户对接市场、发展联合协作。培育金融、信息、农机和技术服务等服务主体，推进农业社会化服务体系的专业化发展，大力发展公益性农业服务机构，加强新型生产经营或服务主体之间的合作，提高农业社会化服务的综合效益。鼓励引导工商资本开展种子、加工、销售、生产服务等生产经营，向农业输入现代生产要素和经营模式。健全工商资本租赁农地的监管和风险防范机制。

三、聚集现代生产要素，促进一、二、三产业融合

大力开发农业多种功能，延长产业链、提升价值链、完善利益链，完善农业产业链与农民利益联结机制，支持和鼓励农民就业创业，培育乡村发展新动能，拓宽农民增收新空间，让农民合理分享全产业链增值收益。

（一）大力发展农产品加工业

延长农业的产业链条，增加产业附加值。积极发展农产品加工业，强化农产品产后商品化处理。深入实施质量品牌提升行动，促进农产品加工业转型升级。建设农产品加工技术集成基地，开展关键技术装备研发和推广。深入实施农村产业融合发展试点示范工程，开展农业产业化示范基地提质行动，建设一批农村产业融合发展示范园和先导区。

深入推进农业绿色化、优质化、品牌化发展。全面落实国家质量兴农战略规划，建立健全质量兴农的政策体系、工作体系和考核体系。健全农业生产标准体系，大力推广标准化生产，鼓励和引导龙头企业、农民专业合作社、科技示范户和家庭农场率先实行标准化生产，支持"三品一标"认证，建设绿色基地。完善农产品质量和食品安全标准体系，加强农业投入品和农产品质量安全追溯体系建设，健全农产品质量和食品安全监管体制，重点提高基层监管能力。

做大做强优质特色农产品品牌。开展特色农产品品牌创建行动，分层级、类别，突出地理信息和企业信息，以政府背书品牌为引领，带动区域公用品牌、企业品牌和产品品牌跟进，完善地区特色优势农产品品牌体系，推动农产品生产加工标准化、外向型和优质安全的发展，提升品牌产品附加值，巩固和深化品牌建设，提升品牌影响力。深化与"一带一路"沿线国家和地区农产品的贸易关系，实施特色优势农产品出口提升行动，扩大高附加值农产品出口。

（二）积极发展休闲农业与乡村旅游

发展壮大农村新产业新业态。大力推进农业农村资源与休闲旅游、农耕体验、文化传承、健康养生等产业的深度融合，丰富乡村旅游业态和产品，打造各类主题乡村旅游目的地和精品线路，发展观光农业，体验农业、创意农业等新产业新业态。合理布局、有序推进美丽乡村建设，支持发展乡村旅游，开展示范县、美丽休闲乡村、特色魅力小镇、精品景点线路、重要农业文化遗产等项目推广。持续推进"乡村旅游后备厢行动""一村一品"等乡村旅游建设专项行动，深入开展乡村旅游点改厨、改厕、改院落、整治周边环境等"三改一整"工程，农村集体经济组织可以创办乡村旅游合作社，或与社会资本联办乡村旅游企业，推动乡村休闲旅游业扩大规模、提档升级。

（三）建设现代农业产业园

以规模化种养基地为基础，依托农业产业化龙头企业带动，聚集现代生产要素，建设"生产+加工+科技"、一二三产业融合的现代农业产业园，发挥技术集成、产业融合、创业平台、核心辐射等功能作用。吸引龙头企业和科研机构建设运营产业园，发展设施农业、精准农业、精深加工、现代营销，发展农业产业化联合体，推动农业全环节升级、全链条增值。支持农户通过订单农业、股份合作、入园创业就业等多种形式参与建设、分享收益。

四、"互联网+农业"新生产组织方式

"互联网+农业"是指将互联网技术与农业生产、加工、销售等产业链环节结合，实

现农业发展科技化、智能化、信息化的农业发展方式。目前物联网、大数据、电子商务等互联网技术越来越多地应用在农业生产领域，这种发展方式不仅重塑了农产品的流通模式，推动了农产品电子商务的新发展，而且在一定程度上加速了转变农业生产方式、发展现代农业的步伐。

（一）互联网技术深刻运用的智能农业模式

以计算机为中心，对当前信息技术的综合集成，集感知、传输、控制、作业为一体，将农业的标准化、规范化大大地向前推进了一步，不仅节省了人力成本，也提高了品质控制能力，增强了自然风险抗击能力，正在得到日益广泛的推广。

例如，在农业机械作业方面，基于 GPS、GIS 的现代信息技术装备到农场大型农业机械，实现农业机械自动驾驶、施肥、喷药和播种等。在农业灌溉方面，采用农田土壤水分数据采集和智能节水灌溉系统，实现了灌溉的智能化、可控化。在田间管理方面，把遥感、视频等先进技术应用于田间作物生长监测和农业管理系统，实现作物生长动态监测和人工远程精准田间管理。在病虫害及自然灾害防治方面，依托地面自动气象观测站、数字化天气雷达、病虫害数据录入系统及病虫害数据管理测报专家系统，实现病虫害及自然灾害监测与预防的智能化。

（二）互联网营销综合运用的电商模式

农村电子商务是一种电子化交易活动，它是以农业的生产为基础的。其中包括农业生产的管理、农产品的网络营销、电子支付、物流管理等。它是以信息技术和全球化网络系统为支撑点，构架类似 B2B、B2C 的综合平台支持，提供网上交易、拍卖、电子支付、物流配送等功能，主要从事与农产品产、供、销等环节相关的电子化商务服务，农产品电商已成为促进农业发展、农村繁荣、农民增收的重要途径。

（三）互联网与农业深度融合的产业链模式

将互联网与农业产业的生产、加工、销售等环节充分融合。运用互联网技术去改造生产环节提高生产水平，管控整个生产经营过程确保产品品质，对产品营销进行创新设计，将传统隔离的农业一、二、三产业环节打通，形成完备的产业链。

与生产环节结合。依托互联网手段，通过便捷的网络通信渠道将市场供求变化和先进的农业科技技术传输到田间地头，辅助农民进行科学的生产决策，并积极引导小农经营向规模化、集约化方向发展。

与加工环节结合。应用信息技术实现对原料采购、订单处理、产品加工、仓储运输、质量管控的一体化管理，实现企业内部生产加工流通各环节上信息的顺畅交流和资源的合理配置，促进企业管理科学化和高效化。

与销售环节结合。利用现代网络技术，例如，射频技术和传感技术等，可实现农产品流通信息的快速传递，减少物流损耗，提高流通效率；引入商业智能和数据仓库技术，龙头企业可以更加深入地开展数据分析，提供有效的市场决策，积极应对市场风险；通过打造电子商务和网络化营销模式，实现农产品销售不再受限于地域和时间的制约，促进农业生产要素的合理流动，构建高效低耗的流通产业链。

与消费环节结合。利用物联网技术建立农产品安全追溯系统，将消费的农产品的来源、经过的环节、增值的过程都通过产品标识或者信息编码的方式传递给最终消费者，让原本游离于产业运行体系之外的消费者能够了解到农产品的相关质量信息，促进放心消费。

综上，可以说"互联网+农业"提高了效率，降低了风险，实现了数据可视化、市场可视化，使生产产量可控；打破传统，重新构建了农产品流通模式，突破了传统农产品生产模式，建立新的信息来源模式；提升消费者安全感，向国外可追溯农业看齐，加强食品安全监管；链条化，纵向拉长产业结构；信息共享，了解更多最新、最全信息。

第二节 文化建设

五千年的文明发展创造出璀璨的中华文化，它不仅是中华民族生息繁衍的源泉，也是中华民族历经劫难走向振兴的重要支撑。乡村是中华文化发源和传承的重要载体，拥有众多的文化遗产和自然遗产。加强文化建设就是在充分传承和发扬中华文化的基础上，利用文化自身的功能，为乡村经济社会稳定可持续发展服务，为中华民族的伟大复兴服务。乡村振兴是乡村文明的振兴，使文化成为乡村的凝聚力、生产力和驱动力，以文化提升生活品质，拓展发展空间，引领文明进步，造福乡民，意义非凡而深远。

一、让乡土文化成为乡村振兴的动力之源

（一）乡村振兴，文化先行

2013 年 12 月，习近平总书记在山东考察时强调，中华民族伟大复兴要以中华文化发展繁荣为条件。"让农业成为有奔头的产业，让农民成为有吸引力的职业，让农村成为安居乐业的美丽家园"，这三个方向的评判标准，不是单纯的统计报表所能够回答的，更多

的是人们心底对于乡村的认同和表里如一的体现。实际上是工业文明的突飞猛进和在城市化加速发展的过程中，中国人对乡村聚落和乡村生活方式的价值认同。

文化是心灵的家园，滋润了中华民族乡村社会几千年的优秀传统文化植根在悠远的历史与复杂的现实中。在中国传统社会，乡村文化不一定是落后的象征，而恰恰可能是城市文化的重要补充。《红楼梦》里，贾政在大观园看见稻香村的风光时"顿有归农之意"，王维笔下的乡村"即此羡闲逸，怅然吟式微"。在乡村，几千年来的传统文化仍然可以根据既有的现实条件进行挖掘整理，这将是更适合乡村文化建设的最好文化养料。

（二）乡村文化是国家发展的重要战略资源

从国际发展经验来看，经济发展后，文化越是悠久就越值得重新挖掘。好的文化传统是最宝贵的精神财富。近年来专家学者对国际主要城市的文化传承做课题研究时发现，在四大文明古国之一的埃及，"埃及学"在其乡村具有更丰富的土壤，更容易为百姓所接受；在韩国，为了恢复传统的乡规民约，一群文化人和出版人按照传统规则在一片空地上重造了一座新的 30 万人的城市，名之为坡州出版城，这均反映了将传统作为战略资源的国家发展战略。

在我国乡村中，中华文化基因仍然是乡村文化中的主要内容，大致可以概括为：家族责任，血脉传承；孝亲敬友，伦理支撑；邻里和睦，患难共分；红白喜事，心安礼成；知耻奋发，家风家门；年节气和，风俗人文。这些优秀传统文化基因，仍然是维系与支撑我国广大乡村的文化纽带。2018 年中央一号文件进一步就新时代乡村振兴战略做出顶层设计，将乡村文化、乡风文明上升到乡村振兴保障的高度纳入战略蓝图，文化繁荣助力乡村振兴，乡风文明在新时代充满新的生机。

中国是一个人口大国，农业是中国养命之本，农业是中国立国之本。在 20 世纪 30 年代，梁漱溟先生说过，"如果中国在不久的将来要创造一种新文化，那么这种新文化的嫩芽绝不会凭空萌生，它离不开那些虽已衰老却还蕴含生机的老根——乡村"。农村是传统文化生根之处。吾国吾民，皆莫不起源于乡村，故乡村者，父母之邦也，也是文化之肇端。建设好乡村文化，必将为中华文化的真正繁荣发展做出贡献。

二、发展"文化+"，打造文化共同体

文化发展和建设是一个综合性的问题，不只是一个简单的文化问题，不能只就文化来说文化，必须把文化建设与相关的方方面面结合起来。优秀民俗文化能够凝聚民心、教化人心，是情感的纽带，能够增进乡土生活的幸福感，实施"文化+"计划，有助于充分发挥乡土文化的重要作用，增强乡村文化驱动力，加速传统文化、农耕文明与现代传播载体

和特色产业的有机结合，形成文化与产业共促共荣的良好局面，打造文化共同体。新时代的乡村文化是对中国传统文化的解构、传承、转型和中国特色社会主义文化的建构。传承发展提升农村优秀传统文化，吸取城市文明及外来文化优秀成果，在保护传承的基础上，创造性转化、创新性发展，不断赋予时代内涵、丰富表现形式。

（一）"文化+传统道德"

积极利用优秀传统民俗文化的正能量，把传统道德约束与村民自律、村组织管理有效结合起来，促进和谐稳定。建好、用好新时代传习所，深入开展习近平新时代中国特色社会主义思想宣传教育。以社会主义核心价值观为引领，坚持教育引导、实践养成、制度保障"三管"齐下，采取符合农村特点的有效方式，深化中国特色社会主义和中国梦宣传教育，弘扬民族精神和时代精神。推进诚信建设，强化农民的社会责任意识、规则意识、集体意识、主人翁意识。深入实施公民道德建设工程，建好、用好农村道德讲堂，大力开展主题实践活动，评选勤劳致富、热心公益、孝老爱亲、创新创业、教子有方等乡村好人，宣传思想道德模范事迹。

实施"新乡贤培育计划"，建设乡村思想道德高地，充实乡村发展的中坚力量。加强乡村人力资源建设，聚人气、能传承、有后劲，是当前乡村文化建设乃至整体振兴的一个关键。

适当恢复乡贤文化，重在重建乡村的知识阶层，培育精英资源，充实精英力量，主要有以下几种途径：一是加强知识技能培训，着力提升本地农民素质。二是加强思想道德建设，以文化人，培育乡贤文化。以社会主义核心价值观为引领，弘扬"好为德于乡"的乡贤精神，建设乡村思想道德高地。三是吸引新乡贤反哺，鼓励各方社会贤达投身乡村建设，推动人才回乡、企业回迁、资金回流、信息回传，使优秀资源回到乡村、惠及乡村。要鼓励文化人士反哺乡村，因为传统社会读书人对地方人文具有积极教化与滋润作用。如果说梁漱溟先生曾经的乡村儒学建设因为时代动荡而失败了，如今国家安定和平，又大力倡导优秀传统文化，城市反哺乡村的条件已经成熟。

（二）"文化+公共活动"

当前，随着乡村社会关系和结构的变动，很多基层文化设施成为摆设。一些文化活动由于与群众实际需求有差距，群众对此并不热心，一些乡村出现文化边缘化现象。以"文化+公共活动"的方式，建设乡村文化是一种具有意义的文化探索。

积极开展各种文化活动，弘扬和宣传中华文化，发挥中华文化正能量的作用来为经济社会发展服务，培养广大民众弘扬中华文化的自觉行动，并树立起文化自信；利用民俗文化中带有正能量的功能，加强连接城乡的文化纽带建设，为乡村社会的自治和稳定发展服务，使优秀民俗成为乡村公共活动的平台资源，在文化上有传承，在发展中有凝聚和认同。从乡村的实际出发，因地制宜，激发乡村文化活动的主创性，充分汲取乡土精华，充分吸纳乡村文化成果，积极打造特色乡村文化，广泛开展形式多样、内容丰富的文化惠民活动，努力营造浓厚的文化氛围。

（三）"文化+经济发展"

在自觉传承民风民俗的基础上，发展观光农业、现代农庄和特色小镇等，使农民在家门口致富，使乡村成为宜业宜居的新家园。

在工艺美术资源丰富地区，构建"手艺农村"站点，实现"一村一案""一乡一业"的网格化布局，在条件成熟地区探索建立传统手工艺原创生产示范基地，以手艺带农户，以农户带农村，以农村带基地，以基地带销售，建设"手艺农村"原创手工艺品线上线下营售商业模式，发展农村手工文化产业。同时，在民族及边远贫困地区实施"手艺文化扶贫"，推动少数民族及边远贫困地区手工艺产品品牌、企业品牌向区域文化品牌转移，加强手工艺知识产权法律援助，开展创意研发等文化帮扶，开放手工创意产品发行传播通道，帮助产品直销，动员吸收社会力量来发展民族地区及贫困地区特色手工艺。

三、打造乡村人文新生态

要善于利用乡村的淳朴，历史的遗迹，乡村风俗传说与历史典故的资源，与乡村的山水、食物、自然风光结合起来，打造一种人文新生态。

要保护优秀文化遗产，深入挖掘农耕文化蕴含的优秀思想观念、人文精神、道德规范，充分发挥其在凝聚人心、教化群众、淳化民风中的重要作用。保护好文物古迹、传统村落、民族村寨、传统建筑、农业遗迹、灌溉工程遗产。支持农村地区优秀戏曲曲艺、少数民族文化、民间文化等传承发展。同时，健全乡村公共文化服务体系，发挥县级公共文化机构辐射作用，推进基层综合性文化服务中心建设，实现乡村两级公共文化服务全覆盖。

整理、保护、传承和发展地域优秀传统文化。加强文化和自然遗产保护，坚决杜绝过度商业化开发现象。建设乡村博物馆，推动创作具有地方特色和乡土气息的书画、影视、戏曲、曲艺、文学等文化作品，尤其是体现讲好中国故事、表现人民大众、反映时代风貌、突出地域特色的文化作品。

保护好文物古迹、传统村落、民族村寨、传统建筑、农业遗迹、灌溉工程遗产，建设少数民族特色村寨。加强对历史文化名村和自然风景名村以及名人故居的修缮和保护，防止它们在工业化和城镇化进程中受到破坏，充分发挥它们在文化传承中的载体作用，不仅仅要把文化建设的设施深入到乡村，更需要使中华人文精神在乡村复兴。

四、加强农村公共文化服务体系建设

加强农村公共文化服务体系建设，丰富群众文化生活，充实乡村内生动力。繁荣兴盛农村文化，焕发乡风文明新气象，坚持物质文明和精神文明一起抓，推动农村文化事业和文化产业发展，提升农民精神风貌，培育文明乡风、良好家风、淳朴民风，不断提高乡村社会文明程度。

我国农村地区经济社会发展水平各不相同，风土人情各异，农村文化建设应根据各地实际，体现地域特色。一是从乡村文明出发完善基础设施。加强各类文化基础设施建设，为乡村居民提供丰富多彩的文化服务；建设具有共同价值的"乡土博物馆"等文化设施，重视具有识别价值的乡村聚落、民居住宅等"乡土景观群"，使集物候节律、传统节日等与日常生产生活于一体的"农业遗产带"焕发活力，进一步发展集循环农业、创意农业、农事体验于一体的"田园综合体"，发挥乡土文化景观的人文辐射作用。二是从地方文化出发，开展群众喜闻乐见的文化活动。调动农民参与热情，自创文化阵地；推进基层综合文化服务中心建设，实现乡村两级公共文化服务全覆盖；广泛开展群众性文化活动，鼓励各类民间艺人为农村文化服务多做工作，让民间文艺活跃在民间。三是加强"三农"题材文艺创作，反映乡村振兴的历史进程，叙述优秀的"三农"故事，体现乡村价值、乡村精神，鼓舞人们建设乡村、发展乡村；活跃繁荣农村文化市场，丰富农村文化业态，弘扬乌兰牧骑精神，开展"红色文艺轻骑兵送文化""文化惠农直通车"等系列活动。

五、复兴乡村教育重建文化自信

（一）复兴乡村教育

乡村学校不仅是乡村的教育机构，也是传统文化传承的重要载体。乡村学校与乡村社会是相互影响和促进的互动过程。一方面，乡村对学校教育发挥着潜移默化的影响，乡风、民风、风俗、习惯、传统道德以及乡村信仰等通过人们的言行举止影响和教化在校学生。诸如尊老爱幼、邻里互助、诚实守信、传统礼仪以及为人处世的规范等都可以成为重要的教化内容。因此，乡村学校是传统文化得以传承的重要空间。另一方面，乡村学校也是重要的乡村文化和社会整合组织。如乡村学校提供了一种重要的公共生活的场所。这种公共生活因其超越家庭、邻里等初级组织，是传统与现代文化结合，乡村与城市生活方式融合、衔接的重要载体。可以在现代文化信仰、价值观念、科技知识、现代理念等方面实现更大范围的社会整合。近代乡村学校的社会整合功能还体现在乡村教师作为乡村社会的文化人、士绅与有知识、有威望的长老代表，承担着调解社会纠纷、规制乡风民俗、凝聚社会团结的作用。现代乡村学校本应根植于乡村，存在发展于乡村，乡村学校教育功能应与乡村社会功能相结合，方便学生往返学校与家之间，既有利于融入乡村社会，接受乡村文化熏陶，也利于教师与村民、家长交流。学校对乡村开放、学校资源为村民共享，使学校成为乡村文明的指示塔，对促进整个乡村文明、文化进步具有重要意义。

乡村教育的衰落是乡村衰落的重要表现，也是原因之一。因此，乡村教育复兴是乡村振兴的重要内容，也是乡村振兴的基础。政府工作报告提出，推动城乡义务教育一体化发展，教育投入继续向困难地区和薄弱环节倾斜。目前我国教育事业全面发展，正在逐步实现从"有学上"到"上好学"，从教育大国迈向教育强国。但是，乡村教育仍然是我国教育最大的短板，教育发展中最大的不平衡仍然是城乡发展的不平衡，最大的不充分仍然是乡村教育发展的不充分。乡村教育是复杂的社会体系，包括乡村基础教育、乡村成人教育和乡村家庭及社会教育。有条件的地方应该恢复村小学，既方便农村学生上学，也可发挥教育和影响村民的作用。办好村里的农民成人学校是十分重要的，其作为培养新型农民的阵地，担负着党的路线方针教育、文化法治教育、农业科技教育推广、乡村生产技能教育、乡村生活方式教育、农民组织与管理的教育等教育职责。乡村迫切需要完善新型农民教育体系，创新农民教育内容和方式，重视乡村师资队伍建设和教育条件改善。只有发展好乡村教育，才能培养出大批懂农业、爱农民、爱农村的"三农"人才，乡村振兴战略才能获得可持续发展的动力。

（二）农教结合

乡村教育不仅承载着乡村的教育问题，在城乡融合、一二三产业联动的背景下，农业因其自身的产业特色，完全可以做到与日常的学校教学相结合，吸引大量的城镇居民，实现真正的农教结合。

振兴乡村，一定要让年轻人对农业产生兴趣。我们可以借鉴欧美国家的做法，比如美国，流行按年级定制活动：一年级的在农场做零活，包括喂鸡、放羊或者就看看动物；二年级种植农作物，将亲自打谷、扬场。三年级动手做饭；四年级认养奶牛；五六年级研制乳制品；从七年级起，学生们开始通过探险拓宽他们已经熟悉的领域；八年级学习气象学；九年级学习经济农场学；十年级进行土地测量；十一年级进行较深入的学科研究。这样的安排更有利于孩子的智力发育，更有利于学生对农业产生兴趣，培养农业发展的后备力量，不只是为了农教结合的农场的发展，更是为了整个农业的发展。

我们也可以开发以农业为主的课程。例如，城镇的学校可以在乡村安排一些教学活动以及周末的亲子活动。当下国内的课堂教学往往采用课堂授课的方式，或者是放映一些教学片，往往比较单调，很难调动学生的兴趣。如果部分课堂教学可以放到农教结合的农场中，那么我们可能会看到，学生在田间观察植物生长，在动物饲养区喂养小动物，在地里参与农事劳动，这些都会丰富学生的阅历。也可以在乡村开设生命教育课程，农业生命的呈现过程是所有行业当中最完善的，呈现了植物生根、发芽、开花、结果、死亡，动物出生、成长、衰老、死亡。既可以通过速生的蔬菜，也可以通过不同生长阶段的动物，来告诉学生生命到底是什么。让学生感悟生命的有限性、唯一性，从而思考个体生命的存在价值，并在人生实践中实现其生命价值，这远比喋喋不休的教导有说服力。

第三节　生态建设

乡村振兴的五个总体要求中，"生态宜居"作为关键一环，是"绿水青山就是金山银山"理念在乡村建设中的具体体现。"空山新雨后，天气晚来秋。明月松间照，清泉石上流。"唐代著名诗人王维在《山居秋暝》中描绘了一幅空气清新、泉水透彻的乡间美景图，家乡能拥有诗中所描绘的生态风貌是城乡居民共同的期盼。建设好乡村生态环境，不仅对城乡乃至全国的生态建设至关重要，而且对满足城乡居民对美好生态环境的追求与向往有着重要影响。尊重自然、顺应自然、保护自然，以绿色发展引领生态振兴，发挥地区生态优势，让生态和经济良性循环，实现百姓富、生态美的统一，共同打造美丽乡村、美丽中国。

一、改善乡村人居环境

近年来，国家大力推进农村基础设施建设和城乡基本公共服务均等化，农村人居环境建设取得显著成效。但同时，农村人居环境状况不平衡，污水乱排、垃圾乱扔、秸秆乱烧等现象在一些地区还比较严重，因垃圾污水带来的环境问题，成为农村人居环境最突出的矛盾。在城乡融合发展进一步推进的过程中，乡村的"脏乱差"，不仅与乡村居民对宜居环境的期盼有较大差距，也成为乡村旅游、休闲农业等新产业新业态健康成长的制约因素。

实现生态宜居的目标，首先要解决乡村现有的环境问题，改造和升级乡村居民生活环境设施，在让居民生活更方便、更环保、更有质量的同时，减少居民生活对环境产生的污染和破坏，整治乡村的人居环境，整合各种资源，做好乡村垃圾清理、污水治理、饮用水保护和村容村貌提升，稳步有序地针对农村人居环境进行治理。

推进农村生活垃圾治理。统筹考虑生活垃圾和农业生产废弃物利用、处理，建立健全符合农村实际、方式多样的生活垃圾收运处置体系。有条件的地区要推行适合农村特点的垃圾就地分类和资源化利用方式。开展非正规垃圾堆放点排查整治，重点整治垃圾山、垃圾围村、垃圾围坝、工业污染"上山下乡"。

开展厕所粪污治理。合理选择改厕模式，推进厕所革命。东部地区、中西部城市近郊区以及其他环境容量较小的地区村庄，加快推进户用卫生厕所建设和改造，同步实施厕所粪污治理。其他地区要按照群众接受、经济适用、维护方便、不污染公共水体的要求，普及不同水平的卫生厕所。引导农村新建住房配套建设无害化卫生厕所，人口规模较大村庄配套建设公共厕所。加强改厕与农村生活污水治理的有效衔接。鼓励各地结合实际，将厕所粪污、畜禽养殖废弃物一并处理并资源化利用。

梯次推进农村生活污水治理。根据农村不同区位条件、村庄人口聚集程度、污水产生规模，因地制宜采用污染治理与资源利用相结合、工程措施与生态措施相结合、集中与分散相结合的建设模式和处理工艺。推动城镇污水管网向周边村庄延伸覆盖。积极推广低成本、低能耗、易维护、高效率的污水处理技术，鼓励采用生态处理工艺。加强生活污水源头减量和尾水回收利用。以房前屋后河塘沟渠为重点，实施清淤疏浚，采取综合措施恢复水生态，逐步消除农村黑臭水体。

防控乡村企业污染。严格控制在优先保护类耕地集中区域新建有色金属冶炼、石油加工、化工、焦化、电镀、制革等行业企业，现有相关行业企业要采用新技术、新工艺，加快提标升级改造步伐。

二、提高绿色农业生产水平

绿色农业是发展现代农业的最前沿，不断提高绿色农业生产水平，逐步减少农业生产对生态环境的污染和破坏，用生物肥料和生物农药替代化学肥料和化学农药，使用可降解程度更高的薄膜，把化学有机物对土壤、河流的面源污染程度降到最小，为消费者提供安全、高品质的农产品。

（一）提高全社会的绿色消费意识

随着人们生活水平的提升，绿色消费理念逐渐获得越来越多人的认可，这就大大扩大了无公害绿色农产品的消费需求。应积极宣传绿色消费理念，增强人们的绿色消费观念与意识。

其一，在日常的消费行为中，应逐渐融入一些绿色消费的理念，逐步影响消费者的行为。例如，工业化的发展带来了严重的环境污染，农药、化肥的过度使用也进一步加剧了农产品的安全隐患。

其二，加大力度宣传绿色消费及绿色产品对人体健康、环境保护方面的好处。通过科技人员下乡培训、宣传以及广播、电视、网络等媒介的推广，让更多的人认识绿色农业，培养消费者的绿色消费观念，让消费者认识到农产品的质量安全、资源环境的保护都与自身利益息息相关，让农民认识到绿色农业有利于长久保障农民收入的增长。

其三，应在全国推行生态保护理念，让农业生产的生态保护意识深入人心，让绿色生产、安全生产贯穿于整个农业生产，形成技术、环境、经济的和谐、可持续发展。

（二）建立健全绿色农业发展的体系与制度

绿色农业发展是否能够成功，关键在于能否让农民及相关的企业获得足够的效益。绿色农业的发展离不开市场机制的推动，但是政府扶持却是绿色农业发展的重要动力与基石，政府通过颁布相应的法律法规，为绿色农业的发展提供财力、物力、人力的支持。

构建齐全的绿色农业生产法律法规。绿色农业的可持续发展需要相应的法律法规，以加强对绿色农业发展战略的保护。绿色农业不仅关乎农业生产本身，也与环境保护直接相关，因此，完善绿色农业生产相关的法律法规，将有利于生态环境的保护，提高人民的法制意识，为绿色农业的推行提供法律支撑。

加强对绿色农产品的质量监控。应构建科学、严格的绿色农产品质量安全认证体系，并严格规范绿色农产品申报、审批相关的制度。打通绿色农产品产销通道，解决绿色农业发展的终端消费问题。规范绿色农产品质量监督管理体系，从严控品质着手，打造绿色农产品的公信力。

为绿色农业发展提供可靠的政策保障。第一，要在土地经营政策方面提供支持。对于绿色农业龙头企业，优先保障其用地指标，并在工商注册、收费、土地审批方面予以支持。第二，在产业投资政策方面也应予以扶持。提高政府财政预算对绿色农业发展的支持，重点倾向于有利于生态环境保护、资源利用、清洁生产等方面的绿色农业发展项目。进一步提高对循环农业、农业污染治理、高标准农田等项目的建设标准以及投资的支持力度。

（三）强化绿色农业发展的科技支撑

1. 先进技术的创新与开发

第一，充分重视绿色农业技术人才。对于绿色农业而言，科学技术是第一生产力，而技术人才是生产力发展的关键。构建绿色农业技术研究团队，整合企业、科研院所以及高校的科研人才，聚集尖端科研实力，为绿色农业发展注入强大的人才动力。

第二，重视先进技术的创新与研发工作。从技术创新的角度开发绿色环保型农业技术，进一步满足绿色农业发展需求。在种植方面，开发保护性耕作技术，提升土地利用率与劳动生产技术；与此同时，加强防治技术、病虫害预测与控制技术的研究。在农产品加工方面，应创新绿色农产品加工工艺，拓展绿色农产品产业链，最大限度地提升和开发绿色农产品的附加值。通过技术创新，打造完善的绿色农业产业系统，推广应用无公害技术和清洁生产技术，最大限度地降低污染物的排放和资源的消耗。

第三，加强新技术、新科技的推广力度。将农业企业培养成农业新技术、新科技的研究与成果转化主体，并鼓励研究机构将研究成果向一线农业生产转化，积极推动各类型的农业科技服务组织参与到科技成果转化的工作当中。

2. 加大绿色农业发展的资金投入

第一，加强财政对绿色农业产业发展的资金支持。划定各级财政的财务支持范围，鼓励绿色农业主体参与到经营当中，对于涉及公共利益的社会项目，如生态环境区的保护、生态农业基础设施建设，鼓励投资方的多元化。

第二，注重绿色农业补贴的力度与广度。提高绿色农业补贴的规模，全面提高绿色农业生产的综合能力，促进农业发展方式的转变和环境资源的保护，提升农民收入水平，促进城乡协同发展。

第三，进一步拓宽资金进入绿色农业产业的渠道。做大、做强绿色农业产业，离不开市场机制与社会资金的注入。各级政府及金融机构应加强对绿色农业发展投入的支持力度，扫清绿色农业资金投入的障碍；发挥农村信用社在绿色农业产业金融支持的作用，引导各类金融机构积极进入绿色农业，包括降低农民小额贷款的门槛，加大政府对贷款利息的补贴等；重视社会资金在绿色农业生产中的作用，健康引导民间金融组织进入到绿色农业产业。

三、乡村土地整治

土地资源是农村实现发展、农民致富的关键渠道和手段。开展土地整治，是建设新增耕地、提升耕地产能、改善乡村生产生活条件、集约用地的重要手段。将农村土地进行整治，集中利用闲置的土地资源，规范农村土地使用行为，既能让农户直接受益，又能促进农村集体经济发展。

2018 年 3 月，国土资源部、财政部联合印发《关于进一步做好中央支持土地整治重大工程有关工作的通知》，要求调整完善土地整治重大工程支持政策，促进农村土地的完全可利用性，确保农村生态化建设，确保农村农民能受益，能增收；并且各村在进行土地整治的过程中，村委和农户都将获得一定的奖补。农村土地整治，主要是对农村地区的田、水、路、林、村进行综合整治,提高土地的利用率,当前土地整治重点将集中在建设高标准农田、增加有效耕地面积、盐碱地改良等方面;尤其是针对农村散乱用地、闲置用地、低效建设用地的整理,还有就是对废弃的、有损毁的土地进行集中复垦。

在土地整治的参与主体间、城乡资源要素间、生产与市场间建立平台,以订制化、服务导向型的土地整治规划和工程推动土地多功能复合利用,延伸土地整治链条,培育农业和农村发展新动能,探索形成以"土地整治+"带动区域转型发展、实现综合效应的新模式。"土地整治+"是一次高起点的自我进化。其中,土地整治工程是"本体","+"则是土地整治与发展战略目标间的桥梁。搭建桥梁的手段在于打造"信息交互、价值传播、资源整合、产业竞合"的跨界融合平台。在"内涵"层面,土地整治须主动发挥夯实供给基础、开辟供给空间、解除供给制约、释放供给活力、丰富供给形式、优化供给结构的职能。在"外延"层面,通过土地整治平台横向接驳智库、艺术创作等创新要素,纵向关联都市服务性产业,形成从"整治"到"利用"再到"发展"的全链条动力传导。

(一)"土地整治+都市服务产业",打造特色业态综合体

借助土地整治线上平台,传播土地整治价值并对接社会需求,通过市场机制筛选未来土地利用方式的"最优解",与相关主体达成用地意向。引入创新智库,直接对接未来规划产业的用地需求,因地制宜、因用施整,提升设计施工的精细化与美学水平。借助平台吸引资源,特别是未来用地主体的投入,创新PPP、众筹等投融资模式,与后续利用无缝对接,吸引都市服务性产业进驻。

(二)"土地整治+农村闲散资源",激活乡村发展内生动力

通过土地整治工程,改变乡村零散资源的空间结构和利用组织形式,有效对接都市需求,激活乡村发展内生"造血"能力,实现乡村复兴、精准扶贫等综合目标。以"价值挖掘、深度利用"为指引,在规划设计方面,为公共服务和乡村旅游配套设施腾挪空间,对地方原生特色地形地貌和具有文化、历史价值的建筑予以保护修缮,酌情改造为旅游服务设施。

(三)"土地整治+都市现代农业",弥补健康农业产能短板

通过多功能农用地整治的"两增加",即适度增加设施农用地比例、增加绿色基础设施,实现促进高科技农业生产技术落地、促进都市型现代农业的业态发展。运用"土地整治+现代农业",沟通供需两端,挖掘农用地复合价值,弥补健康农产品供给、农业生态旅游等都市服务短板。

(四)"土地整治+环境综合整治",构建重大生态功能区

以重要的生态网络节点和生态保育区建设为突破口,借助土地整治平台,加强部门间规划与资源投入的协调度,有效对接社会资金、技术资源,保障土地整治顺利实施。拓展绿地、农田、水域等生态空间,消除污染点,高效利用复垦形成的土地资源,适度增加林地面积比例,促进生态空间沟通联结;借助"土地整治+",沟通项目区与都市区(消费市场),对各类生态空间进行保护性、有限度开发,实现"以整促绿、以绿养绿"。

四、加强生态保护区、水源涵养区的生态功能建设

生态宜居的乡村要尊重自然环境、尊重历史肌理、尊重地域文化,加强生态保护区、水源涵养区的生态功能建设,最大限度地发挥它们美化乡村,"看得见青山,望得见绿水,留得住乡愁"的生态功能。

(一)合理引导产业发展

充分利用生态功能保护区的资源优势,合理选择发展方向,调整区域产业结构,发展有益于区域主导生态功能发挥的、资源环境可承载的特色产业,限制不符合主导生态功能保护需要的产业发展,鼓励使用清洁能源。

限制损害区域生态功能的产业扩张。根据生态功能保护区的资源禀赋、环境容量,合理确定区域产业发展方向,限制高污染、高能耗、高物耗产业的发展。要依法淘汰严重污染环境、严重破坏区域生态、严重浪费资源能源的产业,要依法关闭破坏资源、污染环境和损害生态系统功能的企业。

发展资源环境可承载的特色产业。依据资源禀赋的差异,积极发展生态农业、生态林业、生态旅游业;在中药材资源丰富的地区,建设药材基地,推动生物资源的开发;在以畜牧业为主的区域,建立稳定、优质、高产的人工饲草基地,推行舍饲圈养;在重要防风固沙区,合理发展沙产业;在蓄滞洪区,发展避洪经济;在海洋生态功能保护区,发展海洋生态养殖、生态旅游等海洋生态产业。

推广清洁能源。积极推广沼气、风能、小水电、太阳能、地热能及其他清洁能源,解决农村能源需求,减少对自然生态系统的破坏。

(二)保护和恢复生态功能

遵循先急后缓、突出重点,保护优先、积极治理,因地制宜、因害设防的原则,结合已实施或规划实施的生态治理工程,加大区域自然生态系统的保护和恢复力度,恢复和维

护区域生态功能。

提高水源涵养能力。在水源涵养生态功能保护区内，结合已有的生态保护和建设重大工程，加强森林、草地和湿地的管护和恢复，严格监管矿产、水资源开发，严肃查处毁林、毁草、破坏湿地等行为，合理开发水电，提高区域水源涵养生态功能。

恢复水土保持功能。在水土保持生态功能保护区内，实施水土流失的预防监督和水土保持生态修复工程，加强小流域综合治理，营造水土保持林，禁止毁林开荒、烧山开荒和陡坡地开垦，合理开发自然资源，保护和恢复自然生态系统，增强区域水土保持能力。

增强防风固沙功能。在防风固沙生态功能保护区内，积极实施防沙治沙等生态治理工程，严禁过度放牧、樵采、开荒，合理利用水资源，保障生态用水，提高区域生态系统防沙固沙的能力。

提高调洪、蓄洪能力。在洪水调蓄生态功能保护区内，严禁围垦湖泊、湿地，积极实施退田还湖还湿工程，禁止在蓄滞洪区建设与行洪、泄洪无关的工程设施，巩固平垸行洪、退田还湿的成果，增强区内调洪、蓄洪能力。

增强生物多样性维护能力。在生物多样性维护生态功能保护区内，采取严格的保护措施，构建生态走廊，防止人为破坏，促进自然生态系统的恢复。对于生境遭受严重破坏的地区，采用生物措施和工程措施相结合的方式，积极恢复自然生境，建立野生动植物救护中心和繁育基地。禁止滥捕、乱采、乱猎等行为，加强外来入侵物种管理。

保护重要海洋生态功能。在海洋生态功能保护区内，合理开发利用海洋资源，禁止过度捕捞，保护海洋珍稀濒危物种及其栖息地，防止海洋污染，开展海洋生态恢复，维护海洋生态系统的主要生态功能。

（三）保障措施

第一，建立多渠道的投资体系。要探索建立生态功能保护区建设的多元化投融资机制，充分发挥市场机制作用，吸引社会资金和国际资金的投入。要将生态功能保护区的运行费用纳入地方财政。同时，应综合运用经济、行政和法律手段，研究制定有利于生态功能保护区建设的投融资、税收等优惠政策，拓宽融资渠道，吸引各类社会资金和国际资金参与生态功能保护区建设。要开展生态环境补偿机制的政策研究，在近期建设的重点生态功能保护区内开展生态环境补偿试点，逐步建立和完善生态环境补偿机制。

第二，加强对科学研究和技术创新的支持。生态功能保护区建设是一项复杂的系统工程，要依靠科技进步搞好生态功能保护区建设。要围绕影响主导生态功能发挥的自然、社会和经济因素，深入开展基础理论和应用技术研究。积极筛选并推广适宜不同类型生态功能保护区的保护和治理技术。要重视新技术、新成果的推广，加快现有科技成果的转化，努力减少资源消耗，控制环境污染，促进生态恢复。要加强资源综合利用、生态重建与恢复等方面的科技攻关，为生态功能保护区的建设提供技术支撑。

第三，增强公众参与意识，形成社区共管机制。生态功能保护区建设涉及各行各业，只有得到全社会的关心和支持，尤其是当地居民的广泛参与，才能实现建设目标。要充分利用广播、电视、报刊等媒体，广泛深入地宣传生态功能保护区建设的重要作用和意义，不断提高全民的生态环境保护意识，增强全社会公众参与的积极性。各级政府要通过与农、牧户签订生态管护合同，建设环境优美乡镇、生态村等多种形式，建立良性互动的社区共管机制，提高当地居民参与生态功能保护区建设的积极性，使当地的经济发展与生态功能保护区的建设融为一体。

第四节　福祉建设

福祉建设是乡村发展的基础，它包括为广大乡村居民带来福祉的各类制度和发展红利、基础设施建设以及公共服务能力建设等内容。受城乡二元结构的影响，无论是在制度和发展红利分享方面，还是在基础设施建设抑或公共服务能力建设方面，乡村与城市相比都严重滞后。围绕农民群众最关心、最直接、最现实的利益问题，着力补齐农村社会发展不充分的短板，在保障和改善农村民生上取得更多实实在在的成效，增进乡村民生福祉是乡村振兴的根本。

一、推动乡村基础设施建设提档升级

农村要发展，基础设施建设是关键，从政策、资金等方面进一步完善农村道路、自来水等基础设施，让乡村打破发展瓶颈，才能真正实现民富村美。

推动农村基础设施建设提档升级，需要重塑城乡关系，走城乡融合发展之路，破除城乡二元结构形成的制度和发展红利壁垒，建立城乡一体化发展的体制机制，让乡村居民享受同等的发展红利。坚持以工补农、以城带乡，把公共基础设施建设的重点放在农村，推动农村基础设施建设提档升级，优先发展农村教育事业，促进农村劳动力转移就业和农民增收，加强农村社会保障体系建设，推进健康乡村建设，持续改善农村人居环境，逐步建立健全全民覆盖、普惠共享、城乡一体的基本公共服务体系，让符合条件的农业转移人口在城市落户定居，推动新型工业化、信息化、城镇化、农业现代化同步发展，加快形成工农互促、城乡互补、全面融合、共同繁荣的新型工农城乡关系。

乡村基础设施建设要紧扣民生抓实效。在医疗卫生、教育、养老等硬件设施的建设方

面，根据经济社会和人口发展的具体情况，对各种设施进行科学、平衡布局，在乡村与城镇之间构建半小时公共服务圈，实现公共服务的乡村全覆盖，缩小公共服务上的城乡差别。以增进人民福祉为出发点和落脚点，聚焦群众期盼抓改革，推动共享发展。推进农村危房改造，加大农村危旧房改造力度，重点帮助特困农户实施危房改造，支持避灾、生态脱贫等移民新村的建设；实施农村安全饮水工程，让农民都能喝上安全清洁的放心水，鼓励社会资本规范有序地参与村镇供水工程建设；完善农村路网建设，实现宜居地段通乡、通村公路全覆盖，提高农村公路安全畅通水平；改造升级农村电网，提高电网供电能力和电能质量，实现城乡各类用电同网同价，进一步减轻农村用电负担；提升农村信息化水平，实现行政村互联网宽带上网目标。

二、提高乡村基本公共服务水平

在提高公共服务能力建设上，目前主要问题在于公共服务领域的城乡差距仍然太大，农村公共服务的保障水平太低，从"有"到"好"是当前的主要目标。根据发展需要，培养合格的医生、教师、老人护理员和康复师，为居住在乡村的居民提供高质量的各种公共服务，最终实现城乡公共服务均等化。

深化教育综合改革，大力发展更加公平、更高质量的教育，全面提升教育发展质量水平。高度重视发展农村义务教育，继续推动城乡义务教育一体化发展，着力提高农村义务教育质量和便利性。发展农村学前教育，提高学前三年毛入园率；推进农村普及高中阶段教育，加强职业教育，鼓励创办县级职教中心（职业学校）。

深化社会保障制度改革，实施社会保障全覆盖工程，着力完善社会保障体系。完善城乡居民基本养老保险制度，着力增加农民基础养老金，完善统一的城乡居民基本医疗保险制度和大病保险制度，着力提高农民报销比例，统筹城乡社会救助体系，着力提高农村低保标准和覆盖面。在新型农村合作医疗制度建立后，我国农村地区医疗保障事业虽然取得了巨大成就，但仍然面临着若干障碍性因素和制度设计的困境，包括制度内容存在若干不合理之处、配套体制障碍、管理分割与实施中遇到的问题以及相关法律制度供给不足等。今后改革的方向应是统筹发展城乡医疗保障制度以及建立城乡一体化的医疗保障管理体制，这有助于整合现有管理资源，降低医疗管理成本，并通过增加基金数量达到增强基金抗风险能力的效果。在构建整合型医疗卫生保障制度的过程中，我国各地区需要考虑到经济差异与管理分割等方面的制约性因素，建立一套合理、有序的制度设计，并依照循序渐进的原则，在实践中不断摸索、完善。增加财政投入，提高筹资水平，鼓励资金来源渠道多样化，完善长效筹资机制；实行配套改革措施，缩小城乡与区域间差距，强化政策宣传与政策落实力度；有效实施跨省就医费用核查与结报，加强农村合作医疗信息化建设与立法工作等。

推进城乡低保统筹发展，完善低保对象认定办法，建立低保标准动态调整机制，确保农村低保标准不低于国家扶贫标准。建立健全困境儿童福利保障和未成年人社会保护制度，切实维护未成年人合法权益。加强农村养老服务体系、残疾人康复和供养托养设施建设。强化农村公共卫生服务，加强慢性病综合防治，加强人畜共患病防治，改善乡镇卫生院和村卫生室硬件设备条件，加强农村医务人员队伍建设。

三、打好精准脱贫攻坚战，增强贫困群众获得感

打好精准脱贫攻坚战是第一民生工程，是乡村振兴的头等大事。乡村振兴，摆脱贫困是前提。中央一号文件要求打好精准脱贫攻坚战，增强贫困群众获得感。由"打赢"向"打好"转变，一字之差，体现的是质量导向的问题，意味着脱贫攻坚将从注重全面推进帮扶向更加注重深度贫困地区攻坚转变，从注重减贫速度向更加注重脱贫质量转变，从注重找准帮扶对象向更加注重精准帮扶稳定脱贫转变，从注重外部帮扶向注重外部帮扶与激发内生动力并重转变，从开发式扶贫为主向开发式与保障性扶贫并重转变。而要实现由"打赢"向"打好"转变就必须更加注重提升脱贫攻坚质量，把提高脱贫质量放在首位，更加注重深度贫困地区攻坚，开发式与保障式扶贫并重。深化脱贫攻坚体制机制改革，完善精准识别、精准帮扶、精准管理机制，实施好健康脱贫政策，确保扶真贫、真扶贫、真脱贫。

（一）瞄准贫困人口精准帮扶

瞄准贫困人口精准帮扶，对有劳动能力的贫困人口，强化产业和就业扶持，着力做好产销衔接、劳务对接，实现稳定脱贫。有序推进易地扶贫搬迁，让搬迁群众搬得出、稳得住、能致富，确保搬迁户就业有渠道、收入有提高、生活能融入。对完全或部分丧失劳动能力的特殊贫困人口，综合实施保障性扶贫政策，确保病有所医、残有所助、生活有兜底。做好农村最低生活保障工作的动态化精细化管理，把符合条件的贫困人口全部纳入保障范围。

（二）聚焦深度贫困地区集中发力

聚焦深度贫困县、深度贫困村集中发力，深入实施贫困村提升工程，确保深度贫困地区和贫困群众同全省人民一道进入全面小康社会。全面改善贫困地区生产生活条件，确保实现贫困地区基本公共服务主要指标接近全国平均水平。以解决突出制约问题为重点，以重大扶贫工程和到村到户帮扶为抓手，加大政策倾斜和扶贫资金整合力度，着力改善深度

贫困地区发展条件，增强贫困农户发展能力，重点攻克深度贫困地区脱贫任务。新增脱贫攻坚资金项目主要投向深度贫困地区，增加金融投入对深度贫困地区的支持，新增建设用地指标优先保障深度贫困地区发展用地需要。

（三）激发贫困人口内生动力

把扶贫同扶志、扶智结合起来，把救急纾困和内生脱贫结合起来，提升贫困群众发展生产和务工经商的基本技能，实现可持续稳固脱贫。引导贫困群众克服等、靠、要思想，逐步消除精神贫困。要打破贫困均衡，促进形成自强自立、争先脱贫的精神风貌。改进帮扶方式方法，更多采用生产奖补、劳务补助、以工代赈等机制，推动贫困群众通过自己的辛勤劳动脱贫致富。

第五节 政治建设

城乡壁垒的破除加快了城乡融合的进程，以往封闭的乡村逐渐走向开放。乡村之外的资本、人员和要素涌入乡村，改变了传统乡村的社会结构，推动了乡村社会向现代社会转型，同时也给乡村政治建设和治理提出了新的要求。乡村振兴过程中的政治建设既要坚持党的一元化领导，发挥党在基层引领发展的核心作用；也要以村民自治为基础，尊重自治组织的地位和作用，培育和壮大自治组织，充分发挥自治组织在社区建设和实行自治组织成员自律上的优势，正确处理基层党和政府组织、非政府组织与乡村自治组织之间在乡村治理上的关系，做到各司其职、各尽其责、相互监督、共商发展，为乡村社会的稳定和可持续发展奠定基础。

一、强化乡村振兴政治保障

（一）加强农村基层党组织建设

突出强化政治功能，以提升组织力为重点，把村级党组织建设成为坚强战斗堡垒，不断夯实党在农村基层执政的组织基础。扎实推进抓党建促乡村振兴，以乡村振兴成果检验基层党建工作成效。推进星级村党组织创建活动，探索开展支部联建，持续整顿软弱涣散的农村基层党组织。全面提升村级组织规范化服务建设水平，发挥村部服务群众、凝聚群众的阵地作用，提升村级党组织服务群众能力。完善村党组织领导的村民自治机制，坚持和健全农村重大事项、重要问题、重要工作由党组织讨论决定的机制。加强党风廉政建设，推行村级小微权力清单制度，加大基层微权力腐败审查惩处力度，严厉整治惠农补贴、集体资产管理、土地征收等领域侵害农民利益的不正之风和腐败问题。加大农村基层基础保障力度，推动村级组织运转经费、村级组织服务群众专项经费稳步增长。推动农村党的组织和党的工作全面覆盖。

（二）加强"三农"工作队伍建设

把懂农业、爱农村、爱农民作为基本要求，加强"三农"干部工作队伍培养、配备、管理、使用。制订并实施培训计划，全面提升"三农"干部队伍的能力水平。配强县、乡党政领导班子和农业系统干部。推进干部交流，有计划地选派省直部门、高校和科研院所优秀、年轻干部人才到县（市）、乡村挂职或任职，拓宽县级"三农"工作部门和乡镇干部来源渠道。把到农村一线工作锻炼作为培养干部的重要途径，注重提拔使用实绩优秀的干部，形成人才向农村基层一线流动的用人导向。加强村党组织"带头人"队伍建设，从第一书记、科技特派员、离任党员领导干部和外出务工经商人员、大中专毕业生、复员退伍军人等群体中，选一批、派一批、引一批，建设一支结构合理、素质优良、活力较强的村党组织"带头人"队伍，适应乡村振兴需要。

（三）凝聚推进乡村振兴强大合力

以乡情乡愁为纽带，发挥工会、共青团、妇联、科协等群团组织的优势和力量，发挥各民主党派、工商联、无党派人士等积极作用，吸引社会各界投身乡村建设。加大宣传力度，讲好乡村振兴故事，宣传各地区各部门推进乡村振兴的丰富实践，振奋基层干部群众精神，营造全社会关心、支持、参与落实乡村振兴战略的浓厚氛围，加强乡村统计工作和数据开发应用。从实际需要出发，研究制定促进乡村振兴的地方性法规、规章，把行之有效的乡村振兴政策法定化，发挥立法在乡村振兴中的保障和推动作用。

二、加强农村基层基础工作，创新乡村治理体系

社会治理主要是政府和社会组织为促进社会系统协调运转，对社会系统的组成部分、社会生活的不同领域以及社会发展的各个环节进行组织、协调、监督和控制的过程。社会治理的基本任务是规范社会关系、处理社会问题、规范社会行为、化解社会矛盾、促进社会公正、应对社会风险、促进社会稳定、保障人民群众的权益及其实现。社会治理是公共权力的运作和实现，社会的稳定、平安、和谐是社会治理所要达到的直接目标。推进乡村社会治理就是要实现乡村社会依法、有序、健康发展。发展是社会进步的永恒主题，也是满足人民对美好生活需要的根本途径。按照中央提出的"五位一体"的总体布局和"五

化同步"的发展战略,落实五大发展理念,加快从数量增长向质量发展转型,既要发挥市场在要素配置中的决定作用,也要更好地发挥政府作用。着力夯实基层基础,建立健全党委领导、政府负责、社会协同、公众参与、法治保障的现代乡村社会治理体制,推动社会治理和服务重心向基层下移,坚持自治、法治、德治相结合,确保乡村社会充满活力、和谐有序。

(一) 深化村民自治实践

坚持自治为基,始终坚持农村基层党组织领导核心地位不动摇,健全和创新村党组织领导充满活力的村民自治机制。依法加强村级民主选举,推动村党组织书记通过选举竞选村委会主任。强化村级民主监督,加强村务监督委员会建设,推进村务公开程序化、规范化、制度化。加强民主管理,发挥村规民约、村民自治章程积极作用。丰富基层民主协商的实现形式,引导村民通过村民会议、村民代表会议、村民小组会议等方式协商解决问题。持续推进农村社区建设,实现农村社区全覆盖。创新基层管理体制机制,整合优化公共服务和行政审批职责,打造"一门式办理""一站式服务"的综合服务平台。在村庄普遍建立网上服务站点,逐步形成完善的乡村便民服务体系。发展壮大新型村级集体经济,增加集体经济收入。

(二) 建设法治乡村

坚持法治为本,树立依法治理理念,强化法律在维护农民权益、规范市场运行、农业支持保护、生态环境治理、化解农村社会矛盾等方面的权威地位。增强基层干部法治观念、法治为民意识,加强基层干部依法办事能力建设,将政府涉农各项工作纳入法治化轨道。深入推进综合行政执法改革向基层延伸,推动执法队伍整合、执法力量下沉。建立健全乡村调解、县市仲裁、司法保障的农村土地承包经营纠纷调解机制。加强农村法治宣传教育,引导群众尊法、学法、守法、用法,依法表达诉求、解决纠纷、维护权益。加强对农民的法律援助和司法救助,力争形成覆盖城乡、功能完备、便捷高效的公共法律服务网络体系。

(三) 提升乡村德治水平

坚持德治为先,以德治滋养法治、涵养自治,让德治贯穿乡村治理全过程。深入挖掘乡村熟人社会蕴含的道德规范,结合时代要求进行创新,强化道德教化作用,引导农民向上向善、孝老爱亲、重义守信、勤俭持家。建立道德激励约束机制,引导农民自我管理、自我教育、自我服务、自我提高,实现家庭和睦、邻里和谐、干群融洽。深入开展"文明家庭"创建活动，开展"好婆媳、好丈夫、好少年、好邻里"等系列评比活动，培育团结互助、扶困济贫、平等友爱、融洽和谐的农村社会氛围。

（四）探索"政经分开"的乡村社区治理方式

农业组织形式和生产方式的转变要求创新乡村治理机制。理顺农村集体经济组织、农村股份合作经济组织与"村两委"的关系，"政经分开"是未来我国乡村社区治理方式改革的可行方向。深化"政经分开"改革，进一步剥离村"两委"对集体经济的经营管理职能，以及农村自治组织的行政职能和自治职能。基层自治组织"两委"班子成员不兼任集体经济组织领导成员。切断基层自治组织凭借党组织关系对集体经济组织进行直接管理和干预的渠道。引导农村从集体经济组织包揽社区公共服务费用转向由享受服务的居民付费，其运作模式可仿照行业协会。集体经济组织社区公共服务支出视为参与公益事业，应享受税前抵扣。股份制改革可以成为农村集体经济组织改革的最优选择，却不应是唯一选择。建议：集体经济组织广泛引入企业经营管理制度；尽快立法赋予农村集体经济组织法人身份和地位，明确规定其可享有的税收优惠政策；同时，继续加大政府对社会组织的培育力度，提高公众参与社会公共事务的主动意识和能力，推动社会组织参与社区民主议事、民主监督和民主管理。"政经分开"改革要求集体经济发展必须达到一定水平，且对地方财政提出较大挑战，应因地制宜地推广"政经分开"的改革经验。

第五章 乡村振兴基础建设

第一节 乡村振兴基础建设发展思路

推进社会主义新农村，建设新时代下的生态宜居农村，是实施乡村振兴战略的一项重要任务。农村美，中国才会美。祖国振兴，离不开农村的建设。我们不能一味地发展城市、建设城市，而忽略了振兴农村。中国要美，农村必须美。中国农村地域广袤，人口多达5.5亿，如果我们的生态环境搞不好，乡村建设便无从谈起，那么国家的建设将是不完整的。我们做乡村建设，决不能一蹴而就，要注重保护乡村民俗文化，要留住乡愁。我们要统筹兼顾，保护农村风土人情，加强环境整治，注重民俗文化，保留或突出各地域的文化元素符号，综合提升原色乡村风貌，严禁砍树挖山，不填湖，少拆房，保护乡情美景，共同促进人与自然和谐共生，村庄形态与自然环境相得益彰。

以人民群众为主，从人民的需求出发，加强改善群众反映最强烈的突出问题，从人民群众中来，到人民群众中去，努力落实群众基本需求。从乡村本土文化、地域特点、本土产业等出发，建设环境适宜、产业上行、宜居宜业的美丽乡村，需要一个完善落地的建设发展思路。

第一，明确目标客户，实行乡村本土消费模式指引产品研发，在明确本村目标客户后推行项目设计。

第二，推行梯度开发，综合项目特性、乡村场地条件、投资额度统筹考虑，将意义重大、带动性强的项目优先安排。

第三，明确市场需求，准确把握旅游市场由休闲向度假转变趋势，着力构建度假产品体系，注重项目体验环境与质感。

第四，注重营造一个良好的氛围，使得乡村旅游有更大的空间去发挥和施展，按照村内与村外并重的思路营造区域田园氛围。

第五，塑造个性地域文化底蕴，将塑造本土品牌作为构建的抓手，杜绝追随模仿，着力烘托本土旅游产品的独特风格。

确定发展思路，打造最能体现乡村文化内涵的"乡思、乡愁、乡风"，加入当地的本土民情，结合当地民俗，共同构建出一个结合现代潮流，融合淳朴的乡村民俗的一体化休闲旅游度假区。乡村休闲与特色度假整合起来形成定位的落脚点，最终实现由传统农村蜕变成特色旅游村，在实施过程中需要三步推进。

第一，完成方案。合理制订方案并完成实施。确保包含本地区的目标和任务、责任部门、资金筹措方案、农民群众参与机制、考核验收标准和办法等内容；对照行动方案提出的目标和重点任务，以县、市、区为单位对具体目标和重点任务做出规划。实施方案作为督导评估和安排中央投资的重要依据。

第二，树立示范。开展典型示范。融合当地的实践深入开展试点示范，坚持由简入繁、点面结合，通过试点示范不断探索、不断积累经验，带动整体提升。加强规划引导，合理安排整治任务和建设时序，采用适合本地实际的工作路径和技术模式，总结并提炼出一系列符合当地实际的环境整治技术、方法，以及能复制、易推广的建设和运行管护机制。

第三，合理推进。稳步推进整治任务。根据典型示范地区整治进展情况，集中推广成熟做法、技术路线和建管模式。要适时开展检查、评估和督导，确保整治工作健康有序推进。

第二节　乡村环境基础建设，打造生态居住环境

迈出的第一步是乡村环境基础建设，包括宏观的硬件环境基础建设和微观的软件配套基础建设。

一、宏观环境硬件基础建设

（一）交通建设工程

以城乡快速路、高架桥、城市道路、人行道以及高速公路、铁路、机场、港口等为代表的交通工程，现已经取得了重大进步，但仍需要重视落实到全面建设。除此之外，进入村口的道路比较单一，建设这部分道路的时候要根据当地的路况，满足基础需求，还要考虑到当地即将进入全面开发建设阶段，新增旅游的项目，使后续旅游容量将出现剧增的情况。规划将对现有道路交通系统进行提升。首先对农村道路进行规划，规划完成后对道路进行大改造并且适当搭配结合当地旅游服务中心交通换乘和游客集散，使得村民出行合理

快捷，方便村民出行，也便于外来旅客进入到乡村体验交流。停车场采用生态停车的景观面貌，与自然环境、村庄面貌相协调。村民专用的内部道路在当前基础上加强道路两旁的绿化建设和环境治理工作，全面清理杂草堆、垃圾堆等破坏环境并且有碍于村民出行的物体，道路两旁种植一些乡土花卉、果树，营造自然乡村环境；对于广阔的田园旅游休闲区，重点进行环境清理，保持最自然的真实风貌，选用当地石材，搭配使用竹木构建辅助游憩服务设施。

使用漫游绿道与外部连接，主要包括连接主入口的通道和村庄北部的环山道路，规划为机动车、观光车和步行绿道。

对村内交通道路做基础性提升，例如一般机动车道双向为 6 米，次干道为 4 米，人行道、宅家道均为 2 米，漫游步道为 1~1.5 米，主干道左右两边绿化带各为 1 米。对其现状道路进行提升改造，将泥土路面改造成青石板路或碎石路面。

这种基础设施的建设目的并非让城市人到农村买房置地，而是吸引资金、技术、人才等要素流向农村，使农民闲置住房成为发展乡村旅游、养老、文化、教育等产业的有效载体。

（二）基础设备改造工程

以改厕改水、改圈、改厨、广播电视、微信平台和公交"一卡通"，以及文化、教育、医疗卫生事业建设为主要内容的乡村建设，极大地改善了农村地区村民的生活条件，缩小了乡村与城市居民在居住和生活方面的差距，为城市居民到乡村地区工作和生活提供了便利。

1. 农村厕所改造

为了更好地改善村民居住条件，以预防疾病传染、提高宜居水平为目标，按照"统一标准、统一设计、统一生产"的要求，以建设和完善"两池一洗"（化粪池、便池、冲洗设备）为主要内容，对农村厕所实施无害化的卫生厕所改造。农户可按经济型、标准型或舒适型三种类型标准进行改造。农村厕所是影响农民群众生活品质的突出短板，须部署推进农村"厕所革命"。这样改造的好处是有利于保障人民健康。①通过改厕，粪便经无害化处理，杀灭细菌、病毒、寄生虫卵。用于施田、浇菜或排放时，不至于造成污染、传播疾病，保障了人民健康。②方便群众的生活。既卫生舒适，又方便、安全，大大方便了群众的生活。③有利于发展农业生产。肥效增高 2~3 倍。用于施肥，可培肥地力，改善农田有机质状况，同时便于农作物吸收，降低了农业生产成本，有利于发展农业。④有利于环境保护，农村通过改厕，粪便经过处理后无臭、无害，减少了污染，改善了环境。

经济型：厕所在户内或院内，蹲位抬高，粪水、灰水分流。厕所高度一般不低于 2

米,做到"五有"(有门窗,有顶,有便盆及沉水弯,有水冲设施,有照明和通风)。

标准型:在符合经济型标准要求的基础上,要求厕所面积一般不小于2平方米,厕所卫浴合一时面积一般不小于3平方米(其中卫生间一般不小于2平方米);地面铺瓷砖或水磨石地面,四周墙面贴不低于1.2米高的瓷砖;便器或蹲位抬高10至20厘米;普通照明;有洗手池、纸篓;制式门窗,自然或机械通风,有防蚊蝇设施。

舒适型:在符合标准型标准要求的基础上,要求厕所卫浴合一时面积一般不小于5平方米(其中卫生间一般不小于3平方米);地面铺瓷砖,四周墙面贴瓷砖到顶;节能照明;自来水冲洗,制式洗手池。化粪池的类型分为玻璃钢成套设备、砖砌三格化粪池及沼气池三类,由农户自行选定;要求选用、建设或安装位置应避免车轧,确保安全;禁止在水体周边建设厕所或将粪液直接排入鱼塘、河流及水库等,防止生活水源、水质被污染;容积足够,有盖板及清渣口,严防渗漏污染和粪便裸露。

2. 农村厨房改造

以建设干净整洁卫生、满足基本功能、管线安装规范、烟气排放良好的清洁厨房为目标,以"五改"(改灶,改台,改柜,改管,改水)为主要内容,对农村厨房实施改造,整体提高农村厨房卫生整洁程度。农户可按经济型、标准型或舒适型三种类型标准进行改造。

经济型:改灶,即改用节能灶具,增加排烟装置;改台,即对厨房灶台、案台铺装瓷砖,增加通风、采光;改柜,即将厨房敞开式橱柜改为密闭式橱柜;改管,即将厨房的电线、燃气管线、沼气管线等进行固定、归整;改水,即改造厨房上下水道、储水池、洗菜池等设施,做好厨房排水与化粪池或村屯排污系统的连接。

标准型:在符合经济型标准要求的基础上,要求地面铺瓷砖或水磨石地面,四周墙面贴不低于1.5米高的瓷砖,有自来水及洗菜盆,有排油烟设施。

舒适型:在符合标准型要求的基础上,要求地面铺瓷砖,四周墙面贴瓷砖到顶,大理石灶台,有消毒柜、壁柜、抽油烟机等。

3. 农村畜禽圈舍改造

农村畜禽圈舍改造主要是针对"楼上住人、楼下养畜禽"的人畜混居现象进行治理,以屋外建设独立畜禽圈舍为主,完善储粪房、沼气池或储液池配套设施,加强粪污处理力度和资源化利用。通过改造基本实现人畜分离,减少蚊蝇及恶臭,降低人畜共患疾病的风险,提高村民生活环境宜居舒适程度。

(三)构建和谐社会邻里关系的宜居空间

乡村建设的核心是要构建和谐的社会邻里关系,营造人与人之间的温情关系。合理布局"功能区",加大公园、绿地、休闲娱乐、开放式住宅小区等建设力度,同时要充分发挥农民主体作用,让农民能持之以恒地干,真金白银地投,构建便捷的"生活圈"、完善的"服务圈"和繁荣的"商业圈"。这些建设需要多领域的团队,由专业的人士做出规划,包含地产商、设计师、文化学者专家、艺术家等介入参与乡村整体建设,打造成宜居、宜游、宜修、宜学、宜乐的乡村,把乡村打造成适宜更多人群居住的空间。

(四)建设乡村休闲、观光、养生、旅游、度假产业基地

根据当地的风土人情和当地地域特色进行旅游定位,可以因地制宜,修建一些主题休闲中心,比如高科技民宿、智能原生态养老养生农庄、主题农场公园、冰雪农村等产业基地,并最终建立健全长效运营机制,引进人工湿地处理技术、氧化沟技术,建设沼气处理、微动力站处理等一批污水和粪便处理设施;着力实施节能减排、循环经济、绿色乡村、清洁水源、清洁空气、清洁土壤、森林系列创建和平原绿化等专项整治工程,让绿水青山逐渐变为金山银山不再是梦想,为推动农业与其他产业融合,大力发展乡村休闲、观光、养生、旅游,以及结合当地村民积极发展第三产业,比如农家乐、温泉度假休闲中心等度假产业,创造了极有利的条件。

(五)乡村标识系统设计

乡村标识是不容小觑的,特别是乡村旅游规划中,这是一个不可或缺的部分。标识系统是以标识设计为导向,与乡村本土文化、环境设计风格相结合,综合设计信息传递、识别、辨别和形象传递等功能的整体解决方案。通常分为识别系统、方向系统、空间系统、说明系统、管理系统。

识别系统:以形象识别为目标,使人们识别出不同场所及不同的生活方式。

方向系统:通过箭头来表示方向,引导人们快速便捷地到达目的地。

空间系统:以全面的指导为原则,通过地图来表示地点间的位置关系。整体告知空间状况,一般都会绘制总体平面图。

说明系统:对环境进行陈述性的解释和说明。

管理系统:规范人们言行举止和责任义务等,提醒人们有关的法律条例和行为准则。

乡村标识系统设计一般可以结合自然,以自然界中的元素为主体,每个地区都有自己的自然特征。而每个环境的特征都具有地域性特点,自然环境造就的特殊地理位置和地形地势地貌是独一无二的。乡村的建筑设计风格也随自然因素有所改变而各有特点。第一,利用自然环境的生态,标识设计更是应该适应当地自然风貌,融入环境中;第二,从历史沉淀导入,每个乡村都有其独特的历史底蕴、文化特色和其所传达给我们的民俗文化,尊

重地域性的传统风情就是尊重每个乡村的特色；第三，从地域文化导入，地域文化是从独具地方特色的生活风俗中积累出来的，历史文化的传承是每个乡村发展过程中提炼出的最优秀的品质，是人们对历史的凝练；第四，从乡村色彩导入，标识设计中色彩的提炼是从乡村发展过程中呈现的多元素的色彩总结和归纳出来的，是乡村文化的延续。

二、微观软件基础建设

微观软件基础建设包括农村教育建设、农民健康医疗工程建设、网络覆盖农村教育建设。一方面要大力提高农村教师待遇，完善农村教育基地的基础建设；另一方面要引入城市教师支援下乡，为各年级学生创造更有利的上学环境，引入先进的教学理念，满足农村孩子对知识的渴求，提升农村孩子总体的综合素质，以此加大对农村教育的投入，加强农村建设的力度。

"不积跬步，无以至千里。"乡村振兴要迎难而上，埋头苦干，久久为功。只有这样，农业才会成为有奔头的产业，务农才会成为有吸引力的职业，农村才会成为安居乐业的美丽家园。

（一）农民健康医疗工程建设

农民健康医疗工程建设是指要完善农村公共卫生服务网络，根据农村的范围面积增设公共卫生服务站，完善其周边环境，保证交通畅通无碍。但是大范围下必须设计大型的医疗机构，以改变原先农民看病难等问题。这就要求各级政府要重视乡村卫生院财政和设施投入，还须注重对农村医护人员素质的培养，并提高其待遇，以稳定农村医疗队伍。同时要加强大型中心医院的建设，完善其工作人员及基础设施，使其逐渐接近城乡医院的医疗水平，以此方便重症患者及时就医。在就医上，与更多的大型甲级医院保持较好的联系，以便重大疾病病人可以接受更加专业的医疗服务。在制度上，落实农村合作医疗保障制度，加大对农村医疗机构的投入。因此，加大对农村医疗机构的投入，着力提高农村医疗机构诊疗水平尤其重要。要重点加强乡镇中心卫生院的建设，大力扶持农村诊所，在人才培养、贷款融资、建设用地、设备添置、药物配送等方面，为其提供全方位支持。农村诊所也要尽可能地方便村民就诊、降低就医成本，同时要不定时地开展医疗卫生知识宣传、开展疾病防治免疫等方面的讲座，普及医疗知识，从而有效地提高农村医疗诊所的医疗服务水平，发挥其为村民健康保驾护航的应有作用。加强医保的资金投入，为村民办理医疗保险，以便在大病上，可以更好地去治疗，减少村民"买不起药，看不起病"的现象。

（二）农村教育基础设施建设

"少年强，则国强，少年弱，则国弱。"因此，加强农村小学基础设施建设，改善农村教育至关重要。现在总体来看，农村教育基础设施建设依然非常落后。在很多农村，这种落后不仅仅体现在现代化教育环境建设上，学生甚至连电脑长什么样子都不知道，而且还体现在饮食、住宿等基本问题上。针对农村教学基础建设不平衡，在现有的资源基础上，有目的、有标准地做出合理的规划，进行全面摸底调查工作，进而找到适合自身的可供借鉴的模式，逐步改善学校的硬件建设、校园文化建设，满足农村孩子有良好的教学环境的需要，让更多的孩子能够回到校园接受义务教育，学到更多的知识，为农村的发展奠定源源不断的人才输出的基础。

（三）网络基础建设

实施数字乡村战略，加快农村地区宽带网络和第四代移动通信网络覆盖步伐。一是推动信息化和工业化深度融合、工业化和城镇化良性互动、城镇化和农业现代化相互协调，促进工业化、信息化、城镇化、农业现代化同步发展。二是乡村建设与发展的外部基础设施电网改造方面，可以扭转乡村基础设施严重落后而不能适应现代化发展要求的状况，为乡村全面融入城镇化发展奠定基础。利用电商平台整合线上线下生产、流通和销售的强大功能，推动一、二、三产业融合发展，形成"农业+互联网"的新生产组织方式，推动农业专业化、规模化发展，推动三大产业融合的田园综合体和共享农庄的创新发展。网络基础建设具有前置性，是村庄规划设计的前提；具有全域性，单个村庄甚至乡镇资源有限，要从县域、市域等全域上进行产业策划，形成分工与合作，让村庄产业具有更大的发展腾挪空间；具有地域性，基于村落文化、地域文化、区域资源的产业挖掘与产品策划；具有现代性，互联网思维与现代商业模式重塑乡村产业；具有全员性，可以激活农民的主体性，全员参与乡村产业振兴。

第三节　乡村基础建设的保障措施

一、加大监管力度，规范收费行为

纵观我国民生民情，农村基础设施依然薄弱，在医疗和教育领域，我国城乡水平悬殊，农村教育水平较城市落后太多，对比美国、日本等发达国家，更是差距颇大。所以在医疗和教育方面，政府需要做很多工作，只有这样，才能推动农村基础设施建设优化升级。优先发展农村教育事业，东部城市发展迅速，西部城市教育发展落后较多，应该东西部结合，一线城市教师每年应派去西部中小学实行"互帮互助教育，教育资源共享"。推进健康乡村建设，加强农村民生保障体系建设。在农村幼有所医、学有所教、病有所治、老有所养、住有所居等方面持续取得新进展。政府和有关部门要切实加强对药品生产、流通、消费环节的监管，坚决打击以次充好、更名提价，以及进药收回扣行为，洁净药物流通渠道，以达到真正降低药价之目的。同时，应进一步规范各级医院医疗服务收费项目，降低收费价格，杜绝重复收费、变相收费。严格监管收费行为，督促医院严格执行国家药品价格和医疗服务收费标准，坚决查处违纪违规行为。加强对医务人员职业道德教育，树立全心全意为患者服务的高尚医德，构建和谐的医患关系。

二、重塑城乡关系，是城乡融合发展的基础

重塑城乡关系，走城乡融合发展之路。把公共基础设施建设的重点放在农村，逐步建立健全全民覆盖、普惠共享、城乡一体的基本公共服务体系。要坚决破除体制机制弊端，疏通资本、智力、技术、管理下乡渠道，加快形成工农互促、城乡互补、全面融合、共同繁荣的新型工农城乡关系。深化农业供给侧结构性改革，走质量兴农之路。要顺应农业发展主要矛盾变化，深入推进农业供给侧结构性改革，加快推进农业由增产导向转向提质导向，加快实现由农业大国向农业强国转变。要推进农村一、二、三产业融合发展，让农村新产业新业态成为农民增收新亮点、城镇居民休憩新去处、农耕文明传承新载体。坚持人与自然和谐共生，走乡村绿色发展之路。要以绿色发展引领生态振兴，处理好经济发展和生态环境保护的关系，守住生态红线。老房改造设计的主旋律应是以旧做旧，修旧如旧，不宜全改面貌，统筹山水林田湖草系统治理，加强农村突出环境问题综合治理，建立市场化多元化生态补偿机制，增加农业生态产品和服务供给。

传承发展提升农耕文明，走乡村文化兴盛之路。要深入挖掘、继承、创新优秀传统乡土文化，把保护传承和开发利用有机结合起来，让优秀农耕文明在新时代展现其魅力和风采。城乡融合，实现要素的双向流动。让那些曾经使城市繁荣起来的要素能以比较低廉的成本顺利进入农村发展进程，让要素回流乡村，让乡村提升内生活力，这条"回乡之路"体现着城市的回馈，响应着时代的呼声。要留住乡村的"形"，全力恢复乡村历史质感，保护乡村原有风貌，更注重留住乡村的"魂"，留住乡村的非物质文化传统。保护一座祠堂，保护一棵古木，不仅能让乡愁多一个寄托之所，也能因为自重而赢得更多尊重。

城乡融合发展，绝不仅仅是农村的要素流向城市，城市的要素（资本、技术、管理）和资源（经济、社会、文化等）也要流向农村。工业化、城镇化进程中，一部分村庄的消亡不可避免，但一部分村庄仍然要长期存在，生态宜居的美丽乡村建设意味着农村不能再延续农户兼业化、农民老龄化、农村空心化的状况。改造农村，发展现代农业，不能仅靠留守老人、妇女和儿童，必须引进先进生产要素。

三、坚持建设生态宜居的美丽乡村

党的十九大报告提出："建设生态文明是中华民族永续发展的千年大计。"乡村振兴战略用"生态宜居"替代"村容整洁"，是乡村建设理念的升华，是一种质的提升。"生态宜居"四个字蕴含了人与自然之间和谐共生的关系，是"绿水青山就是金山银山"理念在乡村建设中的具体体现。

建设生态宜居的美丽乡村当然要加大对农村基础设施和公共服务的投入，但首先要更新观念，注重乡村的可持续发展，把农耕文明的精华和现代文明的精华有机结合起来，使传统村落、自然风貌、文化保护和生态宜居诸多因素有机结合在一起。其次要有具可操作性的制度创新。

四、坚持乡村人民为主体，尊重农民意愿

乡村基础建设的规划、项目、方式都要经过村民代表大会讨论。发挥农民群众的主体作用，自主、自觉、自愿、不等不靠建设美丽乡村，振兴乡村。鼓励农村能人带头进行乡村基础建设。广泛宣传农民自主建设美丽乡村的先进典型，激发全民参与乡村振兴的积极性。

五、坚持多元投入，加大财政引导投入

每个区县（市）都要设立乡村基础建设的专项资金。以县为单位全面整合涉农项目资金，积极争取省、市项目资金建设美丽乡村。充分发挥群众主观能动性，广泛动员农民群众自愿筹资投劳。继续深入开展万企联村活动，鼓励工商企业和民间资本参与投入建设，形成多元化投入乡村基础建设的格局。坚持分步推进。

六、强化组织领导，建立完善各地乡村基础建设保障体系

坚持以市为主指导，在市委、市政府统一领导下，由美丽乡村建设指挥部统筹推进美丽乡村建设，指挥部办公室设市农委，负责政策调研、衔接协调、督促落实、考核验收等日常工作。各市直相关部门要加强沟通、密切配合，根据职能分工落实行动计划，其中基础设施建设工作由市发改委牵头，农村基层组织建设工作由市委组织部牵头，乡风文明培育工作由市委宣传部牵头，农村平安建设工作由市委政法委牵头。坚持以县为主统筹，各区县（市）党政主要负责人要亲自抓，组建专门班子具体抓，并结合实际制定推进乡村基础建设的工作意见。坚持以乡村为主推进，加快转变乡镇政府职能，明确乡村振兴作为乡镇党委政府的重要职责，确保乡镇领导班子的主要精力放在乡村振兴上。

七、吸引产业资本的基础和条件就是产业发展所需要的各项基础设施

基础设施不仅限于水电气，还包括后勤保障和服务体系。比如产品运输仓储、原料采购便利性等。工业生产需要大量工人及管理人员，所以医疗服务、教育培训等就要随之跟进。同时还要改善人居环境。人居环境应该是乡村振兴的重要基础条件，现在的乡村在垃圾处理、农作物存储、能源使用、空间布局等方面还处于相对原始的状态。改变目前这种状况就要对乡村进行科学规划、合理布局。乡村规划面积有限，多在几平方公里的范围之间，所以不可能像城市那样非常明显地划分各种功能区的边界，而是在较为有限的区域内容纳比较齐全的所需功能，这就要依据乡村的自然特点，可以一村一规划，也可以将毗邻的几个村统一进行规划。

第六章　乡村文化振兴

第一节　乡村文化的历史轨迹与政策演变

中国是一个文明古国，乡村文化具有丰富的内涵。本节在描述乡村文化历史轨迹的基础上，重点对乡村文化的政策演变进行了梳理。

一、乡村文化的历史轨迹

文化有着丰富的含义。广义的文化包括价值、道德、风俗、知识、娱乐、物质文化（如建筑等）等，狭义的文化主要包括知识、娱乐等，但贯穿价值、道德、风俗等思想元素。总体上看，文化属于观念形态，是对人的精神的塑造。文化具有特殊的力量，能够提升人的认识，形成相互联结的精神纽带；能够凝聚人心，在共同的文化活动中消解困顿，赋予生活以意义、价值和快乐。中国有着数千年的农业文明传统，并创造了灿烂的农业文明。在漫长的农业文明时代，整个社会是一个以乡土为根基的社会，社会的精神文化体系是以乡土为基础形成的。无论人们走多远，位多高，其"根"在乡村，"魂"在家乡。费孝通先生将传统中国称为"乡土中国"。"乡土中国"的含义不仅仅在于农业生产，还在于整个社会以农为本。社会的农本价值系统为人们生活在农村提供了行为理据，使得人们只有生活在乡村才能寻找到人生的终极目的和意义。与此同时，乡村自我创造各种各样的文化活动，人们在极具乡土气息的文化活动中，获得辛勤劳作后的快乐，身心得到一定程度的愉悦，使其乐以忘忧，从而延续自己从事农业生产的人生。从华中师范大学中国农村研究院的"深度中国调查"看，传统农村有着丰富的文化生活形态。总体上，乡村文化为乡村生活赋予了价值和乐趣，使得人们愿意在乡村生活和劳作，形成了安于农村生活的风俗，由此创造了丰富灿烂的农业文明。

20世纪以来，中国快速进入现代化进程。现代化以城市为中心，与日益兴盛的城市相比，乡村日渐衰落。在马克思看来，"城市已经表明了人口、生产工具、资本、享受和需求的集中这个事实；而在乡村则是完全相反的情况：隔绝和分散"。列宁认为，在工业化时代，"城市是经济、政治和人民精神生活的中心，是前进的主要动力"。在工业化、城市化时代，城乡地位的翻转，造成乡村衰落，其标志不仅仅是物质形态，更在于精神文化形态。乡村不再具有传统社会那样的价值优越感，反而被视为"落后"，属于"问题"的范畴。

20 世纪上半叶，梁漱溟（1893 年 10 月 18 日–1988 年 6 月 23 日），蒙古族，原名焕鼎，字寿铭，曾用笔名寿名、瘦民、漱溟，后以漱溟行世。原籍广西桂林，生于北京。中国著名的思想家、哲学家、教育家、社会活动家、爱国人士，现代新儒家的早期代表人物之一，有"中国最后一位大儒家"之称。面对城市化进程中的乡村衰败深感忧虑。在他看来，当时的严重的农村问题从根本上说是"文化失调"。都市导向破坏了传统的风俗习惯和道德规范这一中华文明赖以存在的基础。都市化会造成中华文明"失根""失魂""失血"。只有复兴"以农立国"的中华文明，进行文化重建，才能为中国解决农村农民问题寻求一条出路。为此他提出乡村建设，基本任务就是依靠乡村自治，创造一种以理性和伦理为基础的新团体组织，由此推动经济、政治与社会的全面进步。

在世界工业化、城市化的大趋势下，梁漱溟先生的主张显然不合时宜，他的实践也屡屡受到挫折，他本人也为之叹息："工作了九年的结果是号称乡村运动而乡村不动。"但是，梁漱溟先生对于工业化、城市化进程会造成农本价值的解体，农村农民被遗弃，农民难以在乡村生活中获得价值、意义和乐趣的担忧是值得重视的。他希望通过文化重建，重建乡村价值和乐趣的思路也是有积极意义的。直到 1949 年新中国成立后，大规模工业化得以启动，他还建言献策，不能在工业化进程中忘记了农村，忘记了农民。

20 世纪后期，中国历经艰难曲折，终于解决 10 多亿人的温饱问题，从而步入大规模和快速度的工业化、城市化进程。这一进程无疑使得包括广大农民在内的全体中国人都从中受益。但在工业化和城市化进程中，城乡差别日益突出，农业农村农民问题成为全面建成小康社会的短板。问题的表现是多方面的，其中一个重要方面是既有的精神文化系统难以为人们愿意在农村生产和生活提供足够的意义感、幸福感和快乐感。面对现代化的城市崛起，农村不再是一个充满希望和快乐的地方，而只是不得已的栖息之地。

当下，大量年轻人"义无反顾"离开乡村，走向城市。其重要原因是缺乏"义"。在乡村务农除了收入不高以外，更重要的是被认为"没本事""没能耐"。当下农村的性别结构严重失衡。大量青年女性奔向城市、落户城市，农村青年男性娶妻难，只有背井离乡脱离土地。一部分外出务工人员返乡后的最大不适应是文化的匮乏和心灵的荒芜。他们返乡是一种不得已而为之的行动，但凡有机会有条件，便不会像其先辈那样自愿"叶落归根"和向往"回归乡里"。

老年人务农和居住在农村在全世界是一个普遍现象。但农村老年人对自己的社会地位的评价低于城市，相当部分的农村老年人仍然在农村生活是属于不得已的选择。与此同时，农村分散，青年人大量外出，老年人没有昔日"儿孙绕膝"的乐趣，最害怕精神孤寂。文化本是将老年人联结在一起的最好纽带，但由于缺乏文化纽带，老年农民找不到生活的价值，不能通过共同的文化活动忘记日常生活的失落。

中共十九大提出乡村振兴的战略，是解决工业化和城市化进程城乡差别的重要举措。而城乡差别不仅在于物质差别，更在于文化落差。要振兴乡村，首先得振兴人的精神文化。因此，在乡村振兴中，文化振兴比任何时候都更为紧迫。现阶段中国农村精神文化领域面临的突出矛盾有很多。一是农村初始改革主要解决的是吃饭问题。随着物质生活由温饱到小康的转变，文化小康提上议事日程。在绝大多数农村人口解决温饱以后，存在的问题是物质生活与文化生活之间的不对称，物质获得感与文化获得感的不均衡。在相当多的地方，人们富了口袋穷了脑袋。总体上看，随着物质生活的改善，农村人口对美好文化生产的需求在迅速增长。近些年电影发行的主要增长地域是县乡，小城镇青年成为重要消费群众。二是原有的乡村文化体系所依托的条件发生变化。传统乡村社会的意义感在于有一整套文化体系及其依托。如集体化时代，集体劳动、集体娱乐，虽然物质贫穷但有文化赋予的存在意义。农村改革以后，实行分户经营，集体公共文化供给缺乏物质基础和组织依托。人们难以通过集体文化消解家户经济单位内生的冲突和矛盾。根据我们的调查，物质生活的获得感与精神文化生活的幸福感并不是绝对对称的。在许多西部地区，尽管物质生活相对贫困，但长期历史传承的共同体的文化生活为人们的生活提供了幸福感和快乐感，社会心理问题不甚突出。相反，在长江区域的典型的家户生产地域，物质条件大为改善，集体性的文化活动欠缺，精神心理问题更为突出。三是人们对文化生活的需要更为丰富。在物质匮乏时期，人们的文化生活相对简单。随着物质生活的充裕，人们的精神文化生活需要增多，更为丰富。当今的农村人口质量正在发生历史性的变化。这就是义务教育普及使得农村人口有了相当程度的知识水平，全球化使得农村成为"全球村"，农村进入信息社会，农村人口的视野前所未有地开阔，其文化生活需要迅速地丰富。根据一份调查，农村文化生活需求居首位的是建公园或广场。其重要原因是城市流行的广场舞已迅速向乡村蔓延。

应该看到，在相当长时间里，城乡差别还会存在，乡村振兴是一个长期努力的战略目标和系统工程。在推进乡村振兴战略中，通过文化振兴，满足人们日益增长的美好文化生活需求，为人们愿意在乡村劳作和生活提供意义感、幸福感和快乐感，可以稳住人心、稳住人口，使得农村有吸引力和凝聚力，从而为乡村振兴创造主体条件。近年来，春节期间大量人口由城市到农村，重要因素之一是农村更有集体喜庆的"年味"和群体性记忆的"乡愁"。这说明，在城乡差别长期存在的当下，乡村文化振兴具有一种特殊的力量，能够缓解甚至化解因为物质条件差别造成的乡村生活的意义感、幸福感、快乐感的缺失问题。

二、乡村文化的政策演变

（一）农村文化发展定位的演变

农村文化的政策定位直接关系农村文化发展方向和发展趋势。考察农村文化发展定位的演变，有三个维度：一是农村文化定位与国家文化政策的关系；二是农村文化定位与国家"三农"政策的关系；三是农村文化定位与城市文化政策的关系。

1. 农村文化作为农村社会主义精神文明的一部分

20 世纪 80 年代初的 4 个中央一号文件（1985 年文件没有涉及农村文化内容）凸显了农村文化政策思想政治意识形态化的特征，这与国家在这一时期主要以精神文明总揽文化建设的政策相一致：文化理论上，形成了社会主义精神文明建设理论体系；文化认识上，强调文化的意识形态属性和道德感化功能；育人目标上，强调提高思想道德素质和科学文化素质。那个时期，农村文化的主体性被遮蔽，过于看重文化的意识形态属性，而文化的其他属性，比如经济属性、软实力作用等，往往因认识的缺陷而被隐去。1995 年在精神文明建设背景下，对新型农民的培育目标还是与要求其他人群一样的"四有"（有理想、有道德、有文化、有纪律）新人，仍侧重于对意识形态和思想道德的要求，直到 2006 年中央一号文件才调整为"有文化、懂技术、会经营"，体现了行业性、时代性。

党和国家的文化自觉与自省是从 20 世纪 90 年代逐步提出来的。1991 年，江泽民同志在庆祝中国共产党成立 70 周年大会上的讲话中首次提出"有中国特色社会主义文化"概念。1997 年，党的十五大报告指出，文化相对于政治、经济而言，精神文明相对于物质文明而言。"有中国特色社会主义文化"就其主要内容来说，同改革开放以来我们一贯倡导的社会主义精神文明是一致的。2000 年，"三个代表"重要思想的提出，更是把文化发展提高到党的建设的战略高度加以认识。从那时起到现在，不论是"政治、经济、文化"三位一体，还是"政治、经济、文化、社会"四位一体、"政治、经济、文化、社会、生态"五位一体，文化建设始终是党和国家治国理政总体布局的重要一环。文化建设的重要性在各种文件反复强调，在如此强力政策推动下，文化发展从部门行为上升为政府行为，文化建设从局部工作上升为事关全局的重要工作。另外，不论是过去新农村建设的总体要求，还是当前乡村振兴战略的总体要求，"乡风文明"始终没有改变。

2. 农村文化作为农村社会事业的一部分

纵观我国农村改革与发展，大概经历了四个历史时期：一是 20 世纪 80 年代农村全面改革时期，二是 20 世纪 90 年代"三农"问题时期，三是新世纪前 10 年的城乡统筹发展时期，四是当前向现代农业转型阶段。将 20 世纪 90 年代的农村文化发展政策放在这个大的时代背景下，我们就观察得更加清晰了。

文件政治反映了高层治国理政的政策风向标。从 1987 年开始到 2003 年连续 17 年没有出台有关"三农"的中央一号文件，因为当时中国改革重心全面转向城市，开启了农村、农业让位城市、工业的时期。20 世纪 80 年代农村改革释放了巨大活力，农村经济得到全面繁荣，广大农民在党的领导下表现出可贵的创业革新精神，我国农村发生了历史性变化。到了 20 世纪 90 年代中期，当大家都以为"三农"问题不是问题的时候，农民的获得感日益减少。尽管国家财政收入在不断快速攀升，但包括公共产品和公共服务等各级政府的财政投入都在县城以上，农村不仅没有什么投入，还要征收各种名义的税费，以养活县乡干部，支持城市发展。"三农"问题成为全社会公认的头等问题，直到高层领导做出在工业化初始阶段，农业支持工业、为工业提供积累；在工业化达到相当程度以后，工业反哺农业、城市支持农村，实现工业与农业、城市与农村的协调发展的"两个趋向"判断，中央对农村政策及时做出"多予少取放活"的调整以及建设和谐社会的政策导向，"三农"问题才得以缓解。

现实生活中，乡镇文化专干在机构改革中或因指标撤销，或专干不专。从新世纪几个中央一号文件对新增事业经费主要用于发展农村文化的政策内容，也能反观 20 世纪 90 年代农村社会事业经费的历史欠账。

从理论分析看，文件政治行政成本高而行政效率低，基层政府以文件落实文件、以会议落实会议等形式主义作风，把那些需要真抓实干的行政任务置于次要位置甚至边缘化，不仅败坏了党风政风，而且消解了文件预期效果。因为文件治理是以科层行政作为载体，是政治权力和行政权力覆盖基层社会的全能主义治理方式。其作用基础是确立在国家与社会一体化结构和社会的同质性上，但随着市场化改革，农村基层社会关系发生了结构性的变化和异质化的改变，因此文件治理的功能和作用就出现逐步弱化直至不起作用的情况。

3. 农村文化主体性构建

新世纪随着党和政府对农村文化的自觉与自信，农村文化发展的主体性、独立性、特色性越发鲜明，文化已从教科文卫的事业中单列出来，与农村政治、经济、社会、生态并举，摆脱了农村文化发展的各种束缚，王者强势归来。

我们向来重视以外部输入方式加强和推动农村文化建设。早在 1984 年中央一号文件就提出了"国家设在农村的一切企事业单位，都要学习解放军，加强同附近农民的联系，按照互惠的原则，通过提供当地农民需要的各种服务，与农民共同建设农村的物质文明和精神文明，为促进商品生产发展、加强工农联盟、建设社会主义新农村做出新的贡献"。20 世纪 90 年代中期，为补农村文化的短板，中央八部委联合发起了"文化下乡"，后来由行动逐渐形成机制,一种工业反哺农业、城市支援农村的机制,文化科技卫生"三下乡"活动常态化、政策化、制度化,逐渐成为农村文化建设重要的外部力量。

农村文化建设不仅要送文化,更要种文化。在农村内部建构文化,要充分发挥农民的主体作用,以现实农村生产力为基础,以农村环境条件为依托,逐步构建农村公共文化服务体系、农村文化产业体系、农村优秀传统文化传承体系,通过"科技+""互联网+"战略,促使农村传统文化向现代文化转型。当代中国农村文化既系着数千年来中国传统文化的脐带,又打上了社会主义的时代烙印,还散发着浓郁的乡愁。作为区别于城市消费文化的慢生活方式,农村文化经创意变换,通过科技创新,注入星罗棋布的特色小镇和田园综合体建设中,农村文化显示出来的软实力将开辟出全新的发展空间,迎来一个崭新的发展时代。

(二) 中央一号文件中农村文化政策关注的重点

中央一号文件每年都有一个主题,都是当年中央最关注及最迫切需要解决的问题。梳理这些政策关注的重点,可以准确把握顶层设计的政策表达和政策信号,得出党和国家对农村文化发展规律的认识与理解的内在逻辑。这里借用政策文献计量共同分析法,以中央一号文件关键词为对象分析农村文化政策主题变迁。

1. 牢牢把握乡风文明意识形态领导权

乡风文明是乡村振兴的灵魂所在。意识形态决定文化前进方向和发展道路。对农村文化发展的方向引导一直是中央一号文件关注的重点,从20世纪80年代到当下持续出台政策用社会主义道德引领农村社会风尚,农民住上了好房子、过上了好日子,还要注意养成好习惯、形成好风气,用社会主义核心价值观占领农村阵地成为党的农村文化政策取向。

2. 紧紧抓住农村文化设施建设这个短板

阵地、队伍、活动是文化发展的三个有力抓手,特别是阵地建设作为农村文化发展的基础物质条件,由于历史欠账,一直是农村文化发展的短板,因而成为中央一号文件长期关注的焦点。政策一开始就强调制订农村文化设施建设规划,符合文化建设的战略性、全局性、长远性的特征,也符合改革开放初期地方财政实际。阵地是一个抽象的表述,文化中心才是一个实体,中心装哪些内容?安哪些设施?如何发挥这些基层文化公共设施整体效应?村级文化中心是综合性的,乡镇文化中心是区域性的,这都是我们这几十年在发展农村文化过程中逐渐认识并清晰起来的,也是我们"摸着石头过河"改革和建设的探索结果。

3. 始终关注农村公共文化服务总目标

业界对公共文化服务的特征认识经历了从"四性"到"三化"的变化,即从21世纪头 10 年"公益性、基本性、均等性、便利性的要求"转化到当前的公共文化设施和服务标准化、均等化、社会化，通过公共文化设施标准化实现文化服务的均等化，通过服务社会化提高服务效益与服务质量。2021 年中央一号文件提出了加强乡村公共基础设施建设。继续把公共基础设施建设的重点放在农村，着力推进往村覆盖、往户延伸。实施农村道路畅通工程。有序实施较大人口规模自然村（组）通硬化路。加强农村资源路、产业路、旅游路和村内主干道建设。推进农村公路建设项目更多地向进村入户倾斜。继续通过中央车购税补助地方资金、成品油税费改革转移支付、地方政府债券等渠道，按规定支持农村道路发展。继续开展"四好农村路"示范创建。全面实施路长制。开展城乡交通一体化示范创建工作。加强农村道路桥梁安全隐患排查，落实管养主体责任。强化农村道路交通安全监管。实施农村供水保障工程。加强中小型水库等稳定水源工程建设和水源保护，实施规模化供水工程建设和小型工程标准化改造，有条件的地区推进城乡供水一体化，到 2025 年农村自来水普及率达到 88%。完善农村水价水费形成机制和工程长效运营机制。实施乡村清洁能源建设工程。加大农村电网建设力度，全面巩固提升农村电力保障水平。推进燃气下乡，支持建设安全可靠的乡村储气罐站和微管网供气系统。发展农村生物质能源。加强煤炭清洁化利用。实施数字乡村建设发展工程。推动农村千兆光网、第五代移动通信（5G）、移动物联网与城市同步规划建设。完善电信普遍服务补偿机制，支持农村及偏远地区信息通信基础设施建设。加快建设农业农村遥感卫星等天基设施。发展智慧农业，建立农业农村大数据体系，推动新一代信息技术与农业生产经营深度融合。完善农业气象综合监测网络，提升农业气象灾害防范能力。加强乡村公共服务、社会治理等数字化智能化建设。实施村级综合服务设施提升工程。加强村级客运站点、文化体育、公共照明等服务设施建设。

4. 长期重视城乡文化统筹发展新途径

长期以来，我国城乡二元结构致使农村文化建设落后于城市文化，滞后于农村广大居民的文化需要。乡村文化是中华优秀传统文化的根和魂，保留着许多中华文化优秀的基因，具有城市文化少有的人与自然共生的智慧和价值。随着新世纪中央对农村政策的调整，"工业反哺农业、城市支持农村，实现工业与农业、城市与农村的协调发展"多项措施的落实，城乡文化统筹发展也成为中央一号文件强调的内容。一方面，文化、科技、卫生"三下乡"体制化、制度化，城市文化工作者支援农村经常化；另一方面，加大农村文化服务总量供给，以公共文化服务设施的标准化推进城乡文化一体化，缩小城乡文化发展差距。

5. 一以贯之关心农村文化建设社会力量

政府文化部门是农村文化建设主力军，但改革开放初期基层政府财力有限，从 20 世纪 80 年代开始就出台了"鼓励扶持农村文化设施农民办"政策。农民不仅是农村文化的享受者，也是农村文化设施的建设者。从后来的文件看，农村文化建设的社会力量除了本地农民外，还包括在农村企事业机构和社会组织、本乡本土在外成功人士以及城市文化工作者、文化志愿者等。2015 年中央一号文件就明确规定："以乡情乡愁为纽带吸引和凝聚各方人士支持家乡建设，传承乡村文明。"

6. 持续重视农村文化建设投入机制

农村文化建设长期落后的主要原因在于缺少投入，因此稳定的投入保障机制就成为中央一号文件反复强调的内容，多个中央一号文件对此做出了指示，规定各级财政新增事业经费和固定资产投资增量主要用于农村，并就"主要"做出了量化规定，不低于 70% 的比例。

7. 重新考量农村优秀传统文化传承

在现代化战车碾压下，城市文化遗址、工业文化遗存保护在本次城市化进程中大受人们的诟病，因此记载着中华文化基因的农村优秀传统文化保护成为中央政策关注的重点。从 2013—2018 年连续六年，每年文件都有对农村优秀传统文化保护与传承的内容。从古村落到古民宅，从农耕文化遗产到好家风好家训，从悠久的风俗习惯到传统的戏剧曲艺，通通纳入保护与传承工程，强化乡村记忆。

8. 逐渐重视打造农村文化产业新希望

一般的文化产业在城市，而某些特色文化产业却也可诞生在农村。通过"文化+"行动，实施文化与农村、农业、林业、康养、休闲融合发展，实现农民增收、农业增效、农村增美。农村文化产业是农村文化建设的经济支撑，也成为中央一号文件亮点。早在 2006 年文件就"鼓励农民兴办文化产业"，2016 年甚至还指出了重点产业门类，"依托农村绿水青山、田园风光、乡土文化等资源，大力发展休闲度假、旅游观光、养生养老、创意农业、农耕体验、乡村手工艺等产业"。

（三）政策展望

1. 出台农村文化法律

政策与法律并行，是当前中国政治生活实践中的现实问题。随着依法治国的深入推进和"文件治国"的高昂成本、政策低效，出台农村文化发展的法律是必然选择，也是国家治理体系和治理能力现代化的必然要求。农村文化发展方面的法律还是一片空白，因此我们有理由相信未来会很快将《农村文化发展促进法》纳入国家立法进程。

2. 颁布乡村文化振兴规划

实施乡村振兴战略是党的十九大做出的英明决策。文化兴国运兴，文化强农村强。乡村文化振兴，规划先行。乡村文化振兴的指导思想、重要原则、战略目标、主要任务、实施路径等，需要出台更高层次的政策来保障。

3. 设计农村文化民主政策

重构农村文化，更多的是学者研究、媒体呼吁、官方文件，很少有农民自身提出这样那样的要求，但这并不代表农民就没有这方面的需要。田野调查统计显示，绝大多数农民都有对农村公共文化向往的意愿。实地访谈中了解，供给农家书屋的书目有很多不符合农民借阅的意愿，文化集中大于文化民主，出现结构性的供给不足。因此，农村文化发展中文化民主的政策设计是未来农村文化建设的趋势，要做到文化民主基础上的集中和集中指导下的文化民主的有机结合。

第二节　乡村文化振兴面临的挑战

习近平总书记强调要振兴乡村文化，既是因为乡村文化繁荣对乡村振兴所具有的重要性，也与当前的乡村文化状况有关。当前，我国乡村文化振兴主要面临以下三个方面的挑战。

一、乡村国家意识形态建设式微

1978 年开始的中国改革从农村破题，家庭承包经营和村民自治制度在全国农村逐步实行，乡政村治体系取代了"政社合一"的人民公社制度，解决了经营管理过于集中，分配上存在的严重平均主义，激发了广大农民的生产积极性，改善了农民生活，同时实行村民自治的农村不再是国家行政链条中的正式组成，分田到户后的乡村去行政化，回归到了主要"讲经济效率"的"社会生活"。"村民自治"的设计理念是"民主化的村级治理"，但好人治村、强人治村、恶人治村、能人治村等村治形态广泛存在。1992 年开始建设社会主义市场经济，兴起了"经济能人治村"或"新乡绅治理"模式，即由富人、精英担任村干部的村级治理状态，一定程度上形成对普通农民政治参与的排斥，没有真正实现民主化村级治理。部分村民对村治参与积极性也不高。加上改革开放以来，青壮年劳动力流向城市工作，村干部的行为很难受到来自农村社会层面的监督和制约。21 世纪初完成的税费改革，一方面，农业税的取消使国家失去了参与农村公共资源再分配的资格，农村社会则因其所承担的国家税收职责的消失而不再能假借国家名义来进行农村公共资源的再分配；另一方面，农村社会虽然仍有为村民提供公共产品（或服务）的职责，但与之配套的却是以受益和自愿为基础的"一事一议"制度，这引发了当代中国农村的"去政治化"。

21 世纪以来，国家实施新农村建设、美丽乡村建设，尤其是党的十八大以来开展脱贫攻坚战，在现代农业发展、乡村基础设施建设和农村社会福利等方面积极作为。一是"资源进村"，以"直补到户"和公共服务的形式向农村投入大量资源，如粮食补贴、良种补贴、农机补贴、"低保""新农合""新农保"等各种补贴，以及修路、通水、通电、通网络、办学校、提供法律咨询等各种公共服务。二是"人员进村"。如党的十七大后全面推进的大学生村官工作，党的十八大以来配备网格员、"第一书记"等，推动农村基层建设。三是"思想进村"。如一些省委讲师团进村开展的理论宣讲活动。由此，改革开放以来所弱化的国家意识形态伴随国家资源所带来的各种福利开始回归农村，重新嵌入当代中国农村的治理实践中，改变农村治理生态和治理模式。但在经历了"去行政化"和"去政治化"之后，少数人垄断村级权力对基层治理目标消解和小官贪腐对国家下乡资源的利益侵蚀带来了消极影响；农村社会组织业已成长；农村治理主体多元化与治理方式的协作性趋势出现；在这些情况下，如何在农村重新确立国家意识形态的权威及发挥其影响力，仍然是需要研究的重要课题。

二、乡村公共文化短缺

虽然"十一五"期间国家开始实施包括广播电视"村村通"工程、全国文化信息资源共享工程、农村电影放映工程、农家书屋工程、西部开发助学工程和电视进万家工程等重点项目的文化惠民工程，特别是 2020 年中央一号文件提出改善乡村公共文化服务，推动基本公共文化服务向乡村延伸，扩大乡村文化惠民工程覆盖面。鼓励城市文艺团体和文艺工作者定期送文化下乡。实施乡村文化人才培养工程，支持乡土文艺团组发展，扶持农村非遗传承人、民间艺人收徒传艺，发展优秀戏曲曲艺、少数民族文化、民间文化。保护好历史文化名镇（村）、传统村落、民族村寨、传统建筑、农业文化遗产、古树名木等。以"庆丰收、迎小康"为主题办好中国农民丰收节。乡村公共文化建设取得了阶段性进步，但是发展仍处于不平衡、不充分状态。由上而下的公共文化产品供给内容比较单一，大部分不能因地制宜，缺乏自身特色，文化人才匮乏，一些工作人员缺乏必要的专业能力，导致乡村公共文化缺乏吸引力，很难激起村民认同共鸣及情感共融，制约了文化凝聚力，不少公共文化场所甚至是"铁将军把门"。农村空心化、老龄化，村里的农民业余文化组织多由老年人组成。城乡二元结构使农村外出求学、参军与务工的人不愿回家乡，农村教师与干部退休后也去了城市，没有成为乡村文化建设的有效资源，农村文化建设的主体力量薄弱。送文艺演出、送图书、送电影等送文化下乡活动，往往只是解一时之渴。乡村公共文化建设亟须加强与创新。

三、乡土文化被边缘化

在快速工业化城镇化的大潮下，农村人口流动性显著增强，乡土社会的血缘性和地缘性逐渐减弱，一些地方乡村文化特色逐步丧失。一是承载着乡愁记忆的乡土文化地标，如诸多自然村落、文物古迹、传统建筑、民俗、方言等民间文化载体，被损毁、破坏，弱化甚至消失。缺乏保护主体和保护动力是乡土文化地标面临消亡危机的重要原因。除了被列为文物保护单位的文化地标能够得到相对有效的保护外，不管是私人所有，还是乡村集体所有，因为保护责任不明确，再加上基层财力有限，对很多文化地标的保护也就成为"非紧急的事项"。二是传统重义轻利的乡村道德观念被侵蚀淡化。"由于一直强调现代化、城镇化在经济发展领域的主导作用，人们产生一种似是而非的模糊观念：唯有城市代表着先进、文明或历史前进的方向。而乡村则代表着落后、封闭、愚昧，是封建社会的产物，不足以支撑我国现代化发展，应该在城镇化的进程中逐步改造乃至淘汰。"农村各种民俗节庆不兴，各种农耕方式及技艺被抛弃，传统民间文化面临断代的危险。乡村人际关系日益功利化，人情社会商品化，维系农村社会秩序的乡村精神逐渐解体，一定程度上造成了乡村社会秩序的失范。一些农民社会责任、公德意识淡化，与家人感情日益淡漠，家庭观念不断淡化，导致不养父母、不管子女、不守婚则、不睦邻里等有悖家庭伦理和社会公德的现象增多，家庭的稳定性不断被削弱。攀比严重，一些地方婚丧嫁娶大操大办，成本剧增，不少家庭因天价彩礼致贫。乡村乡风、家风、民风亟待重建。

乡村振兴是一项系统工程，既要"塑形"，更要"铸魂"，实现物质文明建设与精神文明建设协调发展，推动乡村的全面进步。上述情况反映了乡村文化亟待振兴，以解决存在的问题为抓手，推动社会主义先进文化占领农村阵地，重塑乡村振兴主体——农民的精神，提升文化素养，不仅在于农民个体文化教育水平的提升，也需要培育公民精神，强化农民的社会责任意识、规则意识、集体意识、主人翁意识；改变乡村社会涣散、一盘散沙的局面，重建乡村伦理，恢复邻里守望相助等社会关系，凝聚起乡村振兴的精神力量，为乡村产业振兴，实现和谐有序发展，推进乡村治理体系和治理能力现代化奠定基础。

第三节　乡村文化振兴的实施路径

促进乡村文化振兴，要从提高文化自信与文化自觉、加强农村思想道德建设、丰富符合农民精神需求的公共文化产品供给、培育挖掘乡土文化人才、培育乡贤文化等方面着手。

一、提高文化自信与文化自觉

振兴乡村文化首先需要提高文化自信与文化自觉，从中华文明发展史的视角去认识、重构当前的乡村文化。中华文明根植于农耕文明，中华传统文化的主体扎根于乡村。从中国特色的农事节气，到大道自然、天人合一的生态伦理；从各具特色的宅院村落，到巧夺天工的农业景观；从乡土气息的节庆活动，到丰富多彩的民间艺术；从耕读传家、父慈子孝的祖传家训，到邻里守望、诚信重礼的乡风民俗等，都是中华文化的鲜明标签，都承载着华夏文明生生不息的基因密码，彰显着中华民族的思想智慧和精神追求。但"今天当我们谈传统文化的时候，总是夸大传统文化的抽象概括性意义，而忽略这种文化所产生的历史条件和社会土壤"，"淡忘了这种传统文化的根基元素"。因此，振兴乡村文化须发掘和总结历史资源，重新审视乡村文化，"乡村文化价值的重建，就是以现代人的视角、现代化的眼光对乡村文化的回望和致敬，是当代人对乡村文化的反哺与滋养"。在全面建设社会主义现代化国家进程中，必须统筹城乡，注重协调发展，农村与城市是空间上的差异；农民与市民是职业上的区别；农业与工业是产业上的不同。在乡村振兴中，"如何让乡土文化回归并为乡村振兴提供动力，如何让农耕文化的优秀精华成为建构农村文明的底色，是摆在我们面前具有重要现实意义和深远历史意义的时代课题"。中华优秀传统文化是我们的根和魂，要重视原有的乡土性文化，实现农村生活文化的保护与自我更新，将其和现代文化要素结合起来，赋予新的时代内涵，让其在新时代展现其魅力和风采，凸显农村文化建设的价值与意义，与城市文化相映生辉。

二、加强农村思想道德建设

"农村加强思想道德建设，需要坚持教育引导、实践养成、制度保障三管齐下，采取符合农村特点的有效方式，深化中国特色社会主义和中国梦宣传教育，大力弘扬民族精神和时代精神。"一是要发展和壮大农村党组织，充分发挥其在乡村振兴中的领导作用；党支部书记和村委会主任是乡村的"关键少数"，践行社会主义核心价值观，首先做到公道正派、清正廉洁，身体力行为百姓做好示范；同时，党中央开始严查侵犯农民利益的微腐败。2017年年底中办、国办印发《关于建立健全村务监督委员会的指导意见》，强调加强对农村干部的监督。根据村民自治章程、村务监督意见，加强农村法治建设和协商民主建设。因地制宜推进农村产业发展，完善公共服务，尤其是精准扶贫、精准脱贫，促进农业增效、农民增收和农村繁荣，贯彻社会主义核心价值观。新形势下的各种新型农村合作社等村社集体经济发展，能积极为集体成员解决生产生活中的诸多困难，使集体主义、社会主义思想增长。基层组织与驻村干部应该顺势加强思想引导，增强农民对国家意识形态的认同。

二是应深入挖掘农耕文化蕴含的优秀思想观念、人文精神、道德规范，充分发挥其在凝聚人心、教化群众、淳化民风中的重要作用。所谓"天下之本在家"，即尊老爱幼、妻贤夫安，母慈子孝、兄友弟恭，耕读传家、勤俭持家，知书达礼、遵纪守法，家和万事兴等中华民族传统家庭美德，是家庭文明建设的宝贵精神财富。伦理道德、村规民约、风俗习惯是乡村治理的重要载体，也是乡村文化建设的重要手段。传统的乡村文明是有纲领、有价值观基础、有内在灵魂的，其倡导孝父母、敬师长、睦宗族、隆孝养、和乡邻、敦理义、谋生理、勤职业、笃耕耘、课诵读、端教诲、正婚嫁、守本分、尚节俭、从宽恕、息争讼、戒赌博、重友谊等内容。这些乡风乡箴，均是从孝扩展到忠，从家扩展到国，是一个完整的文化谱系。乡村通过族群认同达至国家认同，维系乡村社会和谐稳定。以王阳明《南赣乡约》、朱熹《朱子家礼》、吕氏四贤《蓝田乡约》等为代表的乡约圭臬，曾在传统乡村社会治理中发挥着不可替代的作用。我们要依托中华传统文化，挖掘农村传统道德教育与乡规民约资源，重建社会主义核心价值观支撑的乡规民约和乡村道德体系，实现乡村自治、法治与德治相结合，构建乡村良性发展秩序。

三是要积极引导宗教与社会主义相适应。加强科学世界观和无神论宣传教育，普及科学知识，抵制各种迷信活动，提高群众的科学文化素质。在宗教影响严重的地区重点进行疏导。重视宗教文化的双重性，强化其积极因素，抑制其消极因素，防止宗教意识偏狭化和绝对化，积极引导信教公民热爱祖国、热爱人民，维护祖国统一，维护中华民族大团结和社会主义公德，遵守国家法律法规，自觉接受国家依法管理。

三、丰富符合农民精神需求的公共文化产品供给

"多一个球场，少一个赌场；多看名角，少些口角。"乡村亟须补齐文化短板，完善文化基础设施，公共文化资源重点向乡村倾斜，为农民群众提供更多更好的农村公共文化产品和服务，让健康的公共文化生活填补农民群众的闲暇时间，在文化实践中丰富农民精神文化生活。文化供给要有效利用乡土文化资源，重内涵、重品质、重效果。比如，在浙江不少农村，结合当地传统民俗文化来建设农村文化礼堂，将闲置的传统的旧祠堂、旧戏台利用，翻修改造而成。这些文化礼堂，不仅有村史乡约的介绍，而且经常举办文娱、宣讲、礼仪、议事、美德评比等活动，为农村群众打造集思想道德教育、文体娱乐、知识普及于一体的活动乐园和精神家园，成为当地新的文化地标和村民的精神家园。乡村的公共文化场所首先应该是吸引老百姓去的活动场所。广泛开展农民乐于参与的群众性文化活动，占领和巩固广阔乡村的思想文化阵地。一些地方通过建立庄户剧团、成立曲艺班社、组织歌舞竞赛、经营杂技场子、参与节日游艺、倡导体育健身，寓教于乐。散发着浓郁乡

土气息的地方戏是乡村文化的重要载体，讲的是当地老百姓生活中的人和事，剧中人物的语言、行为方式等也带有浓郁的地方特色，有着其他艺术门类无可比拟的亲民性与生动性，是百姓重要的精神食粮，理应当好乡土文化的表达者，为乡村振兴注入文化动能。对具有生命力的地方戏进行必要的梳理、提炼与再创造，从乡土生活积累丰富的创作素材，表现好当代中国乡村的面貌，讲述好当代中国乡村的故事，激励农民群众投身变革时代的中国乡村建设。要鼓励农民种好自家门口的"文化田"，将本地的剧、曲、舞、乐、歌等作为娱乐审美的主要手段和精神生活的重要依托，收获属于农民群众自身的快乐。起源于浙江丽水的乡村春晚是一个范例。它是春节期间农村群众自办、自编、自导、自演的一台联欢晚会，这个既"土得掉渣"又不乏现代气息的农家秀，弘扬了社会主义核心价值观，聚人气、接地气，是传承农村优秀传统文化，锻造农民的文化自觉和文化自信的重要抓手。

四、培育挖掘乡土文化人才

农村是文化资源的宝库，需要深入挖掘、继承、提升优秀传统乡土文化。一是留住具有农耕特质、民族特色、地域特点的乡村物质文化遗产，加大对古镇、古村落、古建筑、民族村寨、家族宗祠、文物古迹、革命遗址、农业遗迹、灌溉工程遗产等的保护力度。自2012年国家住房和城乡建设部命名全国首批传统古村落，启动传统村落保护工作以来，经过努力，目前已有5批6819个村落列入国家级"中国传统村落名录"，传统村落文化遗产得到基本保护，抢救了不少濒危的古村落。二是要让活态的乡村文化传下去，深入挖掘民间艺术、戏曲曲艺、手工技艺、民族服饰、民俗活动等非物质文化遗产，并把有效的保护传承与适当的开发利用有机结合起来。这些具有地域特色差异化的文化遗产、乡土风情，提升地方的文化品位、发展格调、知名度、美誉度，是特色文化产业的重要资源，农民增收的重要渠道。要把这些丰富多彩的农村文化资源管理好并进一步盘活，使之成为有品质的与现代生活、现代审美相契合的文化创意产业、特色文化产业、乡村旅游产业。

惠及乡民都需要文化人才。为解决乡村文化建设人才短缺问题，需要大力培育挖掘乡村文化建设的主体。一是鼓励大学生村官、"第一书记"等驻村干部参与文化建设。国家有关部门应在文化支农渠道搭建、内容引导、统筹组织方面给予引导和帮助，以便他们更好地开展、协调农村文化活动。二是有计划地培养当地的"草根文化队伍"，为农村群众文化事业发展注入新鲜血液。乡村文化建设绝非简单的输入，而需要在田野上、村庄中找回文化发展的内生动力，这就要充分发挥广大农民作为文化建设者的主体作用，焕发文化建设的热情，在文化建设中增强文化认同感。体量庞大的支农资源的输入，基础设施建设与农业新业态产业发展，吸引大学生与外出经商、务工的青壮年农民返乡创业。与乡村文化建设相关的文件密集出台，如《关于支持戏曲传承发展的若干政策》《重要农业文化遗产管理办法》《关于推动文化文物单位文化创意产品开发的若干意见》《中国传统工艺振兴计划》等，为那些乡土文化人才从事文化建设提供了前所未有的条件，要鼓励、激发和引导广大农民从各自实际与兴趣出发，自觉自愿地成为本地特色乡土文化的创造者、传承者、爱好者、拥有者、经营者、管理者、传播者，并探索地方文化人才培养的新模式，与高等院校、文化企业合作，定向培养地方文化急缺人才。文化传承与创新是教育的一项重要职能，应将"非遗"纳入所在地学校教学体系，融入学生的兴趣活动中，进行有计划的系统宣传和普及，探寻有效传承之道，培育文化遗产传承的土壤与人才。三是要借助社会力量，不仅让他们送文化，而且还"种文化"。鼓励文艺工作者深入农村、贴近农民，推出具有浓郁乡村特色、充满正能量、深受农民欢迎的文艺作品；更要用政策引导，以企业参与、对口帮扶、社会合作的形式，让企业家、文化工作者、科普工作者、退休人员、文化志愿者等投身乡村文化建设，形成可持续的农村文化建设力量。乡村文化振兴需要生力军。

五、培育乡贤文化

所谓乡贤，主要指乡村中德行高尚，在当地具有崇高威望的贤达人士。中国从宋代开始，乡贤主导乡村治理。在传统社会中，乡贤文化集中体现了乡村的人文精神、道德风范。在宗族自治、民风淳化、伦理维系及激发乡土情感、维系集体认同感等方面起着无可替代的作用，乡贤文化所蕴含的文化道德力量对推动乡村文明发展具有重要作用，因此，从政府到社会，应大力倡导培育乡贤文化。一是重视历史上的先贤，把乡贤故居、遗址等纳入乡村文物保护范畴，挖掘当地乡贤故事，增强当地人民群众的文化自豪感，继承先贤精神，传承好家风、乡风。二是要积极培育和争当新乡贤，培育新乡贤文化，引导乡村社会见贤思齐、见德思义，促进新乡贤成为乡村振兴中的正能量。目前，德高望重的退休还乡官员、耕读故土的贤人志士、农村的优秀基层干部、家乡的道德模范和热爱家乡、反哺桑梓的企业家等都可以归入"新乡贤"范畴。地方政府可搭建乡贤议事平台，建立乡贤联络机制，畅通乡贤与乡村信息的互联互通，激发乡贤参与乡村建设的内驱动力。随着城乡统筹发展政策落实，基础设施建设推进，乡村人居环境根本改善，会留住本地的人才，并推动离开乡土的高素质人才退休后返乡，为催生新型乡贤文化提供可能，来共同建设民淳俗厚、诗书传家、厚德重义、富足美满的新农村，重构新时代的乡村文化生态，使乡村文化成为整个中国特色社会主义文化的富有生机和活力的重要组成部分，使乡村世界重新成为诗意栖居的美丽家园。

中国是个大国，绝不可能成为"城市国家"。重塑城乡关系，走城乡融合发展之路，是党的十九大的要求。习近平总书记提到"逆城镇化"时强调："一方面要继续推动城镇化建设。另一方面，乡村振兴也需要有生力军。要让精英人才到乡村的舞台上大施拳脚，让农民企业家在农村壮大发展。城镇化、逆城镇化两个方面都要致力推动。城镇化进程中农村也不能衰落，要相得益彰、相辅相成。"新时代在大力改变乡村文明被不断边缘化的格局。乡村文化振兴决定着乡村振兴的效果、我国全面小康社会的成色和社会主义现代化的质量。这是一盘大棋，需要进行精心的顶层设计，需要政府、社会、农民群众的合力作为，需要扎扎实实、持之以恒的工作作风，尤其是要引导农民树立文化自信与文化自觉，形成文化的自我觉醒、自我反省、自我创建的意识，成为乡村文化建设创新的中坚力量，以实现文化自强。如此，乡村文化的振兴才有可能。

第七章　实施乡村振兴战略的重点、难点和基点

第一节　推进产业兴旺：实施乡村振兴战略的首要任务

一、怎样看待推进产业兴旺是实施乡村振兴战略的首要任务

在党的十九大报告中，习近平总书记提出了实施乡村振兴战略的总要求，即"产业兴旺、生态宜居、乡风文明、治理有效、生活富裕"，"产业兴旺"位居其首。2017 年 12 月召开的中央农村工作会议提出，"农业强不强、农村美不美、农民富不富，决定着亿万农民的获得感和幸福感，决定着我国全面小康社会的成色和社会主义现代化的质量"。推进乡村产业兴旺，实现农业强、农村美、农民富，就有了扎实的基础和强劲的依托。否则，实现农业强、农村美、农民富就成为无源之水、无本之木。在当前乃至 21 世纪中叶"把我国建成富强民主文明和谐美丽的社会主义现代化强国"前，发展仍是解决中国一切问题的基础和关键。发展首先是产业发展，是经济发展。就多数乡村地区而言，如果产业不兴，即便再有"生态宜居、乡风文明"，广大农民也不可能"看着美景跳着舞"，就能实现乡村振兴。这样无异于天方夜谭，也缺乏可持续性。

实施乡村振兴战略要坚持乡村全面振兴，是涵盖乡村经济建设、政治建设、文化建设、社会建设、生态文明建设和党的建设的全面振兴，借此激活乡村的经济价值、文化价值、社会价值和生态价值等多重功能和价值。但乡村振兴首先是产业振兴，通过实施乡村振兴战略需要激活的首先是乡村的经济价值，这是增强广大农民获得感、幸福感、安全感的坚实支撑，不仅有利于农民更好地就地就近实现就业增收，也有利于农民规避异地城镇化可能带来的家庭人口空间分离和留守儿童、留守妇女、留守老人问题，更好地实现就地就近城镇化。习近平总书记提出，实施乡村振兴战略要从产业振兴、人才振兴、文化振兴、生态振兴、组织振兴五个方面着手，产业振兴同样被放在首位。乡村经济建设不等于乡村政治建设、文化建设、社会建设、生态文明建设，乡村产业振兴也不能代替乡村的人

才振兴、文化振兴、生态振兴、组织振兴，但乡村经济建设或产业振兴对其他方面建设或振兴的重要影响甚至决定性作用仍是比较明显的。因此，至少就全国总体和多数地区而言，把推进乡村产业兴旺作为实施乡村振兴战略的"首要任务"，是比较符合实际的。

相对于建设社会主义新农村的要求，即"生产发展、生活宽裕、乡风文明、村容整洁、管理民主"，在实施乡村振兴战略的总要求中，用"产业兴旺"代替"生产发展"，突出了以推进供给侧结构性改革为主线的要求，突出了用现代产业发展理念和组织方式改造农业农村产业的趋势。如确保粮食安全是实施乡村振兴战略的前提，也是推进产业兴旺不可动摇的根基。在推进粮食产业兴旺的过程中，要求摒弃片面追求增产的传统粮食安全观，进一步落实以我为主、立足国内、确保产能、适度进口、科技支撑的国家粮食安全战略和确保谷物基本自给、口粮绝对安全的粮食安全战略底线，积极推进粮食产业加快实现由生产导向向消费导向的转变，由追求数量安全向追求数量、质量安全统筹兼顾转变。在此基础上，要按照增加有效供给、减少无效供给的要求，拓宽实现粮食安全的视野，通过树立大农业观、大食物观，向统筹山水林田湖草系统治理要粮食安全，拓展实现粮食安全的选择空间；要在推进粮食安全从基于产量向基于产能转变的同时，按照抓重点、补短板、强弱项的要求，将加强粮食综合生产能力与加强粮食综合流通能力建设有效结合起来，积极实现从增加粮食产能要安全向增强粮食综合供给能力要安全的转变。

用"产业兴旺"代替"生产发展"，还突出了推进乡村产业多元化、综合化发展的方向。仍以推进粮食产业兴旺为例，要结合完善质量兴粮、绿色兴粮、服务兴粮、品牌兴粮推进机制和支持政策，鼓励新型农业经营主体、新型农业服务主体带动小农户延伸粮食产业链、打造粮食供应链、提升粮食价值链，积极培育现代粮食产业体系，鼓励发展粮食加工业、流通业和面向粮食产业链的生产性服务业，促进粮食产业链创新力和竞争力的提升。要结合推进农业支持保护政策的创新和转型，深入实施藏粮于地、藏粮于技战略，通过全面落实永久基本农田特殊保护制度、加快划定和建设粮食生产功能区、大规模推进农村土地整治和高标准农田建设、加强农村防灾减灾救灾能力建设等举措，夯实粮食生产能力的基础，帮助粮食生产经营主体更好地实现节本增效和降低风险，将保障粮食安全建立在保护粮食生产经营主体种粮积极性的基础上，结合优化粮食仓储的区域布局和加强粮食物流基础设施建设等措施，全面提升粮食产业链和粮食产业体系的质量、效益和可持续发展能力，为"把中国人的饭碗牢牢端在自己手中"打下扎实基础。

二、多方发力合力推进产业兴旺

（一）优化涉农企业家成长发育的环境，鼓励新型农业经营（服务）主体等成为农业农村延伸产业链、打造供应链、提升价值链、完善利益链的中坚力量

推进乡村产业兴旺，必须注意发挥涉农企业家的骨干甚至"领头雁"作用。离开了企业家的积极参与，推进乡村产业兴旺就如同汽车失去了引擎。加快构建现代农业产业体系、生产体系、经营体系，推进农村一、二、三产业融合发展，提高农业创新力、竞争力和全要素生产率，新型农业经营主体、新型农业服务主体的作用举足轻重。他们往往是推进质量兴农、绿色兴农、品牌兴农、服务兴农的生力军，也是带动农业延伸产业链、打造供应链、提升价值链的"拓荒者"或"先锋官"。发展多种形式的农业适度规模经营，也离不开新型农业经营主体、新型农业服务主体的积极作用和支撑带动。这些新型农业经营主体、新型农业服务主体带头人，往往是富有开拓创新精神的涉农企业家（或其雏形，下同）。各类投资农业农村产业发展的城市企业、工商资本带头人，往往资金实力强，发展理念先进，也有广阔的市场和人脉资源。他们作为企业家，不仅可以为发展现代农业、推进农业农村产业多元化和综合化发展，带来新的领军人才和发展要素，还可以为创新农业农村产业的发展理念、组织方式和业态、模式，为拓展和提升农业农村产业的市场空间、促进城乡产业有效分工协作提供更多的"领头雁"，更好地带动农业农村延伸产业链、打造供应链、提升价值链。推进乡村产业兴旺，为许多乡村新产业、新业态、新模式的成长带来了"黄金机遇期"，也为城市企业、工商资本参与乡村振兴提供了可以发挥比较优势、增强竞争优势的新路径。如在发展农业生产性服务业和乡村旅游业，城市企业、工商资本具有较强的比较优势。

支持各类企业家在推进乡村产业兴旺中建功立业，关键是优化其成长发育的环境，帮助其降低创新创业或推进产业兴旺的门槛、成本和风险。要结合农业支持政策的转型，加强对新型农业经营主体、新型农业服务主体的倾斜性、制度化支持，引导其将提高创新力、竞争力、全要素生产率和增强对小农户发展现代农业的带动作用有机结合起来。要结合构建农村一、二、三产业融合发展体系和加快发展农业生产性服务业，鼓励专业大户、家庭农场、农民合作社、农业产业化龙头企业等新型农业经营主体或农业企业、农资企业、农产品加工企业向新型农业服务主体或农村产业融合主体转型，或转型成长为农业生产性服务综合集成商、农业供应链问题解决方案提供商，带动其增强资源整合、要素集

成、市场拓展提升能力，进而提升创新力和竞争力，成为推进乡村产业兴旺的领军企业或中坚力量，结合支持这些转型，引导传统农民、乡土人才向新型职业农民转型，鼓励城市人才或企业家"下乡"转型为新型职业农民或农业农村产业领域的企业家。

要结合支持上述转型，鼓励企业家和各类新型经营主体、新型服务主体、新型融合主体等在完善农业农村产业利益链中发挥骨干带头作用。通过鼓励建立健全领军型经营（服务）主体—普通经营（服务）主体—普通农户之间，以及农业农村专业化、市场化服务组织与普通农户之间的利益联结和传导机制，增强企业家或新型经营主体、新型服务主体、新型融合主体对小农户增收和参与农业农村产业发展的辐射带动力，更好地支持小农户增强参与推进乡村产业兴旺的能力。近年来，各地蓬勃发展的各类复合型农村产业融合组织，如发源于安徽宿州的农业产业化联合体、发源于四川崇州的农业共营制、发源于浙江的现代农业综合体，以及2017年中央一号文件要求"大力推广"的"生产基地+中央厨房+餐饮门店""生产基地+加工企业+商超销售"等产销模式在此方面进行了积极的探索，部分高效生态循环的种养模式、部分"互联网+""旅游+""生态+"模式，也在让农民特别是小农户合理分享全产业链增值收益和带动农民提升发展能力方面进行了积极尝试，要注意引导其相互借鉴和提升，完善有利于农户特别是小农户增收提能的利益联结机制。

（二）引导督促城乡之间、区域之间完善分工协作关系，科学选择推进乡村产业兴旺的重点

发展现代农业是推进乡村产业兴旺的重点之一，但如果说推进乡村产业兴旺的重点只是发展现代农业，则可能有些绝对。至少在今后相当长的时期内，就总体和多数地区而言，推进乡村产业兴旺要着力解决农村经济结构农业化、农业结构单一化等问题，通过发展对农民就业增收具有较强吸纳、带动能力的乡村优势特色产业和企业，特别是小微企业，丰富农业农村经济的内涵，提升农业农村经济多元化、综合化发展水平和乡村的经济价值，带动乡村引人才、聚人气、提影响，增加对城市人才、资本等要素"下乡"参与乡村振兴的吸引力，因此，推进乡村产业兴旺，应该采取发展现代农业和推进农业农村经济多元化、综合化"双轮驱动"的方针，二者都应是推进乡村产业兴旺的战略重点，当然，发展现代农业要注意夯实粮食安全的根基，也要注意按照推进农业结构战略性调整的要求，将积极推进农业结构多元化与大力发展特色农业有效结合起来。

推进农业农村经济多元化、综合化，要注意引导农村一、二、三产业融合发展，鼓励农业农村经济专业化、特色化发展；也要注意引导城市企业、资本和要素下乡，积极参与发挥城市产业（或企业，下同）对乡村产业高质量发展的引领辐射带动作用。但哪些产业

或企业适合布局在城市，哪些产业或企业适合布局在乡村或城郊地区，实际上有个区位优化选择和经济合理性问题。如果不加区分地推进城市企业进农村，不仅有悖于工业化、城镇化发展的规律，也不利于获得集聚经济、规模经济和网络经济效应，影响乡村经济乃至城乡经济的高质量发展。按照推进乡村振兴和区域经济高质量发展的要求，适宜"下乡"的企业应具有较强的乡村亲和性，能与农业发展有效融合、能与乡村或农户利益有效联结，有利于带动农业延伸产业链、打造供应链、提升价值链；或在乡村具有较强的发展适宜性、比较优势或竞争力，甚至能在城乡之间有效形成分工协作、错位发展态势如乡村旅游业、乡村商贸流通业、乡村能源产业、乡村健康养生和休闲娱乐产业、农特产品加工业、乡土工艺品产销等乡村文化创意产业、农业生产性服务业和乡村生活性服务业，甚至富有特色和竞争力的乡村教育培训业等。当然，不同类型地区由于人口特征、资源禀赋、区位条件和发展状况、发展阶段不同，适宜在乡村发展的产业也有较大区别。

需要注意的是，推进农业农村产业多元化、综合化发展，与推进农业农村产业专业化、特色化并不矛盾。多元化和综合化适用于宏观层面，专业化和特色化主要是就微观层面而言的，宏观层面的多元化和综合化可以建立在微观层面专业化、特色化的坚实基础之上。通过推进农业农村产业多元化、综合化和专业化、特色化发展，带动城乡各自"回归本我、提升自我"，形成城乡特色鲜明、分工有序、优势互补、和而不同的发展格局。

2018年中央一号文件提出，要"大力发展文化、科技、旅游、生态等乡村特色产业，振兴传统工艺。培育一批家庭工场、手工作坊、乡村车间，鼓励在乡村地区兴办环境友好型企业"。依托这些产业推进农业农村经济多元化、综合化，都容易形成比较优势和竞争力，也容易带动农民就业创业和增收。有些乡村产业的发展，不仅可以促进农业农村经济多元化、综合化和专业化、特色化发展，还可以为"以工促农""以城带乡"提供新的渠道，应在支持其发展的同时，鼓励城市产业更好地发挥对乡村关联产业发展的引领带动作用。如鼓励城市服务业引领带动农业生产性服务业和乡村生活性服务业发展。当今世界，加强对农产品地产地销的支持已经成为国际趋势，一个重要的原因是，支持农产品地产地销可以带动为农场、企业提供服务的储藏、加工、营销等关联产业发展，并通过促进农产品向礼品或旅游商品转化，带动农业价值链升级。这是按照以工促农、以城带乡、城乡融合、互补共促方向构建新型工农城乡关系的重要路径。但有些城市产业"下乡"进农村可能遭遇"水土不服"，导致发展质量、效益、竞争力下降，不应提倡或鼓励。至于有些产业"下乡"，容易破坏农村资源环境和文化、生态，影响可持续发展。依托这些产业的城市企业"下乡"，不仅不应鼓励，还应通过乡村产业准入负面清单等，形成有效的"屏蔽"机制，防止其导致乡村价值的贬损。

中国各地乡村资源禀赋各异，发展状况和发展需求有别。随着工业化、信息化、城镇化和农业现代化的推进，各地乡村发展和分化走势也有较大不同。在此背景下，推进乡村产业兴旺也应因地制宜、分类施策，在不同类型地区之间形成各具特色和优势、分工协作、错位发展的格局。

（三）加强乡村产业兴旺的载体和平台建设，引导其成为推进乡村产业兴旺甚至乡村振兴的重要节点

近年来，在中国农业农村政策中，各种产业发展的载体和平台建设日益引起重视。如作为产业发展区域载体的粮食生产功能区、重要农产品生产保护区、特色农产品优势区、现代农业产业园、农村产业融合发展示范园、农业科技园区、电商产业园、返乡创业园、特色小镇或田园综合体、涉农科技创新或示范推广基地、创业孵化基地，作为产业组织载体的新型农业经营主体、新型农业服务主体、现代农业科技创新中心、农业科技创新联盟和近年来迅速崛起的农业产业化联合体、农业共营制、现代农业综合体等复合型组织，以及农产品销售公共服务平台、创客服务平台、农特产品电商平台、涉农科研推广和服务平台、为农综合服务平台，以及全程可追溯、互联共享的追溯监管综合服务平台等。这些产业发展的载体或平台往往瞄准了影响乡村产业兴旺的关键环节、重点领域和瓶颈，整合资源、集成要素、激活市场，甚至组团式"批量"对接中高端市场，实现农业农村产业的连片性、集群化、产业链一体化开发，集中体现现代产业发展理念和组织方式，有效健全产业之间的资源、要素和市场联系，是推进农业质量变革、效率变革和动力变革的先行者，也是推进农业农村产业多元化、综合化发展的示范者。以这些平台或载体建设为基础推进产业兴旺，不仅有利于坚持农业农村优先发展和城乡融合发展，还可以为推进乡村产业兴旺和乡村振兴的高质量发展提供重要节点，为深化相关体制机制改革提供试点试验和示范窗口，有利于强化城乡之间、区域之间、不同类型产业组织之间的联动协同发展机制。

前述部分载体和平台的建设与运营，对于推进产业兴旺乃至乡村振兴的作用，甚至是画龙点睛的。如许多地方立足资源优势推进产业开发，到一定程度后，公共营销平台、科技服务平台等建设往往成为影响产业兴旺的瓶颈，对于增加的产品供给能在多大程度上转化为有效供给，对于产业发展的质量、效益和竞争力，往往具有关键性的影响。如果公共营销平台或科技服务平台建设跟不上，立足资源优势推进产业开发的过程，就很容易转化为增加无效供给甚至"劳民伤财"的过程，不仅难以实现推进产业兴旺的初衷，还可能形成严重的资源浪费、生态破坏和经济损失。在此背景下，加强相关公共营销平台或科技服务平台建设，往往就成为推进乡村产业兴旺的"点睛之笔"。对相关公共营销平台或科技服务平台建设，通过财政金融甚至政府购买公共服务等措施加强支持，往往可以收到"四两拨千斤"的效果。

（四）以推进供给侧结构性改革为主线，按照质量兴农、绿色兴农、服务兴农、品牌兴农要求推进农业农村产业体系、生产体系和经营体系建设

推进供给侧结构性改革，其实质是用改革的办法解决供给侧的结构性问题，借此提高供给体系的质量、效率和竞争力；其手段是通过深化体制机制改革和政策创新，增加有效供给和中高端供给，减少无效供给和低端供给；其目标是增强供给体系对需求体系和需求结构变化的动态适应性和灵活性。当然，这里的有效供给包括公共产品和公共服务的供给。如前所述，推进乡村产业兴旺，应该坚持发展现代农业和推进农业农村经济多元化、综合化"双轮驱动"的方针。鉴于中国农业发展的主要矛盾早已由总量不足转变为结构性矛盾，突出表现为阶段性供过于求和供给不足并存，并且矛盾的主要方面在供给侧；在发展现代农业、推进农业现代化的过程中，要以推进农业供给侧结构性改革为主线，这是毫无疑问的。2017年中央一号文件和近年来的许多研究文献都已反复强调这一点。2018年中央一号文件也就"提升农业发展质量，培育乡村发展新动能"进行了重要的决策部署，进一步强调"以农业供给侧结构性改革为主线，加快构建现代农业产业体系、生产体系、经营体系，提高农业创新力、竞争力和全要素生产率，加快实现由农业大国向农业强国转变"。

加快构建现代农业产业体系、生产体系、经营体系，在推进农业供给侧结构性改革中占据重要地位。鉴于近年来相关研究文献较多，本文对此不再赘述，只强调积极发展农业生产性服务业和涉农装备产业的重要性与紧迫性。需要指出的是，农业生产性服务业是现代农业产业体系日益重要的组成部分，是将现代产业发展理念、组织方式和科技、人才、资本等要素植入现代农业的通道，也是增强新型农业经营（服务）主体进而提升农业创新力、竞争力的重要途径，对于推进农业高质量发展、实现服务兴农具有重要的战略意义。根据世界银行WDI数据库数据计算，当前中国农业劳动生产率不及美国、日本等发达国家的3%，与发达国家差距较大。其原因固然很多，但中国农业装备制造业不发达难辞其咎，成为制约中国提升农业质量、效率和竞争力的瓶颈。实施质量兴农、绿色兴农甚至品牌兴农战略，必须把推进涉农装备制造业的发展和现代化放在突出地位。无论是在农业生产领域还是在农业产业链，情况都是如此。

我们到许多在国内行业处于领先地位的农产品加工企业考察时，经常会发现这些企业的设备是从国外引进且是国际一流的，但国内缺乏国际一流的设备加工制造和配套服务能力。这就很容易导致国内农产品加工企业的加工设备在引进时居于国际一流水平，但很快就会沦落为国际二流甚至三流水平。可见，农业装备水平的提高和结构升级，是提升农业产业链质量、效率和竞争力的底蕴所在，也是增强农业创新力的重要依托。随着农产品消费需求升级，农产品、食品消费日益呈现个性化、多样化、绿色化、品牌化、体验化的趋势，但在中国农业产业链，许多农业装备仍处于以"傻、大、黑、粗"为主的状态，难以满足推进农产品、食品消费个性化、多样化、绿色化、品牌化、体验化的需求，制约农产品、食品市场竞争力和用户体验的提升。近年来，中国部分涉农装备制造企业积极推进现代化改造和发展方式转变，推进智能化、集约化、科技化发展，成为从餐桌到田间的产业链问题解决方案供应商，也是推进质量兴农、绿色兴农的"领头羊"，对于完善农业发展的宏观调控、农业供应链和食品安全治理也发挥了重要作用。要按照增强农业创新力和竞争力的要求，加大引导支持力度。实际上，农业装备制造业的发展和转型升级滞后，不仅影响到农业质量、效率和竞争力的提升，在许多行业已经成为影响可持续发展的紧迫问题。如随着农业劳动力成本的提升和农产品价格波动问题的加剧，部分水果、蔬菜，特别是核桃、茶叶等山地特色农业的发展越来越多地遭遇"采收无人""无人愿收"的困扰。特色农机的研发制造和推广，对于发展特色农业往往具有画龙点睛的作用。

推进农业农村经济多元化、综合化主要是个发展问题，但在此发展过程中也要注意按照推进供给侧结构性改革的方向，把握增加有效供给、减少无效供给和增强供给体系对需求体系动态适应、灵活反应能力的要求，创新相关体制机制和政策保障，防止"一哄而上""一哄而散"和大起大落的问题。要注意尊重不同产业的自身特性和发展要求，引导乡村优势特色产业适度集聚集群集约发展，并向小城镇、产业园区、中心村、中心镇适度集中；或依托资源优势、交通优势和邻近城市的区位优势，实现连片组团发展，提升发展质量、效率和竞争力，夯实其在推进乡村产业兴旺中的节点功能。

第二节　实施乡村振兴战略的重点

推进产业兴旺是实施乡村振兴战略的首要任务，当然属于实施乡村振兴战略的重点之一。但这是就总体而言的，在实践中，并非每个乡村地区都要以实现产业兴旺作为实施乡村振兴战略的重点。如有些乡村邻近城市，交通便捷，农民通过城乡通勤方式实现在城市工作、在乡村生活，既可以享受城市文明并获得高质量、高收入就业等福祉，又可以享受生态宜居、乡风文明、治理有效等幸福。在这些地区，城市发展特别是城市产业兴旺，可以为农民实现生活富裕提供扎实基础，也可以为实现乡村生态宜居、乡风文明、治理有效带来便利，推进乡村振兴未必需要产业兴旺。但即便在这些地区，实现乡村振兴仍然需要做好其他重点工作。具体地说，就是推进乡村绿色发展，提升乡村生态宜居水平；促进乡村文化繁荣兴盛，推进乡风文明新发展；加强农村基层基础工作，创新乡村治理新体系；提高农村民生保障水平，打造生活富裕新乡村；推进体制机制创新，优化乡村振兴的制度性供给。它们与"深入推进产业兴旺，培育农业农村产业发展新动能"合称实施乡村振兴战略的六大重点。

一、推进乡村绿色发展，提升乡村生态宜居水平

实施乡村振兴战略，要注意激发乡村的多元功能和价值，包括经济价值、生态价值、社会价值、文化价值等。能否及能在多大程度上建设生态宜居乡村，直接决定着乡村的生态价值，却也在相当程度上影响乡村经济价值、社会价值、文化价值的实现。随着城乡居民收入和消费水平的提高，城乡居民不断增长的美好生活需要日益呈现多样化、升级化的趋势。这为推进乡村绿色发展、提升乡村生态宜居水平提出了日益强烈的要求，也为乡村新产业、新业态、新模式的蓬勃兴起提供了契机。如要求农业在提升生产功能的同时，更好地激活生活功能、生态功能和文化功能，从而推进农业的绿色转型和发展。如中国台湾休闲农业和乡村旅游的发展堪称全球典范。作为其重要业态的农业公园按照公园的经营思路，融农业生产场所、农产品消费场所和休闲旅游场所于一体。休闲农业园区整合农场、农园、民宿或景点，使其由点连线及面，形成带状休闲农业园区，甚至要求用经营文化、经营社区的理念开发建设农业旅游景点，推进民俗亲情化，丰富了乡村生态宜居的内涵。近年来许多地方政府发展的国家农业公园以原住居民生活区域为核心，融园林化的乡村景观、生态化的郊野田园、景观化的农耕文化、产业化的组织形式、现代化的农业生产于一体，成为发展休闲农业、乡村旅游的高级形态和规模化的乡村旅游综合体。许多地方结合推进社会主义新农村或美丽乡村建设，培育乡村的生态涵养功能、休闲观光功能和文化体验功能，为推进乡村生态宜居积累了丰厚的底蕴。

实施乡村振兴战略，解决"人、地、钱"的问题至关重要。我们认为，所谓解决"人"的问题，其要点：一是要增加乡村人气，带动乡村活力的提升；二是要拓展和疏通城市人才和智力"下乡"的通道，带动城市资本、技术和发展理念更好地植入乡村；三是要结合完善乡村人力资本开发和培训提能机制，引导鼓励乡土人才、新型职业农民等安心参与乡村振兴。通过这"三管齐下"，形成各类人才支持和参与乡村振兴的"大合唱"。推进乡村绿色发展，提升乡村生态宜居水平，可以显著增加乡村魅力，为通过上述"三管齐下"解决"人"的问题，提供"引力场"和"磁力棒"。在实施乡村振兴战略的过程中，解决"地"的问题，其要点是在巩固完善农村基本经营制度、保护农民农地承包和土地财产权益的前提下，通过完善农村土地产权制度和要素市场化配置，着力解决农村土地资源闲置的问题，推动乡村资源和土地资产加快增值，带动激活主体、激活要素、激活市

场，并将其与增加农民财产性收入有效结合起来。推进乡村生态宜居，打造人与自然和谐共生发展新格局，可以增加对城乡资本和人才参与乡村振兴的吸引力。这不仅有利于解决农村土地资源闲置问题，对于提升乡村资源和土地资产价值也有重要的积极意义。推进乡村生态宜居，激活乡村资源和土地资产价值，也可以为在推进乡村振兴过程中更好地解决"钱"的问题拓宽思路。可见，推进乡村绿色发展，提升乡村生态宜居水平，打造人与自然和谐共生发展新格局，可以为实施乡村振兴战略提供更高的平台，有利于提升实施乡村振兴战略的"能级"。

推进乡村绿色发展、提升乡村生态宜居水平，首先，要坚持人与自然和谐共生的基本方略，牢固确立培育绿色生产方式和生活方式的自觉性，为此建立健全有效的制度保障和实施机制，将推进乡村生态美与通过加快农村人居环境综合整理等措施，为提高农村生活质量创造良好的环境条件有效结合起来，带动优化乡村产业兴旺的推进平台。其次，要注意优化乡村振兴的规划布局，并努力体现乡村特色。2015 年 12 月召开的中央城市工作会议要求，"统筹生产、生活、生态三大布局"，"把握好生产空间、生活空间、生态空间的内在联系，实现生产空间集约高效、生活空间宜居适度、生态空间山清水秀"。这种理念对于优化乡村振兴的规划布局也是适用的，当然，城乡之间在生产空间、生活空间、生态空间的内在联系方式，以及实现生产空间集约高效、生活空间宜居适度、生态空间山清水秀的具体途径上，也应各有特色，并在优化乡村振兴的规划布局上得到体现。最后要加强对乡村生态宜居的政策支持，创新绿色生态导向的农业支持保护政策体系和乡村产业政策体系。2018 年中央一号文件要求以绿色发展引领生态振兴，统筹山水林田湖草系统治理，加强农村突出环境问题综合治理，建立市场化、多元化生态补偿机制，增加农业生态产品和服务供给，要结合贯彻落实相关政策，重点加强对农业绿色发展、改善乡村人居环境、乡村生态保护修复和发展生态友好型产业、环境友好型企业等支持，协调推进山水林田路房整体改造，支持具备条件的乡村地区集中连片建设宜居宜业的美丽乡村。

习近平总书记在党的十九大报告中强调，"必须树立和践行绿水青山就是金山银山的理念，坚持节约资源和保护环境的基本国策"。要在加强对典型经验总结、宣传和推广工作的同时，按照尊重自然、顺应自然、保护自然和有度、创新利用自然的方针，鼓励探索绿水青山向金山银山的转化机制和转化路径。结合探索农村集体经济新的实现形式和运行机制，鼓励"资源变资产"等模式创新，提升乡村生态资源、生态资产的经济价值，促进乡村生态优势更好地转化为发展生态经济、培育农业农村发展新动能的优势，带动农民增收和参与乡村振兴渠道的拓展。

二、促进乡村文化繁荣兴盛，推进乡风文明新发展

文化是一个难以精确定义的多样性、复杂性概念，兼具传承性、时代性和地域性等特

点。人类经济社会活动往往程度不同地打下所处文化的烙印。文化的影响往往潜移默化，体现由内而外的自然。作家梁晓声说，文化是根植于内心的修养、无须提醒的自觉、以约束为前提的自由、为别人着想的善良。习近平总书记提出，"乡村振兴既要塑形，也要铸魂，要形成文明乡风、良好家风、淳朴民风，焕发文明新气象"。促进乡村文化繁荣兴盛、推进乡风文明新发展，正是实施乡村振兴战略的"铸魂"之举。

乡风文明在很大程度上决定着推进乡村振兴的品质品位，影响着农民的精气神、竞争—合作态度和抗风险能力，对于建设富强民主文明和谐美丽新乡村的影响举足轻重。2018年中央一号文件要求，"坚持物质文明和精神文明一起抓"，"不断提高乡村社会文明程度"。实施乡村振兴战略做得好不好，农民的获得感、幸福感、安全感是否得到有效提升，广大农民的积极性、主动性、创造性能否真正得到有效激发，不仅要看农民的收入状况，也要看农民的精气神是否得到改善。因此，在实施乡村振兴战略的过程中，必须把推进乡风文明作为推进乡村振兴高质量发展、提升乡村魅力的重要抓手，作为培育乡村精神、乡村价值、乡村力量和提升乡村魅力的战略举措。常言道："一流的企业卖文化，二流的企业卖标准，三流的企业卖技术，四流的企业卖劳力，末流的企业卖资源"。在实施乡村振兴战略的过程中，城乡之间、区域之间、企业之间也存在类似现象。

在实施乡村振兴战略的过程中，要促进乡村文化繁荣兴盛、推进乡风文明新发展，必须培育乡村文化自信，坚持在开放包容中提升自我、培育文化特质和核心竞争力。习近平总书记在党的十九大报告中提出，"文化自信是一个国家、一个民族发展中更基本、更深沉、更持久的力量"，将这段话移植到实施乡村振兴战略中也是成立的。促进乡村文化繁荣兴盛要注意协调处理立足本来——传承乡村传统文化、吸收外来——汲取城市文化和国外文化的营养、面向现代化和面向未来的关系，坚持走特色化、差异化、品质化发展道路。推进乡风文明新发展要把促进乡村文化繁荣兴盛，同培育富有创新力和竞争力的乡村文化产业、完善乡村公共文化产品和服务供给机制有机结合起来，同提升农民素质和道德水平、培育民主文明和谐的社会氛围有效结合起来，鼓励探索文化提升亲情、文化凝聚人心、文化乐民富农提能的作用。要正视农村经济社会结构转型、农户和农村人口结构分化，以及农村人口流动空间扩大对乡村传统文化的冲击，鼓励结合时代特点和发展阶段的变化，因地制宜地培育向上向善文明和谐的乡村文化；鼓励结合实施文化惠民工程，支持重振乡村文化的带头人在乡村文化振兴中发挥引领带动作用，从国内外经验看，乡村特色文化的开发，可以为提升乡村价值和区域品牌注入动力，也可以为实现乡村产业振兴提供"制胜法宝"，带动区域特色产业、文化关联产业和衍生产业的发展。近年来，国内外许多地方在发展休闲农业、乡村旅游的过程中，注意将改善产品质量、增加产品和服务供给、拓展关联服务，同赋予其文化内涵有机结合起来，通过吸引游客深度参与休闲农业开发并融入当地文化，或将文化植入农业农村产业发展、生态宜居环境和乡村治理建设，营造良好的消费体验，将水果等农产品卖成"奢侈品"、高档礼品或文化产品，不仅显著提升了农产品和乡村旅游的市场空间，带动了农民增收；还促进了农民向农村文化传承者和涉农服务从业者的转型，提升了乡村价值和魅力。在中国实施乡村振兴战略的过程中，这些经验值得借鉴。

三、加强农村基层基础工作，创新乡村治理新体系

近年来，随着城乡特别是农村经济社会结构转型的深入推进，农村青壮年劳动力的大量进城，农户之间、农民之间、乡村地区之间的分化进程明显加快，对工农、城乡关系的影响持续加深，导致农村不同群体的利益诉求、利益矛盾和冲突日益多元化、复杂化。与此同时，农村经济农业化、农业副业化、农村人口老龄化、农业劳动力老弱化迅速推进，留守儿童、留守妇女、留守老人问题日趋凸显，为在推进乡村振兴过程中坚持农民主体地位增加了障碍。在发展规律和政府推动等因素的综合作用下，农村人口和经济布局集中化进程提速，少数中心村、中心镇迅速崛起与更多村庄的萎缩甚至被兼并并存，村庄空心化迅速深化。随着农村经济社会的迅速分化和农民流动半径的明显增大，农民对外交通、信息联系的多元化、便捷化，以及以 80 后、90 后甚至 00 后为主要代表的农民（工）追求社会参与和平等意识的迅速强化，农民评价自我发展状况的参照系迅速扩大，农民（工）在发展状况、发展机会、发展环境和享受公共服务等方面相对不足的状况更容易显现出来，在此背景下，农村经济社会的自生能力和自我保护能力很容易迅速弱化，城乡之间、区域之间在相关能力方面的差距也容易扩大；传统的血缘、亲缘、地缘关系和家庭伦理调节机制对农村经济社会的整合能力很容易遭遇严峻挑战，导致农村经济、政治、文化、社会、生态建设等方面的整合协调难度明显加大，出现失衡的可能性显著增加。如果继续沿用传统的农村经济社会整合协调机制，很可能导致在传统的农村经济社会结构之下容易被吸收和熨平的经济社会矛盾与冲突被迅速放大或扩大。因此，创新乡村治理体系，提升"治理有效"水平，越来越成为新时代解决"三农"问题的迫切要求。

推进乡村振兴，促进治理有效是基础，有利于降低实现产业兴旺、生态宜居、乡风文明、生活富裕的成本与风险，营造充满活力、富有魅力、积极向上、和谐有序的"三农"发展格局；有利于更好地统筹推进"五位一体"总体布局、协调推进"四个全面"战略布局，实现农村经济建设、政治建设、文化建设、社会建设、生态文明建设和党的建设的全面协调可持续发展；也有利于更好地坚持乡村全面振兴，化解突出矛盾，"抓重点、补短板、强弱项、防风险"，增进乡村振兴的协同性、关联性和整体性、协调性。习近平新时代中国特色社会主义思想明确全面深化改革的总目标是完善和发展中国特色社会主义制

度、推进国家治理体系和治理能力现代化。在实施乡村振兴战略的过程中，将"治理有效"作为总要求之一，是推进国家治理体系和治理能力现代化在"三农"工作中的具体化。加强农村基层基础工作，推动乡村治理重心向基层下移，有利于将创新乡村治理新体系更好地落到实处，协力提升乡村活力、凝聚力和农民的向心力，因此，加强农村基层基础工作，创新乡村治理新体系，自然应该成为实施乡村振兴战略的重点之一。

习近平总书记在党的十九大报告要求，"打造共建共治共享的社会治理格局，提高社会治理社会化、法治化、智能化、专业化水平"，并在"实施乡村振兴战略"部分提出"加强农村基层基础工作，健全自治、法治、德治相结合的乡村治理体系。培养造就一支懂农业、爱农村、爱农民的'三农'工作队伍"。2017年12月召开的中央农村工作会议要求，"走乡村善治之路"。2018年中央一号文件要求，"必须把夯实基层基础作为固本之策，建立健全党委领导、政府负责、社会协同、公众参与、法治保障的现代乡村社会治理体制，坚持自治、法治、德治相结合，确保乡村社会充满活力、和谐有序"，这为创新乡村治理新体系指明了方向：创新乡村治理新体系，要注意发挥自治的基础支撑作用、法治的引领规范作用、德治的润滑和提升作用。要把培养造就一支懂农业、爱农村、爱农民的"三农"工作队伍，作为推进乡村善治的战略工程。结合完善制度和法律法规，引导、鼓励、督促农村基层组织和基层干部成为提升乡村法治和德治水平的先锋，带动乡村法治和德治水平的提升，促进乡村自治能力升级和平安乡村建设。要把加强对农村黑恶势力的制度化、法治化惩治机制建设，作为提升乡村法治水平的重要措施。统筹防治少数人侵犯多数人合法权益和多数人侵犯少数人合法权益的问题。

加强农村基层基础工作，创新乡村治理新体系，要注意加强农村党组织建设，及时总结推广农村基层党组织在新农村建设或乡村振兴实践中发挥战斗堡垒作用的先进经验；要及时总结典型经验，鼓励农村基层组织增强利用新媒体等手段创新乡村治理的能力，推进乡村移风易俗、平安乡村建设高质量发展。采取有效措施，以贫困村和农村基层组织软弱涣散村、集体经济薄弱村为重点，加强对农村基层党组织建设"补短板"的支持。结合实施农村基层组织带头人提升工程，以加强农村党组织建设为龙头，带动农村基层组织提升引领、带动和凝聚人心的能力。要大力培育服务性、公益性、互助性的农村社会组织，鼓励其成为农村社会的"抗震带"和"减压剂"，在增强村民自治能力方面发挥骨干带动作用，更好地支撑和带动乡村便民利民服务体系建设。

四、提高农村民生保障水平，打造生活富裕新乡村

推进乡村振兴，实现生活富裕是目标，也是实施乡村振兴战略不可动摇的根本。实施乡村振兴战略要提升农民的获得感、幸福感、安全感，要让改革发展成果更多更公平地惠

及全体农民，离开了实现农民生活富裕，就会成为空谈。因此，按照"抓重点、补短板、强弱项"的要求，以"坚守底线、突出重点、完善制度、引导预期"为导向，以"农民群众最关心最直接最现实的利益问题"为主要切入点，着力提高保障和改善民生水平，打造农民生活富裕、安居乐业新乡村，是实施乡村振兴战略的出发点和落脚点，自然也是实施乡村振兴战略的重点之一。

提高农村民生保障水平，打造生活富裕新乡村，首先要注意增加农民收入，引导和鼓励农民在实施乡村振兴战略的过程中提升增收致富能力。近年来，世界经济复苏乏力、国内经济下行压力长期持续，对农民增收的制约作用迅速凸显，农民增收面临的挑战日趋严峻和复杂。加之，由于农产品价格形成机制改革的推进，国内外农产品市场波动问题的凸显，特别是国际贸易摩擦对部分农产品主产区影响的深化，农民收入增速放缓的趋势不断强化，农村区域性、群体性减收问题日趋突出，对此应该给予高度重视。

提高农村民生保障水平，不仅要注意促进农民增收，还要同引导鼓励农民就业创业、促进农村基础设施提档升级、加强农村社会保障体系、推进健康乡村建设和农村人居环境综合整治有机结合起来，提升乡村宜居宜业、去危化困能力，提升农村生活品质。习近平总书记在党的十九大报告中提出，"增进民生福祉是发展的根本目的，必须多谋民生之利、多解民生之忧，在发展中补齐民生短板、促进社会公平正义，在幼有所育、学有所教、劳有所得、病有所医、老有所养、住有所居、弱有所扶上不断取得新进展"，可见，提高农村民生保障水平，打造生活富裕新乡村，还要按照"坚持在发展中保障和改善民生"的要求，加强面向"三农"的基本公共服务。前文分析已经揭示，随着工业化、信息化和城镇化的深入推进，部分农村地区经济社会的自生能力和自我保护能力出现迅速弱化，传统的农村社会秩序和自组织机制正在面临挑战。在此背景下，加强面向"三农"的基本公共服务，包括增强农村防灾抗灾减灾能力，其重要性和紧迫性更加突出。加强面向贫困人口和留守儿童、留守妇女、留守老人的基本公共服务能力建设，更应成为加强农村基本公共服务的当务之急和攻坚任务。鉴于近年来全国人口老龄化步伐明显加快，农村人口老龄化问题更为突出，提高农村民生保障水平，应把加强面向老龄人口的养老和去危化困服务能力建设，作为一个攻坚任务。

五、深入推进体制机制创新，优化乡村振兴的制度性供给

习近平总书记在党的十九大报告中，将加快完善社会主义市场经济体制作为建设现代化经济体系的六项主要任务之一，明确提出，"经济体制改革必须以完善产权制度和要素市场化配置为重点，实现产权有效激励、要素自由流动、价格反应灵活、竞争公平有序、企业优胜劣汰"。2018 年 1 月 30 日，习近平总书记在主持中央政治局第三次集体学习时强

调，"要建设充分发挥市场作用、更好发挥政府作用的经济体制，实现市场机制有效、微观主体有活力、宏观调控有度"。在实施乡村振兴战略的过程中，也要贯彻这些要求，深化体制机制改革和政策创新，着力推进乡村振兴的高质量发展，更好地促进农业农村优先发展和城乡融合发展，加快农业农村现代化进程。

2018 年中央一号文件提出，"实施乡村振兴战略，必须把制度建设贯穿其中。要以完善产权制度和要素市场化配置为重点，激活主体、激活要素、激活市场，着力增强改革的系统性、整体性、协同性"。在实施乡村振兴战略的过程中，推进前述五个重点，都必须建立在推进体制机制改革和政策创新的基础上，将优化乡村振兴的制度性供给贯穿其中。因此，推进体制机制创新，优化乡村振兴的制度性供给，也应成为实施乡村振兴战略的一大重点。这个重点实际上也是支撑前述重点落地的保障。

在实施乡村振兴战略的过程中，要推进体制机制改革和政策创新，就要做到以下几点：第一，以促进市场在资源配置中起决定性作用为导向，以激发参与主体活力和人才潜能为依托，激活农业农村发展活力和农村资源、要素、新产业新业态新模式的发展潜能，培育"三农"发展的兴奋点和新增长点；第二，以更好发挥政府作用为导向，优先改变"三农"发展环境的相对不平等状况，优先加强"三农"政策的兜底和"保基本"公共服务功能，优化国民收入分配格局和公共资源配置格局，优先加强对农业农村发展的支持和促进，推进公共政策导向和公共资源配置向农业农村适度倾斜，在优先改变乡村规划"短板效应"的基础上，加强城乡一体化发展规划，推进城乡产业布局、基础设施建设、公共服务一体化；第三，以建立健全城乡融合发展的体制机制和政策体系为导向，将使市场在资源配置中起决定性作用和更好发挥政府作用有机结合起来，矫正发展机会、发展权利过分向城市倾斜的问题，促进城乡发展权利、发展机会的均衡配置，为此破除妨碍城市产业、企业、人才和要素进入农业农村的体制机制障碍，防范市场失灵导致农民权利被边缘化的风险，并完善相关引导、激励和约束机制，实现由对"三农"发展的消极保护向积极促进转型，由主要关注城乡差距向更多关注"三农"实现有活力的成长转型。有人认为，实施乡村振兴战略，要围绕强化"人、地、钱"等要素供给，推进城乡要素自由流动、平等交换。这是重要的，但必须同促进公共资源城乡均衡配置结合起来，同强化"三农"政策的"兜底"和保基本公共服务功能结合起来，同设置必要的负面清单等矫正发展权利、发展机会向城市过度倾斜的问题结合起来。

2018 年中央一号文件围绕巩固和完善农村基本经营制度、深化农村土地制度改革、深入推进农村集体产权制度改革、完善农业支持保护制度等，做出了一系列重要决策部署。其中创新点很多，可谓亮点纷呈。如"衔接落实好第二轮土地承包到期后再延长 30 年的政策"，"在依法保护集体土地所有权和农户承包权前提下，平等保护土地经营权""系统总结农村土地征收、集体经营性建设用地入市、宅基地制度改革试点经验，逐步扩大试点"，"对利用收储农村闲置建设用地发展农村新产业新业态的，给予新增建设用地指标奖励"，"维护进城落户农民土地承包权、宅基地使用权、集体收益分配权，引导进城落户农民依法自愿有偿转让上述权益"。这些政策创新，对于推进乡村振兴都是重要的政策"利好"。当务之急是深刻领会这些政策创新的背景和动机，扎实稳健地推进其落地"生根发芽"。

有些新的制度供给和政策创新，如果关联、配套改革能够及时跟进，其后续的积极效应还会在更大空间更可持续地释放。这些新政的出台，实际上为深化关联、配套改革提出了新的课题。如 2018 年中央一号文件提出，"农村承包土地经营权可以依法向金融机构融资担保、入股从事农业产业化经营"，"推动资源变资产、资金变股金、农民变股东，探索农村集体经济新的实现形式和运行机制"。这都对完善农村产权和要素流转市场提出了更高层次的要求。比如有些地方推进承包土地经营权和农民住房财产权抵押贷款试点，探索开展大型农机具、农业生产设施抵押贷款业务。如果抵押后农户、新型农业经营主体的贷款还不了，能否把抵押资产变现直接关系到相关改革能否持续推进，这必然对推进农村产权市场和要素市场建设提出迫切要求。如果不考虑深化农村产权市场和要素市场建设，相关改革很容易"虎头蛇尾"，几年后很可能"半途而废"。

还有一些新政的出台，不仅自身"含金量"很高，其可贵之处还在于为深化后续改革打开了"缺口"，甚至"扣动"了后续连锁改革的"扳机"，可能带来的一连串积极影响更加值得关注和期待。如 2018 年中央一号文件要求，"完善农民闲置宅基地和闲置农房政策，探索宅基地所有权、资格权、使用权'三权分置'，落实宅基地集体所有权，保障宅基地农户资格权和农民房屋财产权，适度放活宅基地和农民房屋使用权"。可以预期，探索宅基地所有权、资格权、使用权"三权分置"，不仅为农村宅基地闲置和低效利用问题提供了破解之道，有利于促进农村宅基地的集约节约和高效利用，还将为吸引城市资本、人才和要素下乡参与乡村振兴提供新的路径。又比如，2018 年中央一号文件关于"深入推进农村集体产权制度改革"的诸多部署，不仅可以直接带动农村集体经济发展，对于完善乡村治理也有重要的"旁侧效应"。因为从实践经验来看，乡村集体经济实力强，往往有利于支撑乡村治理能力的改善。

当然，推进体制机制改革和政策创新，优化乡村振兴的制度性供给，还要顺应乡村振兴的实践需求和战略需要，不断进行动态充实和完善。如应按照推进农村一、二、三产业融合发展的要求，以营造有利的产业生态为重点，将深化体制机制改革的重点放在鼓励创新农村产业融合的区域合作、部门合作和部门协同监管机制，深化相关公共平台和公共服务机构运行机制的改革，培育农村土地、资本、人才等要素市场和产权流转市场，探索商会、行业协会、产业联盟等运行机制改革；推进政策实施机制的创新，促进科技创新、信息化发展与推进乡村振兴有机衔接等。

第三节 推进乡村振兴的难点和基点

一、实施乡村振兴战略的难点

（一）巩固拓展脱贫攻坚成果，同乡村振兴有效衔接

2021 年中央一号文件提出巩固拓展脱贫攻坚成果同乡村振兴有效衔接。党的十八大以来，以习近平同志为核心的党中央把脱贫攻坚摆在治国理政的突出位置，作为实现第一个百年奋斗目标的重点任务，纳入"五位一体"总体布局和"四个全面"战略布局，做出一系列重大部署和安排，全面打响脱贫攻坚战，困扰中华民族几千年的绝对贫困问题历史性地得到解决，脱贫攻坚成果举世瞩目。到 2020 年我国现行标准下农村贫困人口全部实现脱贫、贫困县全部摘帽、区域性整体贫困得到解决。"两不愁"质量水平明显提升，"三保障"突出问题彻底消除。贫困人口收入水平大幅度提高，自主脱贫能力稳步增强。贫困地区生产生活条件明显改善，经济社会发展明显加快。脱贫攻坚取得全面胜利，提前10 年实现《联合国 2030 年可持续发展议程》减贫目标，实现了全面小康路上一个都不掉队，在促进全体人民共同富裕的道路上迈出了坚实一步。完成脱贫攻坚这一伟大事业，不仅在中华民族发展史上具有重要里程碑意义，更是中国人民对人类文明和全球反贫困事业的重大贡献。

脱贫攻坚取得胜利后，全面推进乡村振兴，这是"三农"工作重心的历史性转移。应清醒看到，当前，脱贫地区、脱贫群众虽然已经实现脱贫，但有些地方发展基础仍然薄弱、自我发展能力仍然不强，巩固成果防止返贫任务仍然非常重。在这样的情况下，做好巩固拓展脱贫攻坚成果同乡村振兴有效衔接工作意义重大、任务艰巨。

如何把巩固拓展脱贫攻坚成果同乡村振兴有效衔接起来，一直是习近平总书记高度关注的问题。2019 年 4 月，在解决"两不愁三保障"突出问题座谈会上，总书记强调"四个不摘"：贫困县党政正职要保持稳定，做到摘帽不摘责任；脱贫攻坚主要政策要继续执行，做到摘帽不摘政策；扶贫工作队不能撤，做到摘帽不摘帮扶；要把防止返贫放在重要位置，做到摘帽不摘监管。2020 年 3 月，在决战决胜脱贫攻坚座谈会上，习近平总书记指出，接续推进全面脱贫与乡村振兴有效衔接，"要针对主要矛盾的变化，理清工作思路，

推动减贫战略和工作体系平稳转型，统筹纳入乡村振兴战略，建立长短结合、标本兼治的体制机制"。

当前，要确保做好脱贫攻坚与乡村振兴"接力棒"的历史性交接，必须抓住关键环节，明确重点任务，合理把握调整节奏、力度、时限，抓紧出台各项政策完善优化的具体实施办法，确保工作不留空当、政策不留空白，逐步实现由集中资源支持脱贫攻坚向全面推进乡村振兴平稳过渡。对易返贫致贫人口要加强监测，做到早发现、早干预、早帮扶。对脱贫地区产业要长期培育和支持，促进内生可持续发展。对易地扶贫搬迁群众要搞好后续扶持，多渠道促进就业，强化社会管理，促进社会融入。对脱贫县要扶上马送一程，设立过渡期，保持主要帮扶政策总体稳定。要坚持和完善驻村第一书记和工作队、东西部协作、对口支援、社会帮扶等制度，并根据形势和任务变化进行完善。压紧压实巩固脱贫攻坚成果责任，坚决守住不发生规模性返贫的底线。

（二）创新乡村人才引进和开发利用机制，强化乡村振兴的人才支撑

实施乡村振兴战略，关键靠人。要调动一切积极因素，广聚天下人才而用之，这是毫无疑问的；但完善人才引进和开发利用机制更为关键，实施乡村振兴战略，很大程度上旨在解决当前突出的工农城乡发展失衡和"三农"发展不充分问题。但工农城乡发展失衡和"三农"发展不充分，往往导致广聚天下人才、优化乡村人才引进和开发利用机制的难度迅速增加，导致人才支撑不足成为实施乡村振兴战略面临的瓶颈。因此，创新乡村人力资本引进和开发利用机制，强化乡村振兴的人才支撑，也是实施乡村振兴战略的难点之一。

习近平总书记在党的十九大报告要求："培养造就一支懂农业、爱农村、爱农民的'三农'工作队伍"；"加快建设人才强国，……努力形成人人渴望成才、人人努力成才、人人皆可成才、人人尽展其才的良好局面，让各类人才的创造活力竞相迸发、聪明才智充分涌流"。这些论述对于强化乡村振兴的人才支撑富有启发价值和指导意义。要在坚持农民主体地位的同时，高度重视农民视野、理念、实力、人脉、资源动员能力的局限性及其对农民在乡村振兴中发挥主体作用的制约，将提升农民素质和精神风貌、增加农民发展机会和促进农民致富创业有机结合起来，引导农民在推进乡村振兴的过程中增强参与乡村振兴的能力，促进农民全面发展，为更好地坚持农民主体地位创造条件。要结合鼓励农民工返乡创业，优先支持青年农民工在创新乡村振兴人才保障机制方面发挥先锋作用，探索发挥农民主体作用的新路径。

要结合实施乡村振兴战略，在以下方面"三管齐下"，打通人才振兴与乡村振兴的良性循环。第一，实施农民素质优先提升工程，并将其作为坚持农业农村优先发展的重要抓手，促进新型职业农民的培训和成长。第二，将加强农村专业人才队伍建设与鼓励科技人

才发挥支撑作用有机结合起来，鼓励涉农职业经理人、经纪人、能工巧匠和其他专业人才在推进乡村振兴过程中各展其长、竞争合作。结合推进乡村振兴的组织创新，实施乡村振兴带头人成长提升工程，引导鼓励各类乡土人才脱颖而出，转型发展为涉农新型经营主体、新型服务主体，鼓励科技人员向富有创新能力的涉农企业家或科技经纪人转型，增强其对农户参与乡村振兴的辐射带动作用。第三，统筹推进事业引人、感情引人、文化引人、环境引人，结合提升乡村精神、乡村价值和乡村文化，广纳社会人才和社会资本到农业农村创新创业，或吸引在智、技、德、官、富等方面各具优势的新乡贤或志愿者为乡村振兴出谋出力。要结合引导鼓励企业、行业、社会组织推进城乡对口帮扶，完善激励、约束机制，吸引城市各类人才甚至城市居民参与和带动乡村振兴。要结合创新体制机制，将创新本土人才开发利用和提升机制、优化创新创业人才的发展环境和疏通城市人才、高级生产要素下乡通道有机结合起来，鼓励外来人才更好地发挥对乡土人才成长的引领带动作用。要注意鼓励探索人才跨界任职，培育人才融合带动产业融合新格局。近年来，推进农村一、二、三产业融合发展，日益引起各级政府、各类涉农经营主体的重视，导致对人才跨界融合的需求迅速凸显，也在一定程度上对反对"外行领导内行"的传统人才观提出了挑战。

此外，要注意利用新乡贤的乡土情怀、"三农"情结，通过以情感人、文化留人、激励提能等多种方式，鼓励以官、富、文、德为不同特色的新乡贤各展其长、优势互补，在乡村振兴中建功立业，成为乡村振兴的引领者、贡献者或参与者，带动乡村共商共建共治共享水平的提升。要注意引导各类新乡贤在完善乡村治理中发挥独特作用，带动创新村规民约，提升其在完善乡村治理中的独特作用。要通过创新制度和激励机制，鼓励和吸引退休专业技术人员、退休官员、退休企业家参与乡村振兴，激励其在推进农村创新创业和乡村振兴中增强带动功能，成为推进农村创新创业导师或产业兴旺的带头人。也可鼓励其利用自身智力、人脉与社会资本，成为各具特色的乡村振兴"策划师""工程师""组织员""宣传员"。在具备条件的地方，鼓励部分新乡贤进入基层党支部、村委会，成为增强农村基层组织特别是基层党组织战斗堡垒作用的"兴奋剂"或"助推器"。

（三）开拓投融资渠道，强化乡村振兴的投入保障机制

当前突出的工农城乡发展失衡和"三农"发展不充分问题，在很大程度上反映了投入保障不足对"三农"发展的制约，也加剧了推进乡村振兴过程中拓展投融资渠道和强化投入保障机制的难度。在许多地方，推进乡村从衰败向振兴的转变，必须突破投入上的"临界最小努力"。因此，开拓投融资渠道、强化乡村振兴的投入保障机制，是实施乡村振兴战略的又一大难点。

开拓投融资渠道、强化乡村振兴的投入保障机制，当前鼓励以银行为重点的正规金融创新是必要的，但仅有这些方面还是远远不够的。通过创新制度，推进农村金融联结，将正规金融的资金优势和非正规金融的信息优势、契约执行优势有机结合起来，可以更好地适应农村金融市场的内生机制和微观结构，创新和增加农村金融服务供给。农村金融联结在许多南亚、东南亚国家已经取得了较大成功，甚至在美国、日本等发达国家也较为普及，应加强引导和支持。

近年来，中国农村金融政策和实践创新不断展开，但与推进乡村振兴的实际需求相比，农村金融服务供给不足的问题仍然比较突出。这方面的原因固然很多，如有农业农村金融供求特点方面的因素，但在作为农村金融需求侧的农户、农村经营主体和作为农村金融供给侧的农村正规金融机构之间，甚至在面向"三农"需求的农村金融研究者和农村金融机构、农村金融供给研究者之间，沟通对话和换位思考机制不畅，双方不在一个话语体系和对话平台的问题或多或少地存在。这在相当程度上制约了农村金融、乡村振兴融资机制和金融政策的创新。要鼓励各地各部门结合自身特点，探索这些问题的破解之道。

在实施乡村振兴战略的过程中，开拓投融资渠道，除鼓励健全适合农业农村金融特点的金融体系外，还应高度重视以下四个方面的问题。一是鼓励国家开发银行、中国农业发展银行科学把握在乡村振兴中的职能定位，推动相关部门创新对国家开发银行、中国农业发展银行的考核机制，鼓励和支持国家开发银行、中国农业发展银行在参与乡村振兴的过程中更好地深化金融创新、优化金融服务供给，尤其是加大对乡村振兴的中长期信贷支持。二是鼓励不同类型的金融机构顺应农村金融需求分层发展、分类发展和不断增长的规模化需求，实现分层、分类和协同合作发展。三是鼓励将推进金融创新与完善产权制度和要素市场化配置结合起来，与推进多层次资本市场、期权期货市场、保险市场建设结合起来，与创新农村金融差异化监管体系结合起来。四是将创新乡村振兴的投入保障机制与完善工商资本、社会投入参与乡村振兴的激励约束或监管机制结合起来。

二、基点：加强和改善党对"三农"工作的领导

习近平总书记在党的十九大报告中提出，"党政军民学，东西南北中，党是领导一切的"，要"坚持党对一切工作的领导"。2021年中央一号文件专门用第五大部分五条内容对"三农"工作的领导进行了决策部署。文件指出，"十四五"时期，是乘势而上开启全面建设社会主义现代化国家新征程、向第二个百年奋斗目标进军的第一个五年。民族要复兴，乡村必振兴。党中央认为，新发展阶段"三农"工作依然极端重要，须臾不可放松，务必抓紧抓实。要坚持把解决好"三农"问题作为全党工作重中之重，把全面推进乡村振兴作为实现中华民族伟大复兴的一项重大任务，举全党全社会之力加快农业农村现代化，

让广大农民过上更加美好的生活。文件确定，把乡村建设摆在社会主义现代化建设的重要位置，全面推进乡村产业、人才、文化、生态、组织振兴，充分发挥农业产品供给、生态屏障、文化传承等功能，走中国特色社会主义乡村振兴道路，加快农业农村现代化，加快形成工农互促、城乡互补、协调发展、共同繁荣的新型工农城乡关系，促进农业高质高效、乡村宜居宜业、农民富裕富足。

第八章 乡村振兴战略的政策支持及实施步骤

第一节 乡村振兴战略的政策支持

乡村振兴战略的政策支持主要包括户籍制度改革政策、乡村振兴人才支撑政策、乡村振兴用地保障政策、多元投入保障政策以及金融支农政策等。

一、户籍制度改革政策

（一）健全落户制度

鼓励各地进一步放宽落户条件，除极少数超大城市外，允许农业转移人口在就业地落户，优先解决农村学生升学和参军进入城镇的人口、在城镇就业居住 5 年以上和举家迁徙的农业转移人口以及新生代农民工落户问题。区分超大城市和特大城市主城区、郊区、新区等区域，分类制定落户政策，重点解决符合条件的普通劳动者落户问题。全面实行居住证制度，确保各地居住证申领门槛不高于国家标准、享受的各项基本公共服务和办事便利不低于国家标准，推进居住证制度覆盖全部未落户城镇常住人口。

（二）保障享有权益

不断扩大城镇基本公共服务覆盖面，保障符合条件的未落户农民工在流入地平等享受城镇基本公共服务。通过多种方式增加学位供给，保障农民工随迁子女以流入地公办学校为主接受义务教育，以普惠性幼儿园为主接受学前教育。完善就业失业登记管理制度，面向农业转移人口全面提供政府补贴职业技能培训服务。将农业转移人口纳入社区卫生和计划生育服务体系，提供基本医疗卫生服务。把进城落户农民完全纳入城镇社会保障体系，在农村参加的养老保险和医疗保险规范接入城镇社会保障体系，做好基本医疗保险关系转移接续和异地就医结算工作。把进城落户农民完全纳入城镇住房保障体系，对符合条件的采取多种方式满足基本住房需求。

（三）完善激励机制

维护进城落户农民土地承包权、宅基地使用权、集体收益分配权，引导进城落户农民依法自愿有偿转让上述权益。加快户籍变动与农村"三权"脱钩，不得以退出"三权"作为农民进城落户的条件，促使有条件的农业转移人口放心落户城镇。落实支持农业转移人口市民化财政政策，以及城镇建设用地增加规模与吸纳农业转移人口落户数量挂钩政策，健全由政府、企业、个人共同参与的市民化成本分担机制。

二、乡村振兴人才支撑政策

实行更加积极、更加开放、更加有效的人才政策，推动乡村人才振兴，让各类人才在乡村大施所能、大展才华、大显身手。

（一）培育新型职业农民

全面建立职业农民制度，培养新一代爱农业、懂技术、善经营的新型职业农民，优化农业从业者结构。实施新型职业农民培育工程，支持新型职业农民通过弹性学制参加中高等农业职业教育。创新培训组织形式，探索田间课堂、网络教室等培训方式，支持农民专业合作社、专业技术协会、龙头企业等主体承担培训。鼓励各地开展职业农民职称评定试点。引导符合条件的新型职业农民参加城镇职工养老、医疗等社会保障制度。

（二）加强农村专业人才队伍建设

加大"三农"领域实用专业人才培育力度，提高农村专业人才服务保障能力。加强农技推广人才队伍建设，探索公益性和经营性农技推广融合发展机制，允许农技人员通过提供增值服务合理取酬，全面实施农技推广服务特聘计划。加强涉农院校和学科专业建设，大力培育农业科技、科普人才，深入实施农业科研杰出人才计划和杰出青年农业科学家项目，深化农业系列职称制度改革。

（三）鼓励社会人才投身乡村建设

建立健全激励机制，研究制定完善相关政策措施和管理办法，鼓励社会人才投身乡村建设。以乡情乡愁为纽带，引导和支持企业家、党政干部、专家学者、医生教师、规划师、建筑师、律师、技能人才等，通过下乡担任志愿者、投资兴业、行医办学、捐资捐物、法律服务等方式服务乡村振兴事业，允许符合要求的公职人员回乡任职。落实和完善融资贷款、配套设施建设补助、税费减免等扶持政策，引导工商资本积极投入乡村振兴事业。继续实施"三区"(边远贫困地区、边疆民族地区和革命老区)人才支持计划,深入推进大学生村官工作,因地制宜实施"三支一扶"、高校毕业生基层成长等计划,开展乡村振兴"巾帼行动"、青春建功行动。建立城乡、区域、校地之间人才培养合作与交流机制。全面建立城市医生教师、科技文化人员等定期服务乡村机制。

三、乡村振兴用地保障政策

完善农村土地利用管理政策体系,盘活存量,用好流量,辅以增量,激活农村土地资源资产,保障乡村振兴用地需求。

(一)健全农村土地管理制度

总结农村土地征收、集体经营性建设用地入市、宅基地制度改革试点经验,逐步扩大试点,加快土地管理法修改。探索具体用地项目公共利益认定机制,完善征地补偿标准,建立被征地农民长远生计的多元保障机制。建立健全依法公平取得、节约集约使用、自愿有偿退出的宅基地管理制度。在符合规划和用途管制前提下,赋予农村集体经营性建设用地出让、租赁、入股权能,明确入市范围和途径。建立集体经营性建设用地增值收益分配机制。

(二)完善农村新增用地保障机制

统筹农业农村各项土地利用活动,乡镇土地利用总体规划可以预留一定比例的规划建设用地指标,用于农业农村发展。根据规划确定的用地结构和布局,年度土地利用计划分配中可安排一定比例新增建设用地指标专项支持农业农村发展。对于农业生产过程中所需各类生产设施和附属设施用地,以及由于农业规模经营必须兴建的配套设施,在不占用永久基本农田的前提下,纳入设施农用地管理,实行县级备案。鼓励农业生产与村庄建设用地复合利用,发展农村新产业新业态,拓展土地使用功能。

(三)盘活农村存量建设用地

完善农民闲置宅基地和闲置农房政策,探索宅基地所有权、资格权、使用权"三权分置",落实宅基地集体所有权,保障宅基地农户资格权和农民房屋财产权,适度放活宅基地和农民房屋使用权,不得违规违法买卖宅基地,严格实行土地用途管制,严格禁止下乡利用农村宅基地建设别墅大院和私人会馆。在符合土地利用总体规划前提下,允许县级政府通过村土地利用规划调整优化村庄用地布局,有效利用农村零星分散的存量建设用地,对利用收储农村闲置建设用地发展农村新产业新业态的,给予新增建设用地指标奖励。

四、多元投入保障政策

健全投入保障制度，完善政府投资体制，充分激发社会投资的动力和活力，加快形成财政优先保障、社会积极参与的多元投入格局。

（一）继续坚持财政优先保障

建立健全实施乡村振兴战略财政投入保障制度，明确和强化各级政府"三农"投入责任，公共财政更大力度向"三农"倾斜，确保财政投入与乡村振兴目标任务相适应。规范地方政府举债融资行为，支持地方政府发行一般债券用于支持乡村振兴领域公益性项目，鼓励地方政府试点发行项目融资和收益自平衡的专项债券，支持符合条件、有一定收益的乡村公益性建设项目。加大政府投资对农业绿色生产、可持续发展、农村人居环境、基本公共服务等重点领域和薄弱环节支持力度，充分发挥投资对优化供给结构的关键性作用。充分发挥规划的引领作用，推进行业内资金整合与行业间资金统筹相互衔接配合，加快建立涉农资金统筹整合长效机制。强化支农资金监督管理，提高财政支农资金使用效益。

（二）提高土地出让收益用于农业农村比例

开拓投融资渠道，健全乡村振兴投入保障制度，为实施乡村振兴战略提供稳定可靠资金来源，坚持取之于地，主要用之于农的原则，制定调整完善土地出让收入使用范围、提高农业农村投入比例的政策性意见，所筹集资金用于支持实施乡村振兴战略：改进耕地占补平衡管理办法，建立高标准农田建设等新增耕地指标和城乡建设用地增减挂钩节余指标跨省域调剂机制，将所得收益通过支出预算全部用于巩固脱贫攻坚成果和支持实施乡村振兴战略。

（三）引导和撬动社会资本投向农村

优化乡村营商环境，加大农村基础设施和公用事业领域开放力度，吸引社会资本参与乡村振兴。规范有序盘活农业农村基础设施存量资产，回收资金主要用于补短板项目建设。继续深化"放管服"改革，鼓励工商资本投入农业农村，为乡村振兴提供综合性解决方案。鼓励利用外资开展现代农业、产业融合、生态修复、人居环境整治和农村基础设施等建设。推广一事一议、以奖代补等方式，鼓励农民对直接受益的乡村基础设施建设投工投劳，让农民更多参与建设管护。

五、金融支农政策

健全适合农业农村特点的农村金融体系，把更多金融资源配置到农村经济社会发展的重点领域和薄弱环节，更好满足乡村振兴多样化金融需求。

（一）健全金融支农组织体系

发展乡村普惠金融。深入推进银行业金融机构专业化体制机制建设，形成多样化农村金融服务主体。指导大型商业银行立足普惠金融事业部等专营机制建设，完善专业化的"三农"金融服务供给机制。完善中国农业银行、中国邮政储蓄银行"三农"金融事业部运营体系，明确国家开发银行、中国农业发展银行在乡村振兴中的职责定位，加大对乡村振兴信贷支持。支持中小型银行优化网点渠道建设，下沉服务重心。推动农村信用社省联社改革，保持农村信用社县域法人地位和数量总体稳定，完善村镇银行准入条件。引导农民合作金融健康有序发展。鼓励证券、保险、担保、基金、期货、租赁、信托等金融资源聚焦服务乡村振兴。

（二）创新金融支农产品和服务

加快农村金融产品和服务方式创新，持续深入推进农村支付环境建设，全面激活农村金融服务链条。稳妥有序推进农村承包土地经营权、农民住房财产权、集体经营性建设用地使用权抵押贷款试点。探索县级土地储备公司参与农村承包土地经营权和农民住房财产权"两权"抵押试点工作。充分发挥全国信用信息共享平台和金融信用信息基础数据库的作用，探索开发新型信用类金融支农产品和服务。结合农村集体产权制度改革，探索利用量化的农村集体资产股权的融资方式。提高直接融资比重，支持农业企业依托多层次资本市场发展壮大。创新服务模式，引导持牌金融机构通过互联网和移动终端提供普惠金融服务，促进金融科技与农村金融规范发展。

（三）完善金融支农激励政策

继续通过奖励、补贴、税收优惠等政策工具支持"三农"金融服务。抓紧出台金融服务乡村振兴的指导意见。发挥再贷款、再贴现等货币政策工具的引导作用，将乡村振兴作为信贷政策结构性调整的重要方向。落实县域金融机构涉农贷款增量奖励政策，完善涉农贴息贷款政策，降低农户和新型农业经营主体的融资成本。健全农村金融风险缓释机制，加快完善"三农"融资担保体系。充分发挥好国家融资担保基金的作用，强化担保融资增信功能，引导更多金融资源支持乡村振兴。制定金融机构服务乡村振兴考核评估办法。改进农村金融差异化监管体系，合理确定金融机构发起设立和业务拓展的准入门槛。守住不发生系统性金融风险底线，强化地方政府金融风险防范处置责任。

第二节　乡村振兴战略的实施步骤

实行中央统筹、省负总责、市县抓落实的乡村振兴工作机制，坚持党的领导，更好履行各级政府职责，凝聚全社会力量，扎实有序推进乡村振兴。

一、加强组织领导

坚持党总揽全局、协调各方，强化党组织的领导核心作用，提高领导能力和水平，为实现乡村振兴提供坚强保证。

（一）落实各方责任

强化地方各级党委和政府在实施乡村振兴战略中的主体责任，推动各级干部主动担当作为。坚持工业农业一起抓、城市农村一起抓，把农业农村优先发展原则体现到各个方面。坚持乡村振兴重大事项、重要问题、重要工作由党组织讨论决定的机制，落实党政一把手是第一责任人、五级书记抓乡村振兴的工作要求。县委书记要当好乡村振兴"一线总指挥"，下大力气抓好"三农"工作。各地区要依照国家规划科学编制乡村振兴地方规划或方案，科学制定配套政策和配置公共资源，明确目标任务，细化实化政策措施，增强可操作性。各部门要各司其职、密切配合，抓紧制定专项规划或指导意见，细化落实并指导地方完成国家规划提出的主要目标任务。建立健全规划实施和工作推进机制，加强政策衔接和工作协调。培养造就一支懂农业、爱农村、爱农民的"三农"工作队伍，带领群众投身乡村振兴伟大事业。

（二）强化法治保障

各级党委和政府要善于运用法治思维和法治方式推进乡村振兴工作，严格执行现行涉农法律法规，在规划编制、项目安排、资金使用、监督管理等方面，提高规范化、制度化、法治化水平。完善乡村振兴法律法规和标准体系，充分发挥立法在乡村振兴中的保障和推动作用。推动各类组织和个人依法依规实施和参与乡村振兴。加强基层执法队伍建设，强化市场监管，规范乡村市场秩序，有效促进社会公平正义，维护人民群众合法权益。

（三）动员社会参与

搭建社会参与平台，加强组织动员，构建政府、市场、社会协同推进的乡村振兴参与机制。创新宣传形式,广泛宣传乡村振兴相关政策和生动实践,营造良好社会氛围。发挥工会、共青团、妇联、科协、残联等群团组织的优势和力量,发挥各民主党派、工商联、无党派人士等积极作用,凝聚乡村振兴强大合力。建立乡村振兴专家决策咨询制度,组织智库加强理论研究。促进乡村振兴国际交流合作,讲好乡村振兴的中国故事,为世界贡献中国智慧和中国方案。

(四)开展评估考核

加强乡村振兴战略规划实施考核监督和激励约束。将规划实施成效纳入地方各级党委和政府及有关部门的年度绩效考评内容,考核结果作为有关领导干部年度考核、选拔任用的重要依据,确保完成各项目标任务。本规划确定的约束性指标以及重大工程、重大项目、重大政策和重要改革任务,要明确责任主体和进度要求,确保质量和效果。加强乡村统计工作,因地制宜建立客观反映乡村振兴进展的指标和统计体系。建立规划实施督促检查机制,适时开展规划中期评估和总结评估。

二、有序实现乡村振兴

充分认识乡村振兴任务的长期性、艰巨性,保持历史耐心,避免超越发展阶段,统筹谋划,典型带动,有序推进,不搞齐步走。

(一)准确聚焦阶段任务

在全面建成小康社会决胜期,重点抓好防范化解重大风险、精准脱贫、污染防治三大攻坚战,加快补齐农业现代化短腿和乡村建设短板。在开启全面建设社会主义现代化国家新征程时期,重点加快城乡融合发展制度设计和政策创新,推动城乡公共资源均衡配置和基本公共服务均等化,推进乡村治理体系和治理能力现代化,全面提升农民精神风貌,为乡村振兴这盘大棋布好局。

(二)科学把握节奏力度

合理设定阶段性目标任务和工作重点,分步实施,形成统筹推进的工作机制。加强主体、资源、政策和城乡协同发力,避免代替农民选择,引导农民摒弃"等靠要"思想,激发农村各类主体活力,激活乡村振兴内生动力,形成系统高效的运行机制。立足当前发展阶段,科学评估财政承受能力、集体经济实力和社会资本动力,依法合规谋划乡村振兴筹资渠道,避免负债搞建设,防止刮风搞运动,合理确定乡村基础设施、公共产品、制度保障等供给水平,形成可持续发展的长效机制。

（三）梯次推进乡村振兴

科学把握我国乡村区域差异，尊重并发挥基层首创精神，发掘和总结典型经验，推动不同地区、不同发展阶段的乡村有序实现农业农村现代化。发挥引领区示范作用，东部沿海发达地区、人口净流入城市的郊区、集体经济实力强以及其他具备条件的乡村，到2022年率先基本实现农业农村现代化。推动重点区加速发展，中小城市和小城镇周边以及广大平原、丘陵地区的乡村，涵盖我国大部分村庄，是乡村振兴的主战场，到2035年基本实现农业农村现代化。聚焦攻坚区精准发力，革命老区、民族地区、边疆地区、集中连片特困地区的乡村，到2050年如期实现农业农村现代化。

第三节　促进农村一、二、三产业融合发展增加农民收入

一、农村产业融合主要模式及其对农民增收的影响

实践证明，推进农村产业融合是当前促进农民增收的"金钥匙"，也是培育农民增收能力的战略工程。农村产业融合通过促进农业延伸产业链、打造供应链、提升价值链，为发挥新型农业经营主体、新型农业服务主体对农民增收的带动作用提供了更高的平台，为拓展工商企业、社会资本带动农民增收的渠道提供了更多的机会，也为优质资源和创新要素进入农业，增强农业的创新能力提供了通道；为发挥新型城镇化对新农村建设的带动作用，拓展农业功能和促进农业与中高端市场、特色细分市场对接提供了更多的接口。

（一）农业产业链向后延伸型融合模式

以农业为基础，向农业产后加工、流通、餐饮、旅游等环节延伸，实现农业接二连三，带动农产品多次增值和产业链、价值链升级，多表现为专业大户、家庭农场、农民合作社等本土根植型的新型农业经营主体发展农产品本地化加工、流通、餐饮和旅游等，对农民增收和周边农户参与农村产业融合的示范带动作用较为直接，农民主体地位较易得到体现，与此相关的农村产业融合项目往往比较容易"接地气"，容易带动农户增强参与农村产业融合发展的能力；但推进农村产业融合的理念创新和实际进展往往较慢，产业链、价值链升级面临的制约因素往往较多。农户发展农产品产地初加工、建设产地直销店和农家乐等乡村旅游也属此类。部分农产品加工企业建设农产品市场、发展农产品物流和流通销售；部分农户和新型农业经营主体推进种养加结合、发展循环经济，引发农业产业链、

价值链重组，也属农业产业链向后延伸型融合模式。

（二）农业产业链向前延伸型融合模式

依托农产品加工或流通企业，加强标准化农产品原料基地建设；或推进农产品流通企业发展农产品产地加工、农产品标准化种植，借此加强农产品、食品安全治理，强化农产品原料供应的数量、质量保障，增强农产品原料供给的及时性和稳定性。部分超市或大型零售商结合农业产业链向前延伸型融合，培育农产品自有品牌，创新商业模式，发展体验经济，还可以利用其资金和营销网络优势，更好地发现、凝聚、引导甚至激发消费需求，促进农业价值链升级，推动农业发展更好地实现由生产导向向消费导向的转变。农业产业链向前延伸型融合，多以外来型的龙头企业或工商资本为依托，往往有利于创新农村产业融合的理念，更好地对接消费需求，特别是中高端市场和特色、细分市场，促进产业链、价值链升级；也有利于对接资本市场、要素市场和产权市场，吸引资金、技术、人才、文化等创新要素参与农村产业融合，加快农村产业融合的进程。但在此模式下，容易形成龙头企业、工商资本主导农村产业融合的格局，导致农民日益丧失对农村产业融合的主导权和利益分享权，陷入农村产业融合利益分配的边缘地位。在此模式下，也容易形成农民对农村产业融合参与能力不适应的问题。因此，强化同农户的利益联结机制，增强龙头企业、工商资本对农民增收的带动能力，鼓励其引导农户在参与农村产业融合的过程中增强参与农村产业融合的能力，都是极其重要的。日本政府在推进农村"六次产业化"的过程中，更多地鼓励农业向后延伸，内生发育出农产品加工、流通业和休闲农业、乡村旅游，防止工商资本通过前向整合兼并、吞噬农业，防止农民对工商资本形成依附关系，这是一个重要原因。

（三）集聚集群型融合模式

依托农业产业化集群、现代农业园区或农产品加工、流通、服务企业集聚区，以农业产业化龙头企业或农业产业链核心企业为主导，以优势、特色农产品种养（示范）基地（产业带）为支撑，形成农业与农村第二、第三产业高度分工、空间叠合、网络链接、有机融合的发展格局，往往集约化程度高、经济效益好、对区域性农产品原料基地建设和农民群体性增收的辐射带动作用较为显著。农村一、二、三产业集聚集群型融合能否取得竞争优势，很大程度上取决于产业集群专业化、集中化、网络化、地域化特征的发育程度。许多地方发展一村一品、一乡（县）一业，部分地区建设特色小镇，也属此种模式。

（四）农业农村功能拓展型融合模式

通过发展休闲农业和乡村旅游等途径，激活农业农村的生活和生态功能，丰富农业农村的环保、科技、教育、文化、体验等内涵，转型提升农业的生产功能，通过创新农业或农产品供给，增强农业适应需求、引导需求、创造需求的能力，拓展农业的增值空间；甚至用经营文化、经营社区的理念，打造乡村旅游景点，培育特色化、个性化、体验化、品牌化或高端化的休闲农业和乡村旅游品牌，促进农业农村创新供给与城镇化新增需求有效对接。近年来，许多地方蓬勃发展的特色小镇和农家乐旅游当属此种模式。如浙江省部分村镇综合开发利用自然生态和田园景观、民俗风情文化、村居民舍甚至农业等特质资源，发展集农业观光、休闲度假、商务会谈、科普教育、健身养心、文化体验于一体的农家乐休闲旅游，形成类似薰衣草主题花园、佛堂开心谷、农业奇幻乐园等旅游产品。许多地方推进"桃树经济"向"桃花经济"的转变，发展"油菜花"等"花海"经济。近年来，北京市大力发展"沟域经济"，促进农民增收效果显著，也是这种模式的成功范例。许多山区、贫困地区长期以来经济发展缓慢，但生态环境优良，发展休闲农业和乡村旅游，促进了其生态资源向生态资产的转换，有效带动了农民增收，加速了精准脱贫的进程。

农业农村功能拓展型融合带动农民增收效果，在很大程度上取决于理念创新的程度和服务品质。单靠农民自身推进农业农村功能拓展型融合，往往面临观念保守、理念落后等制约，农户之间竞争有余、合作不足，也会影响区域品牌的打造和效益的提升。工商资本、龙头企业的介入，有利于克服这方面的局限，但防范农民权益边缘化的重要性和紧迫性也会凸显出来。根据我们2016年8月对山东潍坊市的调研，全市农业农村功能拓展型融合基本呈现三种模式：一是在城市周边或名胜景区，面向市民多样化消费需求，以大型设施农业为基础，以奇、特、新、高（档）农产品生产为主，融合休闲、观光、度假、教育、体验等功能，建设休闲农业园区、农业主题公园或现代农业新业态，形成以农业"玩乐"功能带动"吃喝"功能的农村产业融合模式；二是依托依山傍水的自然生态景观或历史文化浓郁的人文景观，推进农业生产、生活、生态功能融合互动发展，发展生态休闲游、民俗风情游、历史文化游、农业景观游等休闲农庄或农家乐旅游；三是依托区域农业主导产业或优势特色产业的规模优势、品牌优势，发展休闲农业，丰富农业的创意、文化、体验等功能。

（五）服务业引领支撑型融合模式

通过推进农业分工协作、加强政府购买公共服务、支持发展市场化的农业生产性服务组织等方式，引导农业服务外包，推动农业生产性服务业由重点领域、关键环节向覆盖全程、链接高效的农业生产性服务业网络转型；顺应专业大户、家庭农场、农民合作社等新型农业经营主体发展的需求，引导农业生产性服务业由主要面向小规模农户转向更多面向专业化、规模化、集约化的新型农业经营主体转型；引导工商资本投资发展农业生产性服务业，鼓励农资企业、农产品生产和加工企业向农业服务企业甚至农业产业链综合服务商转型，形成农业、农产品加工业与农业生产性服务业融合发展新格局，增强在现代农业产业体系建设和农业产业链运行中的引领支撑作用。农业生产性服务业引领支撑型融合有利于解决"谁来种地""如何种地"等问题，促进农业节本增效升级和降低风险，带动农民增收。许多地方通过发展农业会展经济和节庆活动，带动农产品销售和品牌营销，推进农业供给与城市消费有效对接，促进农民增收，也属服务业引领支撑型融合。

（六）"互联网+农业"或"农业+互联网"型融合模式

此种融合从本质上也属于服务业引领支撑型融合，但为突出"互联网+""+互联网"对推进农村产业融合的重要性，可将其单列。依托互联网或信息化技术，建设平台型企业，发展涉农平台型经济；或通过农产品电子商务，形成线上带动线下、线下支撑线上、电子商务带动实体经济的农村一、二、三产业融合发展模式，拓展农产品或农加工品的市场销售空间，提升农产品或农业投入品的品牌效应和农业产业链的附加值。许多地区在发展设施农业和高端、品牌、特色农业的过程中，越来越重视这种方式。有些地区还结合优势、特色农产品产业带建设，加强同电子商务等平台合作，形成电子商务平台或"互联网+"带动优势特色农产品基地的发展格局。如安徽省芜湖市依托三只松鼠等20余家农业电子商务骨干企业，带动"果仓王国"等新兴农产品电商企业快速发展，推动了农产品线上销售的快速增加。潍坊市是全国农产品电子商务发展的先行者，近年来全市着力加强电子商务企业孵化基地建设，打造"中国农产品电子商务之都"，已形成企业独立投资、建设和发展，企业投资、政府部门配合，小微企业和个人网店3种运营模式，通过电商平台建立的农产品销售网店已近万家。

推进"互联网+农业"或"农业+互联网"型融合，有利于创新农业发展理念、业态和商业模式，促进农业产业链技术创新及其与信息化的整合集成，发挥互联网对农业延伸产业链、打造供应链、提升价值链的乘数效应；也有利于更好地适应、引导和创造农业中高端需求，拓展农业市场空间，提升其价值增值能力，促进农民增收。但此种模式对参与者的素质要求较高，农产品物流等配套服务体系发展对其效益的影响较大，增强创新能力、规避同质竞争的重要性和紧迫性也日趋突出。此种模式能否有效带动农民增收，在很大程度上取决于平台型企业或者农产品电商能否同农户形成有效的利益联结。

以上模式主要是根据农村产业融合发展中第一、第二、第三产业的相对地位和组合方式划分的，现实中的农村产业融合发展模式，有的还程度不同地带有上述部分模式结合的性质。

二、农村产业融合主要组织形式及其带动农民增收效果

推进农村产业融合，组织是载体和依托。实践表明，越是推进农村产业融合做得好、带动农民增收效果显著的地方，农村产业融合的组织载体往往越具竞争力，同农户的利益联结机制越有效，在现实中，推进农村产业融合的主要组织形式可分为两类，即单一型组织和复合型组织。

（一）单一型组织及其对农民增收的影响

参与农村产业融合的单一型组织大致有普通农户、专业大户和家庭农场、农民合作社、农业产业化龙头企业、非农企业和工商资本、平台型企业六类。

1. 普通农户

在许多地方，农户是农村产业融合的重要参与者和受益者。从事农村产业融合活动，对相关农户增加收入的带动作用最为直接，但农户往往也是农村产业融合经营风险的直接承受者。在此背景下，参与农村产业融合对农民增收的影响，很大程度上取决于农户特别是其主要决策者的经营理念、营销和市场开拓能力、资源动员和要素组织能力（以下合称"决策者的经营能力"），甚至农户实现和其他经营主体合作共赢的能力。但就总体而言，农户经营规模小、发展理念差，往往限制了其参与农村产业融合的选择空间；农户面临的基础设施和区域环境，对其参与农村产业融合、实现增收的效果也有较大制约。农户参与农村产业融合的主要受益者为参与农户，尽管对周边农户参与农村产业融合、增加农民收入也可能产生一定的辐射带动效应，但辐射带动的范围往往较为有限。辐射带动效应的强弱，主要取决于直接参与农户与辐射带动农户之间在推进农村产业融合方面的能力梯度差。

2. 专业大户和家庭农场

专业大户和家庭农场是新型农业经营主体的重要组成部分，日益成为推进农村产业融合的重要力量。从推进农村产业融合的角度来看，可以说专业大户和家庭农场是普通农户的升级版，其介入农村产业融合的深度和广度往往明显大于普通农户，实现自身增收和辐射带动周边农户增收的能力也明显强于普通农户。在参与农村产业融合的过程中，专业大户和家庭农场面临的局限类似于普通农户，只是程度不同而已。许多专业大户是农业分工分业日趋深化的产物，如现实中的农机专业户；也有一些农业生产性服务专业大户逐步转型为家庭农场。主要决策者的理念和经营能力，在很大程度上左右着专业大户、家庭农场推进农村产业融合、带动农民增收的效果。近年来，培育新型职业农民日益受到重视，很大程度上与此相关。

3. 农民合作社

近年来农民合作社发展很快,日益成为带动农户参与农村产业融合、促进农民增收的重要力量。真正意义上的农民合作社往往本土根植性和亲和力较强,同农户或农村社区之间具有较强的地缘甚至亲缘联系,容易同农户或农村社区之间形成紧密而直接的"相互作用",带动农户参与农村产业融合、实现农民增收的效果较为显著和持续。在推进农村产业融合和发展现代农业的过程中,农机、植保等作业合作社和土地、资金等要素合作社的运行,对于缓解关键环节、重点要素供给的瓶颈,还可以发挥特殊重要的作用。但农民合作社发展到一定阶段后,合作社带头人的理念和经营能力容易成为其发展面临的瓶颈,合作社规模小、层次低、功能弱、抗风险能力不强等局限,不仅会限制其推进农村产业融合的选择空间,也容易妨碍其农村产业融合项目的提质增效升级,影响其对农户辐射带动效应的发挥。引导农民合作社走向联合、合作,借此促进功能互补、要素集聚、市场集成,日益成为推进农村产业融合的必然要求。这也有利于更好地发挥农村产业融合中企业家的带动作用。

4. 农业产业化龙头企业

许多农业产业化龙头企业是推进农村产业融合的先行者,推进农村产业融合往往具有理念新、规模大、市场拓展和资源动员能力强等优势,对农户参与农村产业融合容易形成区域性、群体性的带动力,成为区域农村产业融合的领跑者。许多龙头企业通过"公司+农户""公司+基地+农户"等方式,带动农户参与农村产业融合,并向农户提供"统一供肥""统一供种"等"几统一"服务,成为农村产业融合的积极实践者。有些龙头企业或农民合作社面向现代农业的重点领域、关键环节,创新生产性服务供给,有效发挥了在现代农业产业体系建设中"补短板"的作用。但农户规模小、分散性强的特点,往往导致龙头企业直接带动农户的交易成本较高;农户相对于龙头企业在发展理念、经济实力、市场拓展和资源动员能力方面的巨大落差,往往容易导致农户与龙头企业之间缺乏亲和力,处于对龙头企业"被动跟跑"的地位,增加带动农户参与农村产业融合的困难;甚至加剧农村产业融合过程中农户权利边缘化的困境,影响龙头企业带动农民增收的效果及其可持续性。龙头企业社会责任意识和对产业链整合能力不强,特别是同农户的利益联结机制不完善,也容易加大食品安全治理和对接中高端市场的困难,增加农户权益被侵蚀的风险。龙头企业与农户之间亲和力不强,也容易导致双方因机会主义行为形成"毁约跳单"等诚信危机。许多农产品加工、流通企业虽未取得"农业产业化龙头企业"称号,甚至当前还难说在从事农村产业融合活动,但在推进农村产业融合方面,往往不同程度地具有龙头企业的上述"潜质"。

5. 非农企业和工商资本

近年来，随着工业化、信息化、城镇化和农业现代化的推进，随着政府对农村产业融合政策支持程度的提高，非农企业和工商资本投资农村产业融合的热情迅速高涨。这些非农企业和工商资本多数经营理念较为先进，拥有人才、资本实力、市场网络等优势，但缺乏从事农业经营和投资的经验，容易出现对农业投资风险估计不足的问题。多数非农企业和工商资本缺乏同农村社区和农民的地缘、亲缘联系，本土根植性不强，在推进农村产业融合的过程中，容易产生同农户利益联结不紧密，甚至挤压农民权益的现象。有些非农企业和工商资本推进的农村产业融合活动缺乏农户参与，除通过土地流转为农户提供一定的几年不变的土地流转收入、为农民提供务工机会外，与农户基本没有利益联结。在非农企业和工商资本中，IT企业或互联网平台型企业是一支较为独特的力量，在发展有机农业、开拓农业高端市场和特色细分市场，以及拓展农产品线上销售渠道方面，往往发挥特殊作用；对于创新农村产业融合的理念也会产生重要影响。

6. 平台型企业

平台型企业通过提供实体交易场所或虚拟交易空间，整合资源和发展要素，吸引关联各方参与并组成新的经济生态系统；通过发挥服务中介和服务支持作用，集成市场，促成关联方交易和信息交换，形成核心竞争力和价值增值能力。以此为基础的平台经济往往具有双边市场性、集聚辐射性、共赢增值性和快速成长性等特点，在增强农业产业链的创新驱动能力，减少信息不对称和重构产业链、供应链、价值链，增强引导需求和创造需求的能力方面，可以发挥特殊重要的作用，是培育新产业、新业态、新模式的重要带动力量。

平台型企业通过发挥以下作用，往往成为农村产业融合提质增效升级的推进器。一是构建从餐桌到田间的产品需求信息流和标准体系，引导作为产业链、供应链参与者的生产者行为，培育消费导向的发展方式；二是有效整合科技、金融、物流、营销网络和政策资源，形成覆盖全程的要素流动和服务供给引导机制，带动优质资源和高级、专业性生产要素加快进入农业农村，整合集成城乡消费需求，增强产业链、供应链、价值链不同环节的协同性；三是推进以平台型企业为主导的产业生态治理和节本增效降险保障机制，形成覆盖全程、链接高效的产业链或价值链治理模式。一般而言，平台型企业的运行有利于延伸产业链、打造供应链、提升价值链，进而有利于农民增收。近年来，利用平台型企业的新型融合主体越来越多，但主要是家庭农场、专业大户、农民合作社、龙头企业等新型经营主体，普通农户直接利用平台型企业的难度较大。平台型企业的运行能否有效带动农民增收，一方面取决于在农户和平台型企业之间是否通过其他经营主体的参与，形成衔接有序的中间过渡带（以下简称中间参与型经营主体）；另一方面取决于在平台型企业、中间参与型经营主体、农户之间能否形成有效的利益联结机制，保证产业链增值的成果能够有效传导到普通农户。

（二）复合型组织及其对农民增收的影响

在实践中，参与农村产业融合的经营组织可谓千姿百态，异彩纷呈，但往往是由上述单一型组织通过不同的利益联结组合而成的。为叙述简便起见，我们可将其简称为复合型组织。如"公司+农户""合作社+农户""公司+合作社+农户""合作社+公司+农户"、农民专业合作社联合社，以及各具特色的行业协会、产业联盟等。这些复合型组织的产生，很大程度上正是为了实现不同类型组织的优势互补。有些复合型组织保持了相对稳定和紧密的形态，对推进农村产业融合、促进农民增收形成了日益广泛的影响。在此选择部分复合型组织进行分析。

1. 现代农业产业化联合体

最先形成于安徽省宿州市，是顺应农业发展方式转变和推进农业产业化转型升级的需求，按照分工协作、优势互补、合作共赢原则形成的以农业产业化龙头企业为核心、农民合作社为纽带、专业大户和家庭农场为支撑，不同类型新型农业经营主体链接紧密的新型农业经营主体联盟，也是农产品生产、加工、流通、服务有机融合的重要组织形式。在现代农业产业化联合体内部，龙头企业、农民合作社、专业大户或家庭农场等新型农业经营主体均保持独立经营地位，但通过签订合同协议等方式，建立权责利益联盟关系，在平等、自愿、互利基础上实行一体化经营，培育联合体层面的规模经营优势。从安徽等部分地区的实践来看，现代农业产业化联合体有利于促进农业产业链的节本增效和降低风险，也有利于提升农产品质量、加强食品安全治理和促进农民增收，带动农业价值链升级和农村产业融合发展。许多现代农业产业化联合体，需要在实践中逐步完善和规范。多数现代农业产业化联合体面临的一个突出问题是，农民合作社多为农机、病虫害统防统治等服务合作社，由于种养环节普通农户参与的合作社较少，因此带动的农户多为专业大户或家庭农场，对普通农户的带动作用较为有限，其带动农民增收的效果主要惠及专业大户、家庭农场等少数精英农户，如何让带动农民增收的效果更好地惠及广大普通农户是个突出问题。当然，已有一些现代农业产业化联合体尝试通过土地托管、为农户提供农业生产性服务或粮食银行服务等方式，带动普通农户增收。

2. 农业共营制

近年来发端于四川崇州市的农业共营制日益引起各级政府的重视。其要义是构建"土地股份合作社+农业职业经理人+农业综合服务体系"的新型农业经营体系，借此破解农业生产经营中"谁来经营""谁来种地""谁来服务"的难题，规避"地碎、人少、钱散、服务缺"对发展现代农业的制约，推进农民职业化和农业规模经营的发展。农业共营制实现了六大"有机结合"，即把培育现代农业企业家（新型职业农民）、健全农业生产性服务体系和创新发展土地股份合作制有机结合，把稳定农户土地承包权与放活土地经营权有机结合，把发展农业生产规模经营与推进农业服务规模经营有机结合，把提高土地产出率与提高资源利用率、劳动生产率有机结合，把培育新型农业经营主体与带动普通农户参与现代农业发展有机结合，把构建新型农业经营体系与营造适宜现代农业发展的产业生态有机结合起来，实现了不同利益相关者的共建共营和利益共享。农业共营制还为科技、人才、金融等高级要素与农业发展的对接提供了一个窗口。因此，实行农业共营制是推进农村产业融合、加快农业发展方式转变的重要组织和制度创新，也是促进农民增收的重要组织形式。

农业共营制虽然兼顾了社员收益和职业经理人的预期收益，其短期成功效应却有其特殊的地域适用性和推广局限性，是以成都市作为改革试验区和巨额财政补贴等特殊优越条件作为后盾的，多数地区难以效仿复制。随着主要粮食品种价格形成机制改革和农业补贴政策转型的推进，特别是当前粮价下行压力的加大，其运行的可持续性正在受到侵蚀。职业经理人连年竞聘承诺增收压力的加大，也在形成推动其"非粮化"的压力。工商资本大规模流转土地后，因经营不善退地导致农户转出的土地无人接盘，是崇州市农业共营制形成的特殊背景；农业共营制更多地适合于人多地少、适宜机械化生产且财政实力较强的平原地区，对土地股份合作制的过度扶持，容易形成对家庭农场、专业大户发展的"挤出效应"。

3."村委会+合作社+关联企业+绿色品牌创建模式"

其基本特征是充分利用本土化的组织资源网络（如村委会、合作社），并与外来关联企业（如农资供应商）合作，按照现代农业发展理念，推进农业发展方式转变和农村产业融合发展。这种组织形式的优点在于，有利于形成对农民增收的区域性、群体性带动作用，防止问题地区、困难群体成为农民增收的"落伍者"，也有利于加强食品安全治理。按照这种组织形式，促进农村产业融合和农民增收的效果，在很大程度上取决于现有行政组织系统的理念创新和资源动员、要素组织、市场拓展能力，取决于能否按照开放、包容、共进的心态加强组织之间的联合合作，借此推进农村产业融合提档升级增效。在这种组织形式下，地方行政组织大包大揽，也会妨碍新型农业经营主体、新型农业服务主体的成长发育及其对农民增收带动作用的发挥。

可见，不同类型组织对于农民增收的影响往往有很大不同，也各有其优劣势。推进农村产业融合的组织形式选择应该坚持多元化的方针，注意因地制宜、扬长避短，引导不同类型组织通过公平竞争、分工协作，形成分层发展、分类发展、优势互补、网络链接新格局。

三、促进农村产业融合增加农民收入面临的问题和制约

(一) 对推进农村产业融合 "是什么、为什么、怎么样" 存在模糊认识，容易导致目标不清、重点错位、方式不当

根据我们的调研，在许多地方，对于什么是农村产业融合、为什么要推进农村产业融合、应该怎样推进农村产业融合，地方政府和相关融合主体容易出现思想认识不到位、工作措施不到位、发展方向不清晰，甚至工作重点和推进方式选择错位的问题。有的看不到农村产业融合是农业、农村发展方式的深刻变革，只是把推进农村产业融合简单理解为一项工作任务，或作为争取财政项目资金的抓手。有的只是把推进农村产业融合作为推进农民增收的权宜之计，看不到从战略高度借此培育农民增收能力的必要性和可能性，在推进农村产业融合中期望 "速战速决"，缺少 "打持久战" 的心理准备。有的把农村一、二、三产业融合发展问题简单等同于单纯的农业问题或农产品加工、农业服务业发展问题，抑或将农村产业融合的标准化、品牌化问题，简单等同于农业标准化、品牌化问题，还有人将参与农村产业融合的经营主体简单等同于新型农业经营主体，并在政策上将各类农业服务主体和工商资本、社会资本排除在农村产业融合的大门之外，增加农村产业融合项目吸引优质资源和要素的难度。

(二) 融合主体 "小、低、弱、散、同" 现象严重，产业融合度和创新能力、竞争能力亟待提升

在区域或产业链层面推进农村产业融合的过程中，参与农村产业融合的经营主体 (以下简称融合主体) 如要发挥主导作用，形成竞争优势和对农户参与、农民增收的带动能力，必须具有一定的经营规模，并在此基础上形成较强的创新能力和竞争能力；部分层次较高的农村产业融合项目，对融合主体进入也有较高的 "门槛" 要求。但在许多地方，多数融合主体规模小、层次低、实力弱、经营分散、相互之间同质性强，科技含量低、产品或服务档次低，创新能力、竞争能力，特别是整合资源、集成要素、拓展和提升市场的能力弱，难以形成对在较大范围内农户参与农村产业融合的带动作用，如有些农产品加工企业虽想参与农村产业融合，但仍以初加工为主，产品多处于产业链前端、价值链低端，进入门槛低，被其他企业模仿复制的可能性较大。这些企业往往将主要精力放在如何通过促销、降价销售等与竞争对手竞争，如何应对成本增加对赢利能力和吸引优质人才、要素的负面影响，缺乏足够的精力谋划农村产业融合的转型提升问题。许多地方农村一、二、三产业融合程度低，甚至主要局限于外部链接，缺乏深层的融合渗透和交叉重组，与此有密

切关系。有的新型经营主体参与农村产业融合，实际上有名无实，更别谈通过融合文化、创意或休闲体验等塑造特色，培育竞争力，对接高端市场、特色市场和要素市场。此外，现实中的许多农村产业融合项目同质性强，又处于产能建设的初期，待产能达到预期目标后，容易因同质竞争导致产能过剩、竞争加剧和赢利能力明显低于预期，影响发展的可持续性。

（三）利益联结机制不健全，对参与主体特别是农户的辐射带动作用亟待提升

无论是在推进农业产业化经营，还是在推进农村产业融合中，完善利益联结机制的问题一直受到政府重视。这直接影响到带动农民增收的效果。但就总体而言，在推进农村产业融合的过程中，利益联结机制不健全的问题仍然比较突出。许多地方融合主体同农户的利益联结松散，多以订单收购、订单加价收购为主，甚至订单合同也不规范、随意性强、履约率低，融合主体与农户之间多为简单的买卖关系或契约型买卖关系。有些地方融合主体同农户之间的利益联结，只强调风险共担，不重视利益共享和共同参与；风险共担、互惠共赢的利益联结机制尚待形成，惠及全程的利益联结更为少见，通过保护价收购、利润返还、股份分红等方式惠及农户的范围更加有限。有些农村产业融合项目看起来"高大上"，但主要是融合主体"自弹自唱"，农民在其中缺乏"存在感"和"显示度"；为争取政府支持，融合主体往往把同农户之间普通的市场行为，如通过土地流转给农民带来租金收入、为周边农户提供若干平等（而非优惠的）就业机会，也作为强化同农户利益联结的重要方式，缺乏对农户长期增收的带动能力。

对农村产业融合利益联结机制的理解简单狭隘，也是一个普通问题。如为解决当前融合主体与农户之间利益联结松散的问题，鼓励二者之间建立紧密型的利益联结机制是方向，但不少人将其简单理解为利益联结越紧密越好，甚至将其简单等同于通过股份制、股份合作制吸收农户参股，导致农村产业融合的实际运行惠及农户范围有限。有的融合主体虽然通过股份制、股份合作制同农户之间形成利益联结，但形成这种利益联结主要是作为争取财政项目资金的"敲门砖"，农户在农村产业融合的运营决策和利益分配中仍然缺少话语权。

通过"保本收益+分红"方式，强化同农户利益联结的融合主体往往较少，导致农村产业融合带动农民增收的效果缺乏稳定保障。有些农村产业融合项目作为农村产业融合试点示范的支持对象，虽被要求通过股份制、股份合作制等建立同农户之间的紧密型利益联结，但从调查情况来看，待试点示范项目支持期满后能否存续，具有很大的不确定性。有些地方把引导融合主体优先优惠地向农户提供优质及时便利乃至惠及全程的服务，排斥在

完善农村产业融合的利益联结机制之外，影响融合主体带动农户增收和参与农村产业融合的选择空间。至于将完善农村产业融合的利益联结机制简单"压缩"为完善融合主体同农户的利益联结机制，更是一个普通问题，由此导致农村产业融合过程中难以形成不同利益相关者的激励相容关系、供应链不同参与者之间的战略伙伴关系，进而影响带动农户参与和农民增收的效果。

（四）对农村产业融合重点领域、关键环节的政策支持仍待加强，提高政策支持的有效性较为迫切

近年来，各级政府对推进农村产业融合的政策支持不断加大，但与推进农村产业融合、促进农民增收的要求相比，仍存在较大差距，许多地方支持力度偏小、惠及面有限。有些支持政策眉毛胡子一把抓，对重点领域、关键环节辨识不清、重视不够。如许多地方对相关公共创新和服务平台建设重视不够，制约了农村产业融合创新能力、竞争能力和对农户辐射带动能力的提升。有些地方融合主体发展很快，但对服务业规模化、标准化和品牌化支持不足，不仅影响到农村产业融合的进展，还在相当程度上制约了新型融合主体的发展及其作用的发挥。在许多农林特产品产区，近年来随着人工成本的提高，农林特产品亩均收益抵不过人工采摘费用的现象开始出现，特色农机的研发推广和服务能力薄弱成为制约相关产业链延伸型融合的短板。有些农产品优势特色产区，随着农产品种植规模的扩大，营销网络建设滞后，品牌化、标准化程度低，成为农村产业融合可持续发展面临的瓶颈，甚至因农产品"卖难"加剧农民增收的障碍。许多农村产业融合项目需要利用山、水、田、林等自然景观，水、电、路等基础设施"最后一公里"问题，导致生态、景观优势难以转化为经济优势，制约农民增收。

此外，当前许多地方农村产业融合的推进方式缺乏创新，也在相当程度上影响支持政策的有效性及其促进农民增收的效果。如有些地方习惯于按照特惠方式选择农村产业融合的支持对象，容易导致不同融合主体之间的不公平竞争。有些地方支持农村产业融合，习惯于政府"亲力亲为""事必躬亲"，对发挥行业协会、产业联盟的作用重视不够；习惯于明确政府各部门责任分工，对推进部门合作、区域合作、条块合作甚至融合主体之间的合作机制建设缺乏重视，导致政策支持的"短板"，影响农村产业融合的提档升级增效，加剧其推进标准化、品牌化和加强食品安全治理的困难。以品牌建设为例，从横向上看，不同区域、不同融合主体之间往往竞争有余，合作不足，容易导致区域之间、融合主体之间分散推进品牌化的过程，转变为相互之间打"消耗战"的过程。从纵向上看，产业链不同环节之间推进品牌化的过程往往缺乏协同行动，很容易因"木桶效应"的"短板"制约，导致"长板"环节推进品牌化的部分努力成为无效行动。在推进农村产业融合过程

中，急功近利、急于求成的行为倾向，进一步耗散各融合主体推进品牌化的成效。

（五）要素市场发育滞后，资金、土地、人才仍是推进农村产业融合的瓶颈

近年来，资金、土地、人才等要素市场建设日益引起重视，但就总体而言，资金、土地、人才等要素供给不足、流动不畅，仍是农村产业融合面临的"短板"制约。

首先是融资难、融资贵和融资环境差。如许多龙头企业实际的贷款利率明显超过基准利率，高的甚至超过50%，加大企业的融资成本。许多农村产业融合项目涉及农产品原料收购，农业生产的季节性导致农产品收购时间短、资金季节性需求量大，农产品加工、储藏阶段的资金占用压力也很大，由于收购资金少，部分企业难以及时收购农产品原料，影响与农户之间订单的兑现，甚至严重影响商机，少数企业被迫用高利贷收购农产品原料，加大资金成本。

许多融合主体使用的土地来自租地，没有土地所有权；其土地经营权、畜禽和大棚、办公用房、种养设施等地上附属建筑物不能抵押贷款。加之，银行对企业贷款多以短期为主，许多农村产业融合项目由于周期长，基建、设施投入需求量大，形成实际上的短贷长用现象，许多企业被迫借新贷还旧贷。而在新贷未到旧贷到期阶段，企业往往被迫用高息"过桥资金"周转，加大融资成本和企业负担。当前随着经济下行压力的加大，银行对企业"惜贷、拒贷甚至抽贷"现象增加，还可能导致融合主体的融资难成为"难上难"，有的甚至因资金链、担保链断裂而遭遇破产。此外，现代服务业往往是农村产业融合项目的重要组成部分，但往往缺少固定资产作为抵押、担保品。况且，许多农村产业融合项目兼具高收益和高风险的特点，往往须经历较长的市场培育期，才能进入自我可持续发展阶段。因此，相对于常规的农业或农产品加工项目，农村产业融合更容易面临融资难和资金使用风险高的困扰，更需要长期资金和能分散投资风险的创新友好型金融给予支持。但在农村产业融合领域，能获得一年期以上中长期信贷资金支持的融合主体仍寥寥无几；创业投资、风险投资、科技金融等创新友好型金融的发展在总体上仍处于初级阶段，鲜有融合主体能够获得其"阳光雨露"。

其次是用地难、吸引人才难。在现行政策下，推进农村产业融合所需的农业生产设施用地和仓储、加工、流通、休闲设施用地，往往因创造的地方税收少、土地指标偏紧而落空。农村产业融合项目的推进，导致对人才特别是高端人才、领军型人才和复合型人才的需求快速增长。但由于中国推进农村产业融合时间短、发展快，人才培养培训能力建设未能及时跟进，人才短缺已经成为农村产业融合提升创新和竞争能力的瓶颈。有些农村产业融合项目主要依靠农民，他们经验丰富，但往往观念保守、视野狭窄，开拓市场、培育品

牌是其弱项，影响其提质增效升级。

四、促进农村产业融合增加农民收入的战略思路和对策

基于前文分析，推进农村产业融合要将提升农业的生产功能与激活农业的生活、生态功能结合起来；统筹处理服务市民与富裕农民、服务城市与繁荣农村、推进农业转型与增强农业竞争力、增强农村发展活力与增加农民收入、推进新型城镇化与推进新农村建设和建设美丽乡村的关系，积极营造推进产业融合带动城乡协同的发展格局；在增强农产品供给保障能力的同时，把增加农民收入、增强农业产业链的竞争力和创新驱动能力，放在较之前更加突出的地位；引导不同融合主体之间、农业产业链不同利益相关者之间形成引领有效、分工协作、优势互补、链接高效的战略性伙伴关系。

（一）加强农村产业融合成功经验和典型案例的宣传推广，廓清不同试点示范项目的功能定位和特色分工

农村一、二、三产业融合发展有别于通常的农村第一、第二、第三产业各自分立发展，是农村第一、第二、第三产业之间"你中有我、我中有你"的新型格局。农村一、二、三产业融合发展有主动和被动之分，被动融合即农村第一、第二、第三产业的交集，如一般的休闲农业和乡村旅游；主动的融合如同把农村第一、第二、第三产业三个鸡蛋打碎了、搅匀了，形成"若有若无，水乳交融"的关系，是农村产业融合的高级境界。较之于通常的农业产业化，农村一、二、三产业融合发展更强调产业跨界融合、要素跨界流动、资源集约配置，更强调高端市场、特色市场的开拓和文化、创意、科技、体验等内涵的渗透，更强调第一、第二、第三产业之间由外部链接关系转为相互渗透、交叉和重组关系，更重视产业之间网络化、集群化、信息化的趋势，更重视城乡互动、以城带乡和要素市场、产权市场的发育，更重视农业工业化、工业服务化、服务产业化、产业信息化和绿色化。因此，农村产业融合不是农业产业化的简单复制，而是农业产业化的升级版和拓展版。要加强对农村产业融合现有试点示范项目和成功经验的总结宣传和推广工作，通过先行经验和典型案例的宣传剖析，引导地方政府和融合主体更好地了解农村产业融合是什么、为什么、要怎么做，以便更好地澄清推进农村产业融合的目标、辨识推进农村产业融合的重点和有效方式。

建议有关部门通过定期不定期编辑农村产业融合典型案例选、召开农村产业融合典型案例解剖会、典型经验交流会等方式；从融合主体和地区两个层面加强对典型经验的宣传、解剖，以及失败教训的总结剖析，提高宣传、培训的针对性和有效性。结合宣传培训，引导融合主体在农村产业融合领域稳扎稳打，"打持久战"，避免盲目投资加大经营风

险。当前从国家层面支持农村产业融合的试点示范项目主要有国家发改委会同财政部、农业部等部委实施的"百县千乡万村"试点示范工程，财政部和农业部通过中央财政农村一、二、三产业融合发展项目支持试点省份建设，农业部农村一、二、三产业融合发展先导区项目。这些项目的实施，对于促进农村一、二、三产业融合发展增加农民收入，发挥了重要作用。但从现有实践来看，应在加强统筹协调的基础上，进一步明确不同类型试点示范项目的支持定位和功能特色，形成支持重点适度错位、分工协作的试点示范体系，有利于增强政策支持的有效性。建议"百县千乡万村"试点示范工程以支持试点为主，突出深化体制机制改革、政策创新和优化农村产业融合空间布局等试点内容；农村一、二、三产业融合发展先导区项目突出成熟成形经验的总结提升和复制推广；中央财政农村一、二、三产业融合发展项目支持试点省份建设，突出支持农村产业融合的区域分工协作、利用城市群和区域中心城市对农村产业融合发展的引领带动作用。

（二）积极支持新型融合主体成长及其联合合作，完善人才成长和培养培训环境

促进农村一、二、三产业融合发展，要注意立足农业，依托农村，惠及农民。相对于普通农户，在推进农村产业融合的过程中，新型融合主体往往理念新、能力强，规模优势、竞争优势和网络优势较为显著。这些新型融合主体范围很广，既包括新型农业经营主体、新型农业服务主体，也包括农产品加工、流通企业和其他农村企业，甚至来自城市的工商企业、社会资本也可能成为新型融合主体的重要成员，如总部位居城市的旅游企业。它们更可能是推进农村产业融合的主力军或生力军，更容易成为农民增收的重要带动者：在推进农村产业融合过程中，要通过财政补贴、以奖代补、财政贴息、政府采购公共服务等方式，加强对新型融合主体的支持，鼓励其开展示范企业、示范合作社等创建活动，鼓励不同类型组织、不同类型主体之间加强联合合作，并增进利益联结，将增进规模经济与范围经济有效结合起来，进一步增强竞争优势和带动农民增收的能力。这有利于克服融合主体"小、低、弱、散、同"对提升农村产业融合度和增强农村产业融合创新能力、竞争能力的制约：要把支持新型农业经营主体和新型农业服务主体，作为支持新型融合主体的重点。如家庭农场、专业大户、农民合作社、农业产业化龙头企业、投资农业的工商资本，以及农资超市、农机服务队、农产品储运合作社、农业生产性服务综合集成商等。在许多农民专业合作社发展基础较好的地区，支持农民合作社的重点要由支持农民专业合作社转向支持农民专业合作社联合社，或农民专业合作社与龙头企业、家庭农场等合作。近年涌现的部分新型农村产业融合组织，如现代农业产业化联合体、农业共营制、"村委会+合作社+关联企业+……"对区域范围的农民增收带动效应显著，要加强引导支持，鼓励

其在发展过程中克服自身的问题和局限。

要注意引导新型农业经营主体和工商企业、社会资本扬长避短，投资或参与发展农村服务业，成为农村新型服务主体，鼓励其走规模化、产业化、集约化发展道路。建议结合推进农机补贴等政策转型，支持新型农业经营主体、新型农业服务主体加强关键性的农村生产性服务能力建设，将其购买关键性的机械设备用于开展农机、植保、病虫害统防统治、农产品产地初加工、农产品储藏保鲜、农业信息化等服务，以及把建设市场化的育秧育苗中心和加强市场营销能力、科技创新和成果转化能力、休闲农业和乡村旅游服务能力建设等纳入支持范围，加大支持力度。鼓励新型融合主体围绕农村产业融合，开展资金互助、信用担保、互助保险、供应链融资等服务。鼓励农产品或农资经销商向农业生产性服务综合集成商转变。引导新型农业服务主体由提供关键环节农业生产性服务向提供全程化农业生产性服务转变，由面向小规模农户提供服务向面向规模化的新型经营主体提供服务转变，由面向特定环节提供"碎片化"服务向提供覆盖全程的综合集成服务转变。

推进农村产业融合，关键靠人。鉴于农村产业融合涉及领域广，复杂性强，跨界融合特征显著，技术、业态和商业模式创新的影响举足轻重，要把加强人才培养培训、优化人才成长发育的环境放在突出地位。农村产业融合所需人才，包括政府管理和融合主体两个层面。推进农村产业融合，不仅要重视专业技术人才，更应重视跨领域、复合型、创新型人才，特别是领军型人才；不仅要重视技术创新人才，更应重视业态、商业模式创新人才和资源、要素整合集成人才，要注意推进具有不同优势的人才融合，带动农村产业融合。鉴于新型农业经营主体、新型农业服务主体是推进农村产业融合的生力军，要优先重视加强新型农业经营主体、新型农业服务主体带头人和新型职业农民的培训，注意瞄准不同类型的培训需求。如新型职业农民的培训，要注意区分生产经营型、专业技能型、社会服务型新型职业农民的不同需求，分类推进。为增强科技对农村产业融合的引领支撑作用，要加强对农村产业融合科技特派员的支持，鼓励科技人员在农村产业融合领域创新创业，鼓励科技人员向富有创新能力的农村产业融合企业家转型。要努力营造有利于人才成长和培养培训的环境，注意培育产业引领、能力优先、实用为重和分层发展的人才成长环境。要注意引导外来人才更好地发挥对乡土人才成长的带动作用。只有外来人才的引进，能够形成对更多本土人才"脱颖而出"的带动力，农村产业融合才具有可持续性发展的根基。建议结合支持创新创业，鼓励农村产业融合发展试点省份加强农村产业融合人才实训基地建设。

（三）加强对农村产业融合重点领域、关键环节的支持，创新支持方式

为更好地发挥财政投入"四两拨千斤"的作用、对农村产业融合的政策支持，应该更

多地采用产业化、规模化、市场化手段，并重点瞄准以下重点领域和关键环节，通过财政贴息、以奖代补、先建后补和设立产业融合引导基金、投资基金等方式加大支持力度。也可通过政府设立农村产业融合风险补偿基金等方式，鼓励金融机构拓展对农村产业融合领域的中长期贷款，如提高固定资产贷款比重。

1. 农村产业融合区域载体和相关平台建设

如面向现代农业示范区、农业产业化示范基地、粮食生产功能区和现代农业产业园、特色农产品优势区、农业产业化集群的公共服务平台和区域公共服务体系建设。如农业公共基础数据库建设、农业资源和要素整合平台建设、农产品质量安全检验检测平台、农村产权交易服务平台、农产品生鲜电商平台建设。这比支持经营主体单打独斗往往更为有效、更加公平。鼓励按照"企业为主、政府支持"方式，搭建农业总部经济平台，形成"总部+基地"的农村产业融合新格局，强化服务业对现代农业发展、农业产业化经营的引领和辐射带动效应。结合支持农村产业融合区域载体建设，加大对自创品牌的农产品电子商务、农产品资源就地产业化的支持力度。

2. 与农村产业融合相关的关键性基础设施和服务能力建设

借此，加强农产品专用原料基地建设，助推农产品加工流通转型升级，支持农村产业融合的营销网络、信息化、标准化、品牌化和食品安全治理能力建设。如支持农产品展示直销中心或交易中心建设；鼓励经营主体开展品牌合作，联合打造区域层面、产业链层面的公共品牌；鼓励面向新型融合主体开展涉农大数据分析应用能力培训，帮助其优化决策能力。

3. 农村产业融合领域的商会、行业协会和产业联盟运行

建议健全政府公共服务向行业协会、产业联盟的优先采购制度，鼓励其在推进农村产业融合的协同创新、加强行业培训方面发挥作用，支持商会、行业协会、产业联盟举办产品展会或以会代展，带动农村产业融合的经营主体强化品牌、市场和营销意识。

4. 农村产业融合的跨区域、跨部门合作和产学研用合作

借此打造推进农村产业融合的"联合舰队"，促进科技等创新要素更好地注入农村产业融合领域，把推进农村产业融合的过程有效转化为培育新产业、新业态、新模式的过程，增强产业发展和农民增收新动能。

（四）以营造有利于农村产业融合的产业生态为重点，深化体制机制改革

建议在总结现行试点示范经验的基础上，重点瞄准以下方面，加大对体制机制改革的支持，着力营造有利于农村产业融合发展的产业生态，协调处理好发挥市场对资源配置的决定性作用和更好地发挥政府作用的关系。

1. 创新农村产业融合的区域合作、部门合作机制

借此引导区域之间由农村产业融合的竞争关系转向竞争—合作关系，推进农村产业融合的部门协同监管机制创新，鼓励农村产业融合与发挥区域中心城市和城市群的引领带动作用结合起来。实践证明，干部的跨部门任职和提拔，有利于带动农村产业融合。

2. 深化相关公共平台和公共服务机构运行机制的改革

可与支持民营经济和创新创业、促进农业产业化集聚集群发展、推进政府购买公共服务的改革和政策创新，强化平台型企业在行业治理中的责任结合起来。

3. 培育农村土地、资本等要素市场和产权流转市场

培育土地市场可与深化农村土地征收、集体经营性建设用地入市和宅基地制度改革结合起来。允许具备一定条件且投资农村产业融合项目的非本集体经济组织成员，购买农村房屋或宅基地，但为规避在农村房地产市场的投资或投机行为，达到一定年限后如须转让，其增值收益应主要留归本集体经济组织；允许通过农村土地整理和村庄整治节约的建设用地，通过入股、出租和转让等方式优先保障农村产业融合用地。对于兴办育秧大棚等关键性农业生产性服务的设施用地，只要未破坏耕作层，可参照农业用地执行。培育农村资本市场，应在尊重资本市场运行规律和统筹城乡发展的前提下，谨慎积极地开展发展多层次资本市场、培育农村合作金融、培育创新友好型区域金融体系、创新农村金融监管方式等改革，并将其同引导产业投资基金支持农村产业融合结合起来。建议引导国家开发银行、中国农业发展银行和商业性银行加强对农村产业融合的中长期资金支持，逐步提高农村产业融合项目中固定资产贷款的比重。

4. 探索商会、行业协会、产业联盟等运行机制创新

借此增强其可持续发展能力，激发行业性组织在推进行业标准化、品牌化和加强行业治理、公共服务能力建设等方面的作用。鼓励农民合作社、农产品行业协会等合作，开展发展农村合作金融、普惠金融等改革试点。

5. 推进政策实施机制的创新

借此解决"政策好，落实难"的问题，促进支持农村产业融合的政策创新更好地落地，如近年来有关部门出台了一系列政策推进设施农用地按农用地管理。国土资源部和农业部下发的《关于进一步支持设施农业健康发展的通知》中明确提出相关政策，要求各地单列安排农村建设用地计划指标时，要安排不少于国家下达当地计划指标的5%，用于满足农村产业灵活发展用地需求。国务院还明确由各省区市对新型农业经营主体进行的农产品加工、仓储物流、产地批发市场等建设单独安排用地计划指标，促进相关产业发展。推进这些政策的落实，有利于缓解农村产业融合用地难的问题。此外，要鼓励推进农村产业融合的体制机制改革和政策创新，同支持创新创业、打造特色小镇和推进新型城镇化、建

设美丽乡村结合起来，同促进农业绿色发展、培育农业新业态新模式结合起来。

（五）拓宽视野完善利益联结机制，促进不同利益相关者互利共赢

推进农村产业融合是推进农民增收的"金钥匙"，也是协同推进新型工业化、信息化、城镇化、农业现代化和绿色化的时代要求。但能否将推进农村产业融合的过程，有效转化为促进农民增收的过程，还在很大程度上取决于能否为农村产业融合发展建立有效的利益联结机制。为此，要科学处理以下三方面的关系。

1. 经营主体与普通农户的关系

国家支持农村产业融合到底取得了多大成效，关键要看两个方面：一是农民是否以及能在多大程度上实现增收；二是经营主体是否带动了农民增强参与农村产业融合的能力。因此，在推进农村产业融合的过程中，引导经营主体完善同农户的利益联结机制至关重要。但完善同农户的利益联结机制应该因地制宜，引导选择较为紧密但带动农民增收较为有效的利益联结机制。从实践来看，越是紧密型的利益联结，农户受益范围往往越小。在发展市场经济条件下，依靠紧密型的利益联结机制，推进农村产业融合可能给受益农民带来高收益，也可能带来高风险。按照股份制、股份合作制等运行机理，在对应利益联结方式下，如果企业没有盈利，不给农户分红则是顺理成章的。因此，经营主体与农户之间的利益联结机制不是越紧密越好，与其强调二者利益联结的紧密性，不如强调利益联结的稳定性和可持续性，真正做到风险共担、利益均沾、合作共赢、持续发展，在经营主体与农户之间不存在放之四海都至善至美的紧密型利益联结机制。在许多地方，有关部门倡导的"保本收益+分红"方式值得重视。

2. 领军企业与一般经营主体的关系

有些经营主体，特别是工商资本主导的经营主体，虽然与农户没有直接的利益联结关系，但属于供应链核心企业和农村产业融合的领军企业，在推进区域农村产业融合的过程中有能力发挥"导航灯"作用。支持这些领军企业发挥对一般经营主体的带动作用，有利于农村产业融合提质增效升级，也有利于提升农户和其他参与者的向心力。对于这些领军企业的支持，是否形成同农户的利益联结机制只宜作为参考项，不宜作为必选项。应重点关注两个方面：一是有没有形成以技术、标准、品牌、质量、服务为核心的综合竞争优势，成为加快技术、业态和商业模式创新的领导者，带动产业链、供应链、价值链呈现较强的价值增值和创新能力；二是在培育供应链不同环节的战略伙伴关系，增强对产业链、供应链、价值链的辐射带动力方面有多大作为，为此，要鼓励农村产业融合领军企业增强社会责任意识，带动供应链加强诚信环境建设，完善公正、公平、互惠共赢的利益分配机制。支持农民合作社的发展和联合，有利于增强农民在农村产业融合利益分配中的话语

权,促进这种战略性伙伴关系的形成和发育。

3. 外来经营主体和本土化经营主体的关系

推进农村产业融合,规模化、组织化、集约化是基础。小而散的普通农户只宜成为参与者、"游击队"甚至"跟随者",难以成为组织者和主力军。工商资本、龙头企业、农民合作社、家庭农场都是推进农村产业融合的重要组织形式。在推进农村产业融合的过程中,要科学处理外来经营主体与本土化经营主体的关系,将有效发挥本土化经营主体的主力军作用与外来经营主体的生力军作用有效结合起来。在推进农村产业融合的过程中,要优先支持这些本土化的新型经营主体成长,并发挥对农户的辐射带动作用。这还基于两个原因:一是这些本土化的经营主体本土根植性和同农户之间的社区亲和性较强,其推动农村产业融合的过程容易转化为带动农户参与和农民增收的过程;二是可形成对外来经营主体侵犯农民权益行为的制衡机制,增强农民同工商资本、龙头企业"讨价还价"的能力,防止农民陷入对工商资本的依附地位和利益分配的边缘地位,外来经营主体推进农村产业融合,往往理念先进,也有较强的资源整合、要素集成和市场提升优势;但由其直接带动农户参与农村产业融合,容易因"水土不服"和缺乏"桥梁"而增大成本和风险。如主要依靠本土化的新型经营主体,由于发展理念和资源整合、要素集成、市场提升等能力限制,推进农村产业融合往往进展缓慢,在提升农业价值链、增加农业附加值方面的效果往往面临很大局限,迫切需要外来经营主体通过发挥引领示范作用,带动本土化新型经营主体更好发挥"二传手"作用,促进农村产业融合提质增效升级。

第九章　生态农业与乡村振兴

第一节　健康食物生产

一、人类食物链中有多少有害化学物质

现代农业模式下，农药、化肥、除草剂、激素、地膜等成为农业的标配，一些原本食物链中不该出现的化学物质也以生产食物的名义，堂而皇之地进入到人类食物链。人类食物链中到底有多少化学物质，估计很难有人说得清，或者是一本糊涂账。这是因为，即使当年认为有害被淘汰的农药如六六六、滴滴涕等，在一些偏远地区照样生产、照样使用。对于食物链非预期的化学物质，最初保守估计是 5 万种，最多可达 10 万种以上。经初步统计，仅在中国就发现人类围绕食物链发明的化学物质或产品高达 50 626 种。对于这些不同的化学物质尤其是人工合成化学物质，分类介绍如下。

（一）农药

狭义的农药是指杀虫剂，广义的农药还包括杀菌剂、除草剂、人工合成激素等，这里我们理解的农药为狭义的杀虫剂。第一次绿色革命以来，人类到底制造了多少种农药，很多文献都无法统计清楚。2017 年年底，中国农药登记在册的就有 38 247 种。之所以种类繁多，首先是因为人们不断发明新农药，其次在原药基础上不断排列组合，创造更多的农药。这些农药，理论上讲，只要使用都可能进入食物链。在食品样品检测中，不可能对那么多农药种类进行逐一检测。国内一般进行的食品农药残留商业检测，有 191 项和 292 项的区别。2015 年，绿色和平组织在北京、上海、广州三市的超市（包括一些外企超市）里随机抽查蔬菜样品，送第三方独立机构检测，发现鸡毛菜有农药残留 15 种；韭菜 11 种；黄瓜有 6 种；白菜有 4 种；菠菜有 6 种；豇豆有 11 种；小西红柿有 6 种；扁豆有 8 种；荷兰豆有 6 种；砂糖橘有 9 种。在 45 种送检的蔬菜样品中，发现了 50 种农药。其中，世界卫生组织定义的 5 种、中国明令禁止的农药 2 种、高毒农药出现在蔬菜样品中。

具有讽刺意味的是，一些蔬菜产品还具有有机认证证书。在 45 个样品中发现的 50 种农药中，21 种具有致癌作用；15 种影响内分泌；6 种对神经系统有影响。

多数农药出现严重的农残超标现象，其中毒死蜱超出检出值最高可达 220 倍；腐霉剂超出检出值最高可达 480 倍。这些农药原本是不应当在蔬菜中出现的，其出现的含量应当小于 0.01 毫克/千克。当然，欧美等国家，包括我国有关部门规定，农药不超标就可以放心食用。遗憾的是，这些规定也难以实现。

农药中的鸡尾酒现象非常严重。国外科学家研究认为，单独一种农药对人体的影响可能不大，但多种农药混合起来，可能会导致严重的健康后果。在上海某著名精品店出售的鸡毛菜中，研究人员发现了 16 种农药残留，分别是：五氯硝基苯、五氯苯胺、得氯螨、溴虫腈、百菌清、腐霉利、吡唑醚菌酯、咪鲜胺、多菌灵、苯菌灵、戊唑醇、氯虫苯甲酰胺、灭蝇胺、烯酰吗啉、甲氨基阿维菌素、阿维菌素，表现出典型的农药鸡尾酒现象。值得一提的是，多种农药残留对人类健康的影响，至今缺乏深入的研究。

（二）除草剂

三氯醋酸、硝基苯酚、氯苯酚、氨基甲酸、盖草能、氟乐灵、西玛津、果尔、草甘膦、除草醚、莠去津、百草枯、均三氮苯类、扑草净、取代脲类、除草剂一号、苯氧乙酸类、2 甲 4 氯、2，4-D 丁酯、吡啶类、盖草能、二硝基苯胺类、乙草胺、甲草胺、丁草胺、异丙甲草胺、二甲戊灵、精喹禾灵、咪唑乙烟酸、氟磺胺草醚、异恶草松、氟乐灵、草除灵、酰胺类、拉索、五氯酚钠、硼砂、氯酸钾、硫酸铜、砒酸盐等 50 多种市售除草剂。

（三）化肥

化肥包括碳酸氢铵、尿素、硝铵、氨水、氯化铵、硫酸铵、过磷酸钙、钙镁磷肥、氯化钾、硫酸钾、硝酸钾以及 B、Mn、Mo、Zn、Cu、Fe 等微量元素肥料 6780 多种。

（四）地膜

目前农业生产中使用的地膜包括：有色地膜、反光膜、除草膜、光降解膜、耐老化长寿膜、切口膜低压高密度聚乙烯、HDPE、线型低密度聚乙烯超薄地膜等 22 种。地膜使用所产生的塑化剂，有脂肪族二元酸酯类、苯二甲酸酯类、邻苯二甲酸二（2-乙基己）酯（DEHP）、邻苯二甲酸二辛酯（DOP）、邻苯二甲酸二正辛酯（DNOP 或 DnOP）、邻苯二甲酸丁苄酯（BBP）、邻苯二甲酸二仲辛酯（DCP）、邻苯二甲酸二环己酯（DCHP）、邻苯二甲酸二丁酯（DBP）、邻苯二甲酸二异丁酯（DIBP）、邻苯二甲酸二甲酯（DMP）、邻苯二甲酸二乙酯（DEP）、邻苯二甲酸二异壬酯（DINP）、邻苯二甲酸二异癸酯（DIDP）、对苯二甲酸酯类、苯多酸酯类、苯甲酸酯类、多元醇酯类、氯化烃类、环氧类、柠檬酸酯类、聚酯类等30多种。综合有关研究文献，我们在37种常规蔬菜中发现DMP、DEP、DnBP、DEHP、DnOP等多种塑化剂成分，平均含量2.71毫克/千克，最高达到11.2毫克/千克（棉田中塑化剂最高达1232毫克/千克）。

（五）人工合成激素

生长素、赤霉素、细胞分裂素、脱落酸、乙烯、油菜素甾醇、吲哚乙酸为植物中天然存在的激素。除赤霉素外，大部分激素能够人工合成。人工合成激素至少包括2，4-D（2，4-二氯苯酚代乙酚）、多胺，水杨酸类，茉莉酸（酯）、细胞分裂素、脱落酸、乙烯、油菜素甾醇、吲哚乙酸、整形素（形态素）、生长抑制剂、b9（必久，b995，阿拉）、矮壮素（ccc）（三西，2-氯乙基三甲基氯化铵）、青鲜素（抑芽丹）、氯吡苯脲（膨大剂）等20种。在动物养殖中，正在使用的类固醇衍生物、非甾体雌激素、己烯雌酚、己烷雌酚、炔雌醇、炔雌醚、促进家畜生长的同化激素等至少10种动物类激素。

（六）转基因带进去的有害物质

即使不考虑转基因食品中引起的食物化学成分的变化，转基因食物中至少含有Bt毒蛋白和草甘膦2种非食物成分。

（七）重金属

铜、铅、锌、镍、钴、锑、钒、汞、镉、铬、砷、锰、铁等约20种金属元素。这些元素有很大可能会出现在人类食物链中，如我国多地尤其南方大米出现铬超标，甚至某省生产的小麦也出现了铬超标。

（八）抗生素

抗生素是微生物的代谢产物，是由真菌、细菌或其他生物在繁殖过程中所产生的一类具有杀灭或抑制微生物成长的物质。自第一代抗生素出现以来，抗生素种类已达到1000种之多。在工厂化动物养殖过程中，β-内酰胺类、青霉素类、头孢菌素类、硫酶素类、单内酰环类、甲氧青霉素类、链霉素、庆大霉素、卡那霉素、妥布霉素、丁胺卡那霉素、新霉素、核糖霉素、小诺霉素、阿斯霉素、氯霉素、甲砜霉素、红霉素、白霉素、无味红霉素、乙酰螺旋霉素、麦迪霉素、交沙霉素、阿齐红霉素（阿奇霉素）、万古霉素、去甲万古霉素、替考拉宁、甲硝唑、替硝唑、奥硝唑、多黏菌素、磷霉素、卷霉素、环丝氨酸、利福平、林可霉素、克林霉素、杆菌肽、棘白菌素类、多烯类、嘧啶类、作用于真菌细胞膜上麦角甾醇的抗真菌药物、烯丙胺类、氮唑类、丝裂霉素、放线菌素 D、博莱霉素、阿霉素、利福平、异烟肼、吡嗪酰胺、利福布丁、环孢霉素、四环素、土霉素、金霉素及强力霉素等抗生素，可能会污染食物链。

（九）食品添加剂

我国商品分类中的食品添加剂种类共有 35 类，包括增味剂、消泡剂、膨松剂、着色剂、防腐剂等，含添加剂的食品达 10 000 种以上。其中《食品添加剂使用标准》和卫生部公告允许使用的食品添加剂分为 23 类，共 2400 多种。

①防腐剂。苯甲酸、山梨酸和丙酸（及其盐类）、脱氢醋酸及其钠盐、对羟基苯甲酸酯类（有甲、乙、丙、异丙、丁、异丁、庚等）、乳酸链球菌素、双乙酸钠、克霉灵、保果灵、丁基羟基茴香醚（BHA）、二丁基羟基甲苯 BHT、没食子酸丙酯（PG）、特丁基对苯二酚（TBHQ）等 30 多种。②着色剂。胭脂红、苋菜红、柠檬黄、靛蓝等 5 种。③增稠剂和稳定剂。可以改善或稳定冷饮食品的物理性状，使食品外观润滑细腻所添加的物种。该类食品添加剂使冰淇淋等冷冻食品长期保持柔软、疏松的组织结构。④膨松剂。碳酸氢钠、碳酸氢铵、硫酸钾铝（明矾）、复合膨松剂 4 种。⑤甜味剂。木糖醇、山梨糖醇、甘露糖醇、乳糖醇、麦芽糖醇、异麦芽糖醇、赤鲜糖醇、甜菊糖甙、甘草素、奇异果素、罗汉果素、索马甜、糖精、环己基氨基磺酸钠、乙酰磺胺酸钾、天门冬酰苯丙酸甲酯（又阿斯巴甜）、1-a-天冬氨酰-N-（2，2，4，4-四甲基-3-硫化三亚甲基）-D-丙氨酰胺（又称阿力甜）、三氯蔗糖、异麦芽酮糖醇（又称帕拉金糖）、新糖（果糖低聚糖）、甜蜜素等 30 多种。⑥酸味剂。柠檬酸、酒石酸、苹果酸、乳酸等 10 种添加剂。⑦增味剂。谷氨酸钠、5'-鸟苷酸二钠和 5'-肌苷酸二钠、5'-呈味核甘酸二钠、琥珀酸二钠和 L-丙氨酸、谷氨酸钠（即味精）等 9 种。⑧增白剂。过氧化苯甲酰是面粉增白剂的主要成分。⑨漂白剂。硫黄、二氧化硫等。⑩护色剂。硝酸盐（钠或钾）或亚硝酸盐等。⑪酶制剂。木瓜蛋白酶、α-淀粉酶、拟内孢酶、果胶酶等。⑫香精，化学合成香料等多种。

除了上面合法的食品添加剂，卫生部、农业部等有关部门分次分批公布了 151 种食品非法添加剂，这些添加剂不幸也会出现在人类食物链中：吊白块（腐竹、粉丝、面粉）（非法添加对象，下同）、苏丹红（辣椒粉、辣椒酱、鸡蛋、鸭蛋）、王金黄（块黄）、蛋白精（三聚氰胺）、硼酸与硼砂、硫氰酸钠、玫瑰红 B、美术绿、碱性嫩黄、工业用甲醛（白菜运输）、工业用火碱（海参、鱿鱼等干水产品、生鲜乳）、一氧化碳、硫化钠味精、工业硫黄（白砂糖、辣椒、蜜饯、银耳、龙眼、胡萝卜、姜等）、工业染料（小米、玉米粉、熟肉制品等）、罂粟壳、革皮水解物、溴酸钾（面粉）、β-内酰胺酶、富马酸二甲酯、废弃食用油脂（地沟油）、工业用矿物油（陈化大米）、工业明胶（冰淇淋、肉皮冻等）、工业酒精（勾兑假酒）、敌敌畏（火腿、鱼干、咸鱼等）、毛发水酱油、工业用乙酸（食醋勾兑）、肾上腺素受体激动剂类药物（盐酸克仑特罗、莱克多巴胺等喂养或加工牛羊肉及肝脏）、硝基呋喃类药物（猪肉、禽肉、动物性水产品）、玉米赤霉醇（牛羊肉及肝脏、牛奶、抗生素残渣猪肉、镇静剂猪肉）、荧光增白物质（双孢蘑菇、金针菇、白灵菇、面粉）、工业氯化镁（木耳）、磷化铝（木耳、馅料原料漂白剂、焙烤食品）、酸性橙Ⅱ（黄鱼、鲍汁、腌卤肉制品、红壳瓜子、辣椒面和豆瓣酱等）、氯霉素（水产品、肉制品、猪肠衣、蜂蜜、喹诺酮类、麻辣烫类）、水玻璃（面制品）、孔雀石绿（鱼类）、乌洛托品（腐竹、米线等）、五氯酚钠（河蟹）、喹乙醇（水产养殖饲料）、碱性黄（大黄鱼）、磺胺二甲嘧啶（叉烧肉类）、敌百虫（腌制食品）等。

在农产品加工过程中，国家 AA 级绿色食品标准，不允许使用下述 37 种食物添加剂：①亚铁氰化钾；②4-己基间苯二酚；③硫黄；④硫酸铝钾；⑤硫酸铝铵；⑥赤藓红；⑦赤藓红铝色锭；⑧新红；⑨新红铝色锭；⑩二氧化钛；⑪焦糖色（亚硫酸铵法加氨生产）；⑫硫酸钠（钾）；⑬亚硝酸钠（钾）；⑭司盘 80；⑮司盘 40；⑯司盘 20；⑰吐温 80；⑱吐温 20；⑲吐温 40；⑳过氧化苯甲酰；㉑溴酸钾；㉒苯甲酸；㉓苯甲酸钠；㉔乙氧基喹；㉕仲丁胺；㉖桂醛；㉗噻苯咪唑；㉘过氧化氢（或过碳酸钠）；㉙乙萘酚；㉚联苯醚；㉛2-苯基苯酚钠盐；㉜4-苯基苯酚；㉝戊二醛；㉞新洁尔灭；㉟2,4-二氯苯氧乙酸；㊱糖精钠；㊲环乙基氨基磺酸钠。

卫生部出台的《关于进一步规范保健食品原料管理的通知》中，以下天然的原料禁用：八角莲、土青木香、山莨菪、川乌、广防己、马桑叶、长春花、石蒜、朱砂、红豆杉、红茴香、洋地黄、蟾酥等 59 种。

从以上粗略的介绍来看，我们身边普通农产品及其加工食品，可能就会面临高达 50 626 种化学物质（除重金属外，绝大多数为人工合成的化学物质）污染，这些物质包括农药、化肥、除草剂、地膜、人工合成激素、抗生素、转基因导致的非食物成分。这些成分当然不会同时出现在一种食物中，但从饲料生产、动物养殖、植物种植、食物储藏与食物加工中，人类可能面临数以万计的化学物质，就防不胜防了。

二、净化食物链

围绕食物生产，人类付出的代价是沉重的。有人说我们用 7% 的耕地养活了 20% 的世界人口，但是却忽略了下面的事实——我们动用了世界 35% 的氮肥，3 倍于全球平均值的农药用量，70% 的国内工农业与生活用水，80% 的全球农膜等。为了说明问题的严重性，让我们用下面的一组数据来分析。早在 2005 年，我国每年抗生素原料生产量就达 21 万吨，人均 0.16 千克；2010 年，中国化肥施用总量为 5561.7 万吨，人均 41.5 千克；同年，农膜使用量 217.3 万吨，人均 1.62 千克；2013 年，农药总量 337 万吨，人均 2.59 千克；2017 年，中国进口 9500 万吨转基因大豆，以草甘膦含量 10 毫克/千克计算，由此带进来草甘膦含量 950 吨，草甘膦含量人均 0.731 克。

上述各种化学物质在食物生产过程中添加，从客观上解放了部分劳动力，提高了生产效益，但是直接的或者潜在的有害物质进入食物链，造成了国民健康的恶化。当前，医院人满为患，医患矛盾十分突出，是与食物链中的有害物质进入人体难以分开的。2007 年，中国潜在心脏病患者 6000 万人；2008 年，高血压患者 2 亿人，高血压知晓率仅为 30%；2010 年，中国约有 220 万儿童出现性早熟；2011 年 9 月 9 日，中国先天残疾儿童总数高达 80~120 万人；同年，中国育龄夫妇不孕不育发病比例达到 1/8，不孕不育患者已超过 5000 万人；2012 年，江苏省人民医院精子合格率大学生在 30%，上班族合格率基本不超过 20%；2013 年，中国糖尿病患者人数达 9700 万以上，同年，全国每 6 分钟就有 1 人被确诊为癌症，每天有 8550 人成为癌症患者。医学专家分析认为，80% 的恶性疾病与环境恶化尤其食物链"毒化"有直接的关系。

为什么食物链中增加了那么多有害物质呢？资本使然。资本的特点就是逐利，为了让动植物长得更快，就添加各类激素；为了提高所谓的产量就大量使用化肥和农药，而不顾其残留；为了让食物看起来好看，就使用各种添加剂，最终资本在每一个环节都受益，而受害的是大多数人，且每一个人都难以幸免。必须采取合理的计划经济加上理性的市场经济，带动农民用安全的办法生产食物，同时带动农民就业。

食物安全与投入到食物生产上的人工成正比，与投入的化学物质成反比。中国是全球最大的食物生产与消费大国，食物种类与烹调方法全球最多，如果净化了食物链，去除那些有害物质，将一些添加剂减少到最低限度，那么国民健康和平均寿命还有很大的提升空间。如果要做到这点，就必须通过合理的途径，让农民受益，让农业回归，让农民有尊严，而不是害人害己。

净化食物链，将传统农业提升为健康和谐可持续的农业，提高农民收入，减少市民的医疗投入，实际上是一种高效农业。这种高效生态农业是从光合作用开始的，到消费者健康的血液流动而止，至少包括了五方面"物"的流动：一是大田作物叶绿体类囊体膜上的电子流，大田作物首先将太阳能转变为一切生物能够直接利用的能量，这个生产过程是在健康的生态环境中进行的；二是各类食物、中药材、宠物、花卉、苗木等在互联网上的物流，车轮转动将上述农资运送到消费者手中；三是消费者体内健康的血液流动，他的血液里运输的是身体健康长寿远离疾病的好的能量与元素；四是由上到下的货币流，健康有机食品和中药材等的增值部分，从购买者那里往下游传递，带动大学毕业生尤其是农民就业，增值部分的 30% 以上归农民；五是互联网上的信息流，这个流动非常迅速。通过云计算，我们能够知道哪里有需求，哪里有库存，哪里的有机农业是真实的，哪里出了问题，需要公示给予监管、惩戒，最终进行系统修复与平衡。

好多人会问，如果发展生态农业，产量降低怎么办？其实这是一种误解。我们目前生产出来的 6 亿吨粮食，人类仅吃了 2 亿吨，有 4 亿吨是被动物消耗和作为少量工业原料。如果分类生产人的口粮与动物的饲料粮，将更多的人工投入到人类食物链维持中，用地养地，精耕细作，大量使用有机肥，恢复生态平衡，土地的产量，即使在没有化肥和农药的前提下，也是有很大提升空间的。我们连续进行了 12 年的实验，就将低产田变成了高产稳产田，玉米和小麦的年产量为 1250 千克/亩，继续增强地力，产量实现 1500 千克/亩也是不远的。这样的土地产量，一亩可以满足 6 口人的粮食需求，全国仅用 2 亿亩高产田就可满足人的口粮需要，生产蔬菜有 1 亿亩足矣。而其余的 15 亿亩农田，加上 60 亿亩草原、20 亿亩的森林、10 亿亩的湿地、300 万平方千米的海洋，我们还不能生产或者直接寻找出动物的那些饲料来吗？动物是不需要吃那么多人的粮食的，它们的食性与人类是完全不同的。

在中国走向中等发达国家以后，食物安全的压力就越来越大，如果到那时候，我们的国民依然有一半以上的人口还能够吃得上有机食品（当前不足 1%），那才是走到了世界的最前沿。中国近 50% 的人口生活在乡村中，有条件消费有机食品，城市人群有 10% 的人有能力消费，两者比例就达到 60%，为全球中等发达国家和发达国家中消费有机食品比例最高的。农民从事的是有机食品生产、加工、销售、服务的涉农产业。他们吃的是有机食品，住的是别墅或准别墅，是能够接地气的房子；呼吸的是清洁的空气；喝的是没有污染的水；他们所处的环境充满鸟语花香；他们愉快地劳作，人们之间有分工但不竞争，有合作但不吃大锅饭；他们之间有亲情更有人情；他们一生中大部分远离医院，活到百岁自然老去；他们是一群快乐的人；他们的职业是稳定的；他们不受市场的剥削，而有自己的定价权。因此，在当前城镇化热潮中，我们需要反思，我们需要逆城市化，是将城市中合理的要素如市政设施、医疗设施、卫生设施、娱乐设施、学校、银行、暖气、空调等搬到农村，而不是将人装进城市。

三、对抗治虫的弊端

经过几十亿年的演变，任何物种都拥有了自己的生态位。自然界中的物种，通过竞争、捕食、共生、合作等关系形成稳定的生物链。传统的农业，是在自然平衡状态下从事农业生产的，是与自然和谐相处的。然而，随着人口膨胀，耕地不断减少，造成食物短缺，为保证粮食产量、追求经济效益最大化，人们开始越来越不能容忍昆虫夺走一部分粮食,从而进行"虫口夺食",并将昆虫分为有益昆虫和有害昆虫,称能直接或间接造福于人类,对人类生产和生活有益的昆虫为益虫;称通过危害经济动、植物和传播疾病,给人类造成重大损失的昆虫为害虫,并发明了对抗害虫的大规模杀伤性武器——农药。

然而,经过一个多世纪的"对抗"农业实践证明,农药不仅杀害了害虫也杀害了害虫的天敌。由于害虫天敌的生命形态比害虫高级,其繁殖速率远远低于害虫的繁殖速率,失去天敌的制约,剩余害虫迅速繁殖,数量暴增。另外,在生态学中,害虫大多为 R 对策者,当环境越恶劣时,害虫会增加更多的后代;同时,害虫的基因变异率较高,对某种农药很快就产生了抗药性,这样害虫越杀越多,而农药越用越多,毒性越来越大,形成不断升级的恶性循环,导致"越打农药虫子越多,虫子越多越打农药",从而破坏农作物生长的生态环境,破坏农田的生物链。

农民盲目、片面施用农药,不仅不能显著提高粮食产量,而且逐渐暴露出农田环境污染、农药残留超标、病虫草害抗性增加和农田生物多样性丧失等问题。这种"对抗"的方法违背了生态学的原理,忽略了大自然的力量以及物种之间的平衡力,破坏了生态平衡。

四、向除草剂说"不"

农田里的杂草是哪里来的? 其实,它们原本就是农田的主人,是自然界中的一员,只不过人类将草原、森林或湿地开辟成农田以后,那些大部分本地植物尤其是乔木、灌木和湿地植物被迫迁移或消失了,那些不愿意离开家园的杂草留了下来。杂草不甘心被人类消灭,而是选择与人类的农田及一切空地竞争生存的空间,它们繁殖大量的后代,从不挑地盘,只要有土壤,哪怕只有一些尘土的地方如石头缝、屋顶上都留下了它们的后代。除此之外,杂草还不断使其遗传物质增加,即表现为染色体多倍化。多倍化是植物进化的主要驱动力量,多倍化在杂草起源与演化中起到了重要的作用。多倍化促进了基因组水平与表型水平的进化,大大提高了杂草物种或群体生存竞争能力和繁殖扩展能力,增加了其生态适应性,这一遗传特性同时促使外来品种在新生境中成功入侵进而转变为杂草。

用历史的眼光看,在农业社会出现以后,杂草也就开始出现了。杂草不断出现在历史记载中,如《诗经·国风·郑风》中《野有蔓草》记载:"野有蔓草,零露漙兮;有美一人,清扬婉兮。邂逅相遇,适我愿兮。野有蔓草,零露瀼瀼。有美一人,婉如清扬。邂逅相遇,与子偕臧。"而出现的这种叫蔓草的杂草,竟然与所爱的美人联系在一起,可见古人也并不那么讨厌杂草。诗经多以民歌为主,其中的描述应当是古代劳动人民真实的观察。

(一) 化学除草代价大

美国所使用的除草剂,大多用于防除一年生杂草,对多年生杂草、木质化杂草及草荒往往效果差或无明显效果。针对杂草的化学除草剂多为灭生性的，极少有选择性很强的除草剂。目前全球销售的除草剂，按化学结构可分为近 30 种结构类型，而产品则多达 230 个，以针对谷物、玉米、大豆、水果和蔬菜、水稻田等为主。

在全球 10 大除草剂品牌中，草甘膦（孟山都）、百草枯（先正达）、2，4-滴（道化学）、异丙甲草胺（先正达）、甲基磺草酮（先正达）、乙草胺（孟山都）、草铵膦（拜耳）、莠去津（先正达）、二甲戊灵（巴斯夫）、唑啉草酯（先正达），美国占其 4 席，且稳居第一的除草剂品牌在美国。从品种数量上看，10 大品牌仅占除草剂品种数量的4.3%，但其销售额却接近除草剂市场份额的 40%。在 10 大品牌中，多数为 20 世纪 90 年代以前开发的老品种，2000 年以后开发的只有 2 个品种。就是这 20 多年前的除草剂老面孔，为商业资本带来了滚滚利润。

美国除草剂最初设计，是针对不同叶型的植物采取不同的灭杀原理。某化学公司的除草剂"防卫者"活性成分为双氟磺草胺，最初在美国纽约州和马萨诸塞州获得登记。该除草剂是芽后除草剂，可用于防除早季阔叶杂草，最后在美国 45 个州获得登记。"防卫者"可预防蒲公英开花飘散，同时还能防除苜蓿、繁缕及其他一年生和多年生阔叶杂草。然而，由于化学除草是激烈对抗的，该方法也选择性地促进了一些杂草进化，即抗性提高，而一些有重要应用价值（如作为饲料或野菜）的杂草则率先出局，这就大大改变了杂草群落的结构。

随着杂草对抗性的增强，除草剂用量提高也造成作物伤害。针对这种情况，美国一些除草剂公司开始研制抗除草剂的转基因作物。1998 年，美国某公司继推出抗农达蓖麻后，又推出抗农达棉花，这些产品具有抗农达和其他草甘膦基除草剂的特性；之后又推出抗农达玉米，可以抗农达和其他草甘膦基除草剂；2001 年，该公司推出抗农达玉米 2 代；2006 年，又推出抗农达 Flex 棉花。这里的抗农达是该公司的专用除草剂，以草甘膦为主要成分。抗草甘膦作物的推广，客观上加大了除草剂的使用量，这些美国公司一方面卖转基因种子，另一方面卖其专用的除草剂。

然而，对于上面提到的恶性杂草，化学灭杀往往是非常被动的。这是因为：①杂草适应能力突出，能适应各种不同的气候和土壤条件，能在世界大部分地区生长繁殖；②繁殖能力极强，即便是一粒种子生长也能迅速发展成一个很大的群落，而且种子生命力非常顽强，能耐受各种极端条件；③这些杂草大多是拟态性或是宿根性的植物。拟态性杂草本身与农作物难以区分，生物特性又与农作物十分相近，化学除草剂的靶标还不足以精确到能区分开拟态性杂草和农作物。靠除草剂治草，只能治标不能治本，杂草每年卷土重来，且一年比一年危害严重。对于超级杂草的形成，试以草甘膦为例，分析可能的机理如下。

①杂草表面发育更密的蜡质，或者体内分泌乳汁，阻挡草甘膦药物向体内转移；②与

豆科杂草植物共生的根瘤菌，能打断草甘膦的碳磷键生成代谢中间产物肌氨酸，并以其为磷源供生长所需，对草甘膦有很强的生物降解作用，杂草可将人类施入的草甘膦当磷肥利用；③百合科植物对草甘膦具有耐药性，草甘膦主要是竞争性抑制植物体内烯醇丙酮基莽草素磷酸合成酶（EPSP），从而抑制莽草素向苯丙氨酸、酪氨酸及色氨酸的转化，使蛋白质的合成受到干扰，导致植物死亡。而具草甘膦耐性的杂草，可过量表达 EPSP 合成酶，过量靶酶解除了除草剂结合靶酶所产生的限制作用，并有足够的酶活性满足自身代谢需要，维持正常生理活动。也就是说，某些杂草通过产生大量的 EPSP 合成酶，抵消草甘膦的破坏作用。

化学除草剂成了美国现代农业的必备品。商业公司不断发明除草剂，机械公司研发配套的除草剂使用设备，乃至飞机；生物公司不断研发抗除草剂的转基因作物，让作物在大剂量的除草剂面前"毫发无损"，然而环境与健康的真相被掩盖了，杂草也在除草剂面前越战越勇，人类还要继续对抗下去吗？

（二）除草剂种类知多少

除草剂可按作用方式、施药部位、化合物来源等多方面分类。氯酸钠、硼砂、砒酸盐、三氯醋酸对于任何种类的植物都有枯死的作用，但由于这些均具有残留影响，所以不能应用于田地中。下面介绍一下农田常用的除草剂。

1. 乙草胺

别名乙基乙草安，禾耐斯，消草安；化学名称：2，-乙基-6，-甲基（乙氧甲基）-2-氯代乙酰替苯胺；分子式：$C_{14}H_{20}ClNO_2$。溶解在多种有机溶剂中。20℃时年内不分解。

2. 甲草胺

又名拉索，澳特拉索，草不绿，杂草锁；化学名称：氯代-2，6，-二乙基-N-甲氧基甲基乙酰替苯胺；分子式：$C_{14}H_{20}ClNO_2$。能溶于乙醇、乙醚、丙酮、氯仿等有机溶剂，分解温度105℃，在强酸强碱条件下分解。

3. 丁草胺

又名马歇特，灭草特，去草胺，丁草锁；化学名称：2，6-二乙基-N（丁氧甲基）-氯乙酰替苯胺；分子式；$C_{17}H_{26}ClNO_2$。琥珀色液体，对钢腐蚀，溶于大多有机溶剂，包括醋酸乙酯、丙酮、乙醇、苯、己烷等，165℃时分解，对光稳定。

4. 莠去津

又名阿特拉津，莠去尽，阿特拉嗪，园保净；化学名称：2-氯-4-乙胺基-6-异丙氨基-1，3，5-三嗪；分子式：$C_8H_{14}ClN_5$。在中性、弱酸、弱碱介质中稳定。

5. 2，4-D 丁酯

又名 2，4-滴；化学名称：2，4-二氯苯氧基乙酸；分子式：$C_8H_6Cl_2O_3$。难溶于水，易溶于多种有机溶剂，挥发性强，遇碱分解。

6. 异丙甲草胺

又名都尔，稻乐思；化学名称：2-甲基-6-乙基-N（1-甲基-2-甲氧乙基）-N-氯代乙酰替苯胺；分子式：$C_{15}H_{22}ClNO_2$。与苯、二甲苯、甲苯、辛醇和二氯甲烷、己烷、二甲基甲酰胺、甲醇、二氯乙烷混溶，不溶于乙二醇、丙醇和石油醚，300℃ 以下稳定，强酸、强碱下和强无机酸中水解。

（三）草甘膦：功过有待评说

草甘膦是美国某公司于 20 世纪 70 年代开发的广谱灭生性除草剂，70 年代中后期推出了草甘膦异丙胺盐与钠盐。草甘膦主要抑制植物体内烯醇丙酮基莽草素磷酸合成酶，从而抑制莽草素向苯丙氨酸、酪氨酸及色氨酸的转化，使蛋白质的合成受到干扰导致植物死亡。草甘膦是通过茎叶吸收后传导到植物各部位的，可防除单子叶和双子叶、一年生和多年生、草本和灌木等 40 多科的植物。草甘膦入土后很快与铁、铝等金属离子结合而失去活性，对土壤中元素与作物的平衡造成影响。

在美国，草甘膦除草剂应用范围包括：茶园、果园（一年生杂草和多年生恶性杂草）、春玉米、夏玉米（行间杂草、一年生杂草）、油菜田（一年生杂草、多年生杂草、杂草）、防火隔离带、森林防火道（多年生杂草、杂草、杂灌）、非耕地（多年生杂草、行间杂草、一年生杂草）、甘蔗田（一年生杂草和多年生恶性杂草、杂草）、柑橘（一年生和多年生杂草、杂草）、苹果园（多年生杂草、行间杂草、一年生杂草）、公路、铁路（行间杂草、一年生及多年生杂草）、剑麻（一年生杂草、多年生恶性杂草）、梨园（行间杂草、杂草、一年生杂草、多年生恶性杂草）、棉花田（一年生和多年生杂草）、橡胶园、桑园（行间杂草、杂草、一年生杂草、多年生恶性杂草）。除了以上应用，草甘膦还在桃园、葡萄园、梨园、茶园、桑园和农田休耕地中大量使用，对稗、狗尾草、看麦娘、牛筋草、马唐、苍耳、藜、繁缕、猪殃殃等一年生杂草有很好的防治作用。

那么，抗草甘膦转基因作物是怎么回事呢？原来，草甘膦除草剂几乎能杀死一切绿色植物，但也有例外，一种叫矮牵牛的植物就不会被杀死。生物技术公司就将矮牵牛基因植入大豆、玉米、棉花等作物中，获得了抗草甘膦作物。这样的转基因作物对草甘膦就变得不敏感了，得到了保护。然而，环境中和食物中的草甘膦残留增加了。另外，杂草也不会甘于被灭杀，"超级杂草"或许就是抗草甘膦转基因作物应用后出现的生态后果。

需要指出的是，草甘膦等除草剂生产过程会造成严重的环境污染。美国人为保护该国生态环境，将除草剂转移到他国生产，中国这类工厂最多。美国人大量使用的除草剂是在中国生产的，也是在美国大量应用的，带有除草剂尤其草甘膦残留的农产品又带回中国。这样，进入到环境中去的除草剂及其前身物质，以及食物残留的除草剂，客观上造成了除草剂对中国人的直接或间接危害。

对于草甘膦的安全性问题，商业公司自己声称其比食盐还安全，一些被收买了的所谓科普作家也大肆宣扬这种观点。然而，2015年年初，世界卫生组织曾公布了一份研究报告，认为草甘膦可能致癌，这份研究报告来自世界卫生组织下属的国际癌症研究机构（IARC）官方网站。报告称，从2001年以来，该机构对美国、加拿大和瑞典的情况进行了调查，有足够的证据显示，草甘膦农药可能会引发淋巴腺癌和肺癌，这是世界卫生组织首次确认草甘膦与癌症有关联。

自2011年后，美国农业部就没有对食品中的草甘膦残余进行过检测；2014年，美国政府审计办公室曾对没有进行定期检测的公司提出过批评。在之前检测的300种豆类样品中，共有271个样品中含有草甘膦残余。2017年3月，洛杉矶的鲍姆、赫德伦和阿利斯特律师，分别代表全美136名原告提出诉讼称他们因使用草甘膦除草剂而患上了非霍奇金淋巴瘤。目前，在全美和各州起诉某生物公司的案子已达到700多起。

2018年8月10日，美国加州法院裁定草甘膦除草剂致癌，孟山都须向受害者支付重金。草甘膦是农达除草剂的主要成分，主要配合抗草甘膦转基因作物使用，自2015年被世卫组织下属的癌症研究机构（IARC）评定为2A级致癌物以后，美国有越来越多的非霍奇金淋巴瘤患者及其家属起诉其研发公司孟山都。第一起起诉孟山都农达产品致癌案于2018年7月9日开庭，历经了一个月的审理，法庭最终判定孟山都公司对非霍奇金淋巴瘤患者韦恩·约翰逊负责，并向他支付2.89亿美元赔偿金。

庭审证据显示，孟山都公司几十年来故意隐瞒草甘膦除草剂的危害，并聘请学术"枪手"帮助它持续鼓吹该化学品的效用。目前美国已有数千起类似的法律诉讼，癌症幸存者或死者亲属被鼓励提出相似的要求。而在此前，一些无良人士或记者，向中国消费者散布完全相反的信息，称草甘膦比食盐还安全。

五、警惕人为的植物病害

人类采取与自然对抗的办法，过度使用化学物质，降低环境质量和生物多样性，造成了人为病害的发生。在山东农村，有花生疯长烂秧病（花生仅生秧苗不坐果、花生烂秧）和"胖蒜"（一层层长皮而不结蒜瓣）现象，农民们对此不了解原因，从植物生理生态学的常识来判断，这肯定是植物生长环境改变造成的。花生白菌病、"胖蒜"，以及蔬菜大棚的蔬菜病，都是人为制造的植物病害。

先来看花生白菌病。在现场我们发现，花生根部发病，出现较为严重的白菌丝，已近成熟的荚果腐烂，甚是可惜。一些农药贩子趁机卖农药，告诉农民需要喷洒一种治霉菌的农药。有农民按照他们提供的信息购买了农药，还担心农药进入不了根部，采取了灌根的办法。但农药使用后一点效果也没有，花生照样死去。面对该病，农民一脸困惑，他们拿着死秧的花生到我们的生态定位站询问原因。

根据我们掌握的生态学知识，就可以给花生白菌病一个合理的解释。所有生病的花生都采用同样的模式，农民为图省事，将花生种植在地膜下，在地膜里浇灌了农药，一次性使用了化肥，喷洒了除草剂。保温、保湿、除草等多种"好处"，带来的是花生秧苗的迅速生长，为了防止徒长，农民们再往秧苗上喷洒矮壮素。生病的原因与植物生长环境恶化有极大关系。覆盖农膜在刚播种后的干旱时期有好处，能够保温、保湿，然而进入高温的雨季后，上述优点变成明显的缺陷。

在农膜之下，土壤吸收的热量无法释放，水分运动受阻，再加上农民早期施加的农药和化肥胁迫，花生遭遇了一种高温、高湿、微毒的典型生理逆境。在这样的环境下，真菌得以滋生，植物就生病了。

这是一种典型的"懒人农业"，既省事又高产。该模式实施了20多年，一直被农民欢迎，花生产量也较传统的高。其中最主要的问题是农药残留高，农膜无法降解，对于这些农民均不关心，反正他们自己不吃。然而，现在又出现了严重的疯长烂秧和白菌病，花生大减产，农民就着急了。

目前留守农村种地的是老人和妇女，面对他们辛苦劳动眼看就要到手的果实被白菌和害虫（收获期金龟甲幼虫将会危害花生，农民被迫提前收获）夺走，很是着急。农民前期因偷懒酿成后期手忙脚乱和花生大减产，这是他们意料不到的。遗憾的是，农民们至今不知道病因，依然被那些农药贩子忽悠，每年花钱买农药，每年导致花生重复得这种病。

再来看"胖蒜问题"，每年春天收获大蒜的季节，农民们都向我反映他们种的大蒜为什么没有"米"，即不结蒜瓣，外观上看大蒜个头很大，其实是空的，农民管这种蒜叫"胖蒜"。山东一带大蒜个别主产区，"胖蒜"出现的概率达1/3到1/2，严重的地段全部都是。蒜农的地里出现"胖蒜"后，连种地成本都收不回来。

"胖蒜"的出现说明中国耕地质量下降到了非常严重的程度。连续30年来，农民只施加化肥不用有机肥，并在种植大蒜以后将除草剂、有毒农药都施加在地里，并蒙上一层塑料膜。在这样严酷的环境下，植物怎么能不生病呢？

农民那些"胖蒜"怎么处理？聪明点的农民早发现后，提前起刨，卖给收鲜蒜的蔬菜贩子；收的鲜蒜干什么？卖到蒜蓉加工厂。城里人吃的蒜蓉许多是用各色蒜皮制作的，干物质很少，那些含农药、除草剂的"胖蒜"就这样找到了出路。但蒜的辣度不够怎么办？

天知道会不会加人工合成的大蒜素呢。大椒素是能够人工合成的。当大量的"胖蒜"上市，供大于求时，大蒜贩子就拒绝再收"胖蒜"了。据说周围一个村庄"胖蒜"太多了，大蒜贩子拒绝上地收购，该村蒜农损失惨重。

人类采取温室技术，反季节生产蔬菜，已经造成大部分庄稼尤其是蔬菜的病害。最著名的温室大棚病，即由高温高湿和静风环境引起。从根本上讲，反季节设施改变了蔬菜的生物学本性，也正因为如此，反季节蔬菜在丰富了人们日常生活的同时，也带来了严重的环境污染和食品安全问题。反季节蔬菜要想成功，首先得改良蔬菜生长的微环境，常规做法是将塑料膜笼罩在耕地上。塑料膜造成的阳光温室在提高了环境温度和湿度的同时，也打破了害虫的休眠规律；由于温室大棚内温度、湿度较高，且常年不通风，病害滋生异常严重；相应地，土壤线虫和有害微生物也因此活跃起来，造成了大棚蔬菜特有的病虫害。

温室大棚内连续种植相同的蔬菜，会出现产量明显下降，这在园艺学上称为"连作障碍"。为减少损失，菜农们常常借助大化肥弥补生长不足。且大多数农民相信"多施肥，多产出"，化肥添加量常常高达推荐量的 2~5 倍。大化肥的使用除造成食品安全隐患外，更严重的是造成土壤和地下水污染。这是因为塑料大棚内风吹不着，雨淋不到，化肥"冲不走、流不去、分解不掉"，迫使其垂直下渗，对地下水的污染就不可避免。常年使用大化肥生产反季节蔬菜的华北某地，80 米以下地下水的硝酸盐含量超过美国标准的 10 倍。近年来，反季节蔬菜主产区农民癌症发病率大幅度提高就跟大化肥带来的环境污染有一定关系。

第二节　健康中草药生产

中药材作为中医的重要组成部分，对人类战胜疾病做出的贡献是举世瞩目的，屠呦呦获得诺贝尔生理学或医学奖就是对中医药的充分肯定。然而，遗憾的是，由于严重违背生态学规律，中药材面临着来自资本市场的疯狂入侵，中药材向着远离道地性和有效成分方面越走越远了。

一、中药材转基因

为了适应快速生产中药材的需要，满足生产者用懒人农业的办法生产中药材，一些研究机构竟然将转基因——这种在食物应用面前全球争议的技术，用在中药材中。或许就在人们为转基因食品是否安全纠结不清时，转基因中药已经进入了我们的肠胃。早在 1999年，就有人利用转基因技术，提高枸杞等药材的抗病虫害能力和药材产量。

根据我们的初步调查，目前已经实现转基因，或正在进行转基因研究的中药材包括枸杞、金银花、忍冬藤、连翘、板蓝根、鱼腥草、人参、太子参、大枣、核桃仁、丹参、绿豆、黄芪、百合、青蒿、何首乌、龙眼肉、杜仲、甘草、半夏、桔梗、银杏、麻黄、防风、芦根、地骨皮、竹叶、菊花、广藿香、巴戟天、枳壳、石斛、夏枯草、珠贝母等五六十种。

中药材的药效与其道地性有很大的关系，越是天然的效果越好，而转基因中药材改变了其平衡成分，或者将有毒有害的基因或抗生素基因转入到中药材中，达到抗病、抗虫、抗除草剂等目的。这样的中药材还能够给人治病吗？

中医药是中华民族的瑰宝，中药材也被转基因了，那么中药不但起不到治病的作用，而且还会加重用药者的病情，成为慢性毒药，转基因对中医药将是毁灭性的打击，这绝不是耸人听闻。很多老中医抱怨所开出的药方效果差了，说不定其开出的药方中已含有转基因成分，已不适合做中药材了。

二、化肥催大的中药材

在市场经济面前，农民种中草药如种庄稼一样，采用农药、化肥、地膜、激素催熟等办法，为了获得高产，大量使用化肥种植中草药已经是公开的秘密了。

"橘生淮南则为橘，生于淮北则为枳"，中药材历来讲究原产地。当归，必须是甘肃定西地区的，大黄要是甘肃礼县铨水乡的，生地是河南焦作、温县，山西临汾、运城一带为佳，一旦改变了环境，药效往往就下降了。然而，遗憾的是，现在农民种植中草药早已突破了产区概念，连栽培方法都发生了重大变化。

板蓝根、人参等，长相和正宗产地的一模一样，本身也不是假药，但药检发现有效成分很少甚至为零，毫无药用价值。同样是地黄，河南武陟产的和浙江某地产的经过检验，发现梓醇含量相差810倍。过去鱼腥草主要生长在深山的水沟溪泉两边，没有污染，煮了以后给小孩退烧很快就能见效，现在云南、贵州、四川，把鱼腥草撒在大地里，像种蔬菜一样。原来种庄稼的农田，已经施过很多年的化肥农药，现在种鱼腥草继续施加化肥。肺炎发烧，以小孩居多。小孩病情变化很快，以往一喝药就能好过来，现在拿这样没什么疗效的鱼腥草做药，吃了能不误事吗？

云南白药最重要的原材料是野生重楼，又名七叶一枝花，野生重楼已经濒临灭绝。人工栽培的重楼，如果能使产量倍增，就什么办法都用；麦冬使用壮根灵后，单产可以从300千克增加到1000多千克；党参使用激素化肥后，单产量也可增加一倍，但药效可想而知。

含有毒害作用的尿素，在土壤中常生成少量的缩二脲，其含量超过2%，对中草药种子和幼苗就会产生毒害；含氮量高的尿素分子也会透入药材种子的蛋白质分子结构中，使蛋白质变性。含有腐蚀作用的肥料，如碳酸氢铵和过磷酸钙，用作中药材栽培的底肥，对品质影响很大。然而，当前农民种植中草药是为了卖钱，他们怎么会关心化肥对药材质量的影响呢？

三、饱受农药洗礼的中药材

除了普遍使用化肥，种植中药材大量使用农药和除草剂也是令人忧心的。喷洒农药是为了控制虫害，施加除草剂是为了控制草害，而今这种化学农业模式已经从瓜果蔬菜延伸到本该治病救人的中药材身上。

2012 年 7 月—2013 年 4 月，绿色和平组织在北京、昆明、杭州、天津、香港等 9 座城市购买了 65 种常用中药材作为样品，送往具有资质的独立第三方实验室进行了农药残留检测。结果显示，65 个样品中多达 48 个含有农药残留，占全部样品数的 74%。32 个样品都含有 3 种或以上农药残留，多地著名中药堂贡菊发现了超过 25 种农药残留。

如果以欧盟的农药最大残留标准来进行对比的话，我国部分抽检样品农药残留超标数十倍甚至数百倍。例如欧盟的甲基硫菌灵最大残留值为 0.1 毫克/千克，某大药房的金银花甲基硫菌灵残留量为 11.3 毫克/千克，超标 100 余倍；而在北京某某堂的三七花中检出该农药残留量 51.6 毫克/千克，超标 500 倍。而来自某中药商店的三七花中，多菌灵、苯菌灵含量超标 570 倍。

另外，在全部 9 个品牌的 26 个样品中发现了甲拌磷、克百威、甲胺磷、氟虫腈、涕灭威、灭线磷 6 种禁止在中药材上使用的农药。据世界卫生组织分类，甲拌磷、涕灭威、灭线磷均为剧毒类农药。如果大脑发育关键时期的儿童与有机磷类农药接触，会导致神经系统的发育受到影响，可能表现出认知能力和短期记忆能力降低。在调查的众多药企中，自身拥有 GAP（中药材生产质量管理规范）基地的不在少数，可即便如此，农药残留超标的问题依然存在，比如检测出甲基硫菌灵残留超出欧盟标准 500 倍的北京某百年老店。

实际上，一位中药材经营者称："GAP 基地往往是形式上的，药企只要通过了 GAP 认证，就交由农户承包种植，农户不会管这些。如果完全按照 GAP 标准操作，成本会非常高。"他举例，一种药材，按照 GAP 的方式种植出来，零售价应该达到 120 元/千克，但市场上有大量的非 GAP 标准种植的该种药材，其市场价只有 60 元/千克。

中草药中农药残留，尤其是重金属超标等原因影响了中药材药性的发挥，药性的衰退是不争的事实。原本使用 5 克就足够的，可能现在使用 10 克，药性都不太明显，甚至要用到 15 克。

当前，人们对食物中的农药残留给予了极大的重视，不少消费者已开始购买有机食品或绿色食品，倒逼农作物或蔬菜生产转型，但对于治病的中医药材，民众关注度明显不够。中医在西医的打压下，治疗效果已大不如前，即使技术高超的老中医，也因中草药质量的下降而束手无策。中药材生产技术改革已经到了中医生死存亡的紧要关头了，唯一的办法就是采用生态学的办法进行生产。

四、中草药必须生态种植

中药主要由植物药（根、茎、叶、果）、动物药（内脏、皮、骨、器官等）和矿物药组成。因植物药占中药的大多数，所以中药也称中草药。中国各地使用的中药已达5000种左右，把各种药材相配伍而形成的方剂，更是数不胜数。经过几千年的研究，形成了一门独立的科学——本草学。中草药是中医预防治疗疾病所使用的独特药物，也是中医区别于其他医学的重要标志。合格的中药材是不能有上面介绍的那些乱象的，中草药必须远离转基因、化肥、农药、除草剂、地膜、激素，还原为中草药本来的面目。

理论上讲，人类治病的所有药材均可以来自自然界，动植物或部分矿石内含有治疗人类疾病的各种有用化学成分。没有经过人工栽培的是最好的。现在中国各医学院校都开设了天然药物这门课，所讲述的内容就是通称的中草药。中国人民对中草药的探索经历了几千年的历史。相传，神农尝百草，首创医药，神农被尊为"药皇"。目前有些地方强调让中药材回归自然界，即搞仿野生栽培，这种做法无疑是生态种植中药材的最高境界。

中药产业是我国在世界上最具有特色和优势的产业领域之一，随着我国中药现代化进程的加快，特别是近年来，我国中药产业的面貌发生了巨大变化，人工种植药材达到200余种，已建立了20多个国家中药现代化科技产业基地，400多个中药材规范化种植基地，种植面积达2000余万亩。随着中药材产量管理规范（GAP）的发布，中药材种植产业正在向着规模化、规范化、现代化和国际化方向健康发展。同时，对于保证中药材及中药产品质量，提高中药在国际上的竞争力，保护生态环境，促进中药种植产业的可持续发展都具有重要意义。

目前市场上流通的中草药99%以上是农民种植的，他们被称为药农。由于中草药性状、习性都像庄稼，且比庄稼更容易管理。长期以来，中药材生产就采取农民发明的办法种植，连反季节措施都用上了，这样药性岂有不下降的道理。因此，科学的中药材种植办法，必须全过程采取"六不用"做法，即在种植过程中不用农药、化肥、除草剂、地膜、激素、转基因。只有这个标准严格了，中药材的品质才能够改善，价格才能够提上来。目前我国优质的中药材被外资垄断，好的中药材运到日本、美国、韩国等地加工，然后再以10倍价格卖回到中国，这个亏我们吃得太大了。乡村振兴中的农业产业中，中药材生产无疑是提高农民收入的重要渠道之一，应当引起各级政府的高度重视。

第三节　动物生产

一、向工厂化养殖说"不"

目前搞的工业化养殖，已经严重违背了动物的生长规律，造成了严重的环境污染和潜在健康隐患。以前要 1 年才能长大的猪，现在 4 个月或 5 个月就能出栏，肉食鸡在激素作用下可在 45 天内出笼，鸭 38 天。更有甚者，鸡、鸭、鹅等鸟类终其一生，都是在传输带上度过的（为方便清除粪便有人搞了这样的发明），在生长过程中，其脚趾就没有接触过土地，没有见过阳光，连空气都是污浊的，更不要说鸭、鹅等水禽接触水面、水中的鱼虾、水草等美食。生产者因了解生产过程的危害，从来不吃自己的产品，任其流向市场。人工饲养环境下长大的鸡、鸭、鹅、猪、鱼、虾、龟、贝、牛、羊等肉类产品，或多或少地摄入了激素、瘦肉精、安眠药、苏丹红甚至避孕药等天然食物链中原本不存在的东西。那么，这种所谓科技进步带来的动物养殖方式有哪些问题呢？

一是造成了大量环境污染。动物粪便含有有害化学物质，突出表现在重金属和抗生素超标。这样的有机肥如果没有科学的处理（重金属非常难处理），是连做肥料的资格都没有的。大型养殖场是将生态环境成本当成零的，这还没有计算消费者的健康代价。

二是健康问题。儿童性早熟、肥胖，与速生动物食品是有一定关系的。集约化的生长速度更快，商业利润空间更大。然而，这样的养殖方式很少考虑对人体的影响。那些看起来像食物的东西，实际是各种化工产品载体，是各种工业化产业链上的产品。人类食物链不幸促成了化工产业链、医疗与健康产业链"联姻"，食物成了资本牟利的最大工具，这是人类进化史上闻所未闻的事。工厂化养殖死畜、死禽难以避免，个别时候达到 5% 以上，这就反映了养殖方式本身就不是健康的。大量死亡的动物，如果被不法分子加工成食物进入市场，就更加大了健康隐患。如果不让其流入食物链，就会进入环境，黄浦江漂死猪、桃花江漂死鸡就说明了这个问题的严重性。

三是动物福利问题。在传输带上，动物除了进食，基本不活动，这就大大改变了生物的生长规律。生长速度太快，为减少死亡必须依靠大量抗生素；为让鸡、鸭、鹅、猪、羊生长更快，需要食品添加剂，有些添加剂对人体有害，如重金属等。集约化养殖场的粪便奇臭无比，就是人们添加的东西太多了，这样的肥料对农田都有一定的危害。借助乡村振兴机遇，应大力发展生态养殖，让动植物在良好的生态环境下快乐成长，避免畜禽"速成班"现象，提高动物福利。

四是农民没有生态养殖业收入，被剥夺了创收机会。农民生态化养牛、驴、猪、鸡、鸭、鹅、狗、猫等动物，有着非常悠久的历史，动物养殖是农民增收的一种重要途径。在困难时期，农民的老母鸡产的优质柴鸡蛋，就是孩子们上学学费的重要来源，鸡屁股就是农家的"银行"。而今，工厂化养殖将农民重要的增收渠道堵住了。虽然街道没有了动物粪便，乡村卫生条件改善了，但工厂化养殖场的废弃物成了重要污染源。应充分利用林下、闲置院落、高秆作物下、荒漠、草原等生态空间，鼓励农民搞生态养殖，将动物养殖这一重要增收技术还给农牧民。

五是动物品种退化。工业化的品种，大都来自工厂化的畜种或禽种场，是资本财团控制的，由于不让农民搞养殖，或者因竞争原因，农户养殖的利润空间被挤占，一些经历了成千上万年优良驯化的动物基因就会因农民放弃养殖而退化。在农村，我们几乎找不到九斤黄母鸡、芦花鸡、黑山猪等优良品种，就说明问题已经非常严重了。

乡村振兴中，离不开驯养动物的贡献。要恢复它们的自然本性，提高养殖动物的附加值，这样的产品在国内外市场上都具有竞争力。从源头减少环境污染，减少重金属、激素与抗生素残留，这样的食品对人体健康有重要的呵护作用，可从源头上少制造病人。

二、草原养鸡好处多

随着农业科学技术的不断进步，一些新技术不断应用到食物的生产、储存、加工领域，突出表现在大量化学物质的应用。这些新技术大大丰富了人类餐桌上的食物种类，然而人类所付出的健康与环境代价也是十分沉重的。以鸡为例来说明这个问题。家鸡源出于野生的原鸡，其驯化历史至少4000年。在甘肃天水西山坪大地湾一期文化中，已经发现了距今8000年左右的家鸡祖先。但直到1800年前后，鸡肉和鸡蛋才成为大量生产的商品。鸡的习性是好动，不断刨食，能够作为食物的如虫子、蚯蚓、草籽、草业、粮食，它们都喜欢。鸡吃饱了，还喜欢将沙子或干燥的土刨到羽毛上，然后用力抖擞，这个过程不仅使其毛色光鲜，还将身体内的寄生虫抖掉。鸭子和鹅喜欢水，但鸡怕水，鸡不能洗澡，就用这种办法洗"沙浴"。自由活动的母鸡下蛋后发出咯咯哒（个个大）自豪的叫声，而好斗的公鸡则管理它的母鸡群，不断繁衍后代。鸡的寿命为6~7年，而长成的时间仅仅6个月。

对于工厂化的鸡，不要说没有挑选食物的权利（是被喂养的），就连晒阳光的权利都没有了，一辈子脚丫子就没有下过地。这样的鸡身体很弱，春节放鞭炮都能吓死。在工厂化车间里产蛋后的母鸡早没有了"个个大"的自豪感，而是咕咕咕的痛苦叫声。母鸡成了标准的产蛋机器，自由活动的母鸡每年只产100多个蛋，而工厂化养殖的鸡被人类逼迫每年产300多个。速生的肉鸡命运比母鸡还惨，还没有性成熟，就被屠宰了，从鸡出壳到长大，仅需要短短的 45 天，每天离不开抗生素、维生素、激素之类。工厂化养鸡的一个最突出的特点是鸡舍很臭，说明鸡一直是在污染环境下长大的。

同样是鸡，用的名字都是鸡，外形也是鸡的外形，但自由生长的鸡与工厂化养殖的鸡，其生长的环境、内部的品质、所含的营养成分和有害成分是完全不同的，后者不应当叫鸡。

草原自由牧禽有哪些优势？试分析如下。

第一，充分利用草原的空间资源。牧民普遍拥有大面积草原，如锡林郭勒北部草原东乌珠穆沁旗牧民人均有 2100 亩草原。但是，如此辽阔的草原却没有给牧民带来太大的实惠，平均每亩收入低于 10 元。两条腿的鸡相对于四条腿的牛羊来说，对草原的破坏力几乎没有，空间大，禽类自由活动的地盘就大，选择有水源的地方，适度集约化利用。因为我们仅利用草原地面空间，且只有三四个月时间，没有对土壤扰动，这样不会引起沙尘暴等生态灾难。来自农区的粮食，转化为禽类粪便后还可补充草原养分。

第二，充分利用草原的水热资源。相对于地中海沿岸荒漠，中国干旱与半干旱区条件还是相对优越的，前者雨热不同期，而后者雨热同期。我国草原降水量虽只有 250~450 毫米，但集中在 6—9 月这 4 个月中。这一阶段，光照充足，雨量集中，温度适宜。如此优越的气候环境对人类都是理想的避暑之地，对于禽类健康生长更没有问题。因为到植物枯萎季节就"收获"草原鸡，避免了养殖牛羊等牲畜造成的"春瘦、夏肥、冬掉膘"恶性循环。

第三，充分利用草原的食物资源。草原上各种昆虫、草籽、嫩叶、灌木籽、树种，都是很好的"粮食"。这些"粮食"人无法下口，但两条腿的鸡则非常喜欢。试验数据表明，草原上每获得 1 千克鸡重，消耗粮食 2.3 千克，而在山东林下养柴鸡，则高达 4.8 千克。草原生态养鸡平均每只可省粮 2.5 千克，节粮率达 52%。省出来的"粮食"完全是鸡从草原上自由觅食来的，是那些虫子、种子和嫩叶换的。草原是后备粮仓，但要由鸡去"开荒"。

第四，减轻了牧民的劳动强度。草原养鸡仅利用植物生长的三四个月时间，加上育雏以及后期出售所需时间，前后生产周期不超过 6 个月。这样的话，牧民就可以"劳作半年，休息半年"，传统的接冬羔、冬季放牧等辛苦活从此远离牧民。最关键的是，即使在劳作的半年时间内，放养鸡的劳动强度远远小于放养同类经济效益的牛羊，年龄大的牧民或妇女均可胜任。

第五，大大提高了牧民收入。这是最为关键的，再好的生态治理思路，如果不能够给农牧民带来直接经济效益，注定是失败的。草原养鸡的效益是很可观的。不计牧民劳动力成本，每只鸡净赚 15 元左右，超过牧民养牛羊 1 亩地的收入（平均 10 元/亩）。生态养鸡可从根本上提高草原牧民收入，带动生态保护，为国家节约大量治理费用。由于没有空气污染，草原放养的鸡在大城市很有竞争力。如该模式成功，就等于城市消费者自觉消费，保护草原生态环境。

第六，促进生态恢复，减少沙尘暴等危害。沙地草地如果减少了人为压力，在生态退化尚未达到阈值的前提下，完全能够自我恢复。

第七，避免农区养禽造成环境污染。目前，全国畜禽粪便排放量是工业废弃物的两倍多，农区集约化养禽的粮食主要来自东北等粮食主产区，由于粮食里混入了饲料添加剂，重金属污染严重。畜禽粪便污染还造成了太湖等重要湿地的水体富营养化。而利用开放草原空间养禽，禽类粪便直接变成肥料进入草原。输入的玉米等粮食，加上草原的食物，变成了鸡肉进入大城市，留下禽粪等补充草原养分不足。最后值得一提的是，由于草原空气新鲜，没有污染，禽类很少得病，所需药物也是大大减少的，这样的生产过程避免了禽药和添加剂污染。

第八，避免新城疫、禽流感等疾病暴发。由于草原具备良好的生态环境、丰富的动物与植物食料、安全的饮用水、适宜的温度，加上充足的阳光，能够接触土地进行沙浴，活动空间大，这样的环境下鸡生病的概率大幅度下降。在农区工厂化养鸡死亡率为5%～10%，而在草原上死亡率可控制在1%以下。只要进行常规防疫，草原养鸡可以大幅度减少新城疫、禽流感等风险，鸡基本不生病，从而使禽肉蛋远离了抗生素污染。

第四节　农产品加工

对农产品加工最有发言权的是一线农民，他们生产了食物，了解食物的习性。自古以来，农民中就有一部分人分化出来，专门从事食物加工业；过去大家族中，就有专门从事食物加工的长工。而传统的食物加工方式无非晾晒、风干、腌制、酿造、发酵等物理或化学办法，辅助以大量优质的劳动力。只有到现代社会，才有专门生产食物的企业，但其食物来源是从农民那里收购上来的，往往农民将最好的粮食或蔬菜留给自己吃，销售出去供别人加工的是次品。果树种植户甚至将落果或烂果也出售给果汁加工企业，这样的产品质量状况是不容乐观的。在乡村振兴中，将农产品加工产业回归一线，让农民就业多元化是非常重要的。

农产品加工是用物理、化学和生物学的方法，将农业的主、副产品制成各种食品或其他用品的一种生产活动。是农产品由生产领域进入消费领域的一个重要环节。主要包括粮食加工、饲料加工、榨油、酿造、制糖、制茶、烤烟、纤维加工以及果品、蔬菜、畜产品、水产品等的加工。农产品加工可以缩减农产品的体积和重量，便于运输，可以使易腐的农产品变得不易腐烂，保证品质不变，保证市场供应；还可以使农产品得到综合利用，增加价值，提高农民收入。

乡村振兴中的农产品加工，其优势是具有丰富的农畜特产资源，粮食精深加工、畜禽加工和特产品加工业三大优势产业均可在乡村就地发展；玉米、水稻、大豆、肉猪、肉牛、禽蛋、乳品、参茸、蔬菜、林特产品等系列产品深加工可实现转化增值；还可深度开发矿泉水、人参、林蛙、鹿、食用菌等特色资源，提高加工深度及生产高端产品。

以玉米为例，除传统的玉米面、玉米渣加工外，氨基酸、高果糖浆、结晶糖、变性淀粉、乳酸、聚乳酸、酶制剂、优质食用酒精和医用酒精等产品，也是以玉米为原料的，这样就将玉米这一大众化的初级产品变成了有市场竞争力的工业产品；在传统食物方面，还可搞冷冻米面主食、速食米面制品、速冻玉米、玉米主食肠、玉米方便粥、玉米纤维食品等早餐、方便、休闲食品；专用玉米面粉、营养强化玉米面粉、玉米淀粉等，延长了农业产业链。

农村种植的果树、葡萄、蔬菜等产品，也可以搞就地加工，如用乡村生态的葡萄加之生态的办法加工葡萄酒、葡萄干；用山楂、苹果、桃等加工水果罐头；用辣椒等加工辣椒酱；用豆角、黄花、苦瓜等加工干菜等。所有这些加工过程，不需要专门的设备，一些有技艺的专业加工户本身就有长期加工的经验，这样就提高了农产品的附加值，还可使一部分农民从种养殖等行业分离出来，产业多元化，避免了同质化竞争。

同样的道理还可应用于动物食品加工。因农村还有大量的养殖业，如果采取的是生态养殖方式，肉食品质就大幅度提升，这样的食品在市场上有很强的竞争力。牛、羊、鸡、鸭、鹅等屠宰后，还可加工肉制品，如冷却分割肉、低温肉制品；各类熟肉精制品、骨等产品。全蛋粉、蛋黄粉、蛋清粉、禽蛋营养食品、动物血等副产物也可综合利用。更重要的是，因为发展生态农业需要大量优质的有机肥，上述动物屠宰副产品可深埋处理，进入果园、葡萄园、农田，变成优质有机肥，从而避免了屠宰企业严重的环境污染问题。

当然，在乡村进行的食品加工必须提高卫生条件，达到食品的卫生要求，这一点只要适当投资是不难做到的。所有的乡村食品加工，因将大工业化加工的工作量分散到千家万户，整体产能总量不会下降，但生产周期大幅度提高了，就避免了因货架期延长，商家为保护自己的产品大量使用防腐剂、杀菌剂等食品添加剂。目前人类食用的食品添加剂达3万多种，如果发展乡村加工产业，99%以上的食品添加剂可以告别食物链。

第五节　农产品储藏

在长期的生产实践中，农民积累了大量储藏农产品的知识，而且所用材料均来自自然界，而从来不用杀虫剂、防腐剂这些有害物质。在生产中，先民们发现，干燥可以延长保存期，低温也可以避免夏季食物变质，通风有利于农产品保存，腌制更能够防止食物腐败，地窖可以保暖，让红薯，生姜等安全越冬储藏，萝卜、白菜等则通过直接埋藏在土壤下面就可以越冬保鲜，所有这些技术在乡村振兴的农产品加工中，均可以发扬光大。如再加上现代科学技术，农产品储藏的质量更有保障，从而实现大幅度延长货架期的目的。概括起来，农产品储藏技术有如下几类。

一、维持鲜活农产品最低生命活动贮藏法

此类方法主要用于果蔬等鲜活农副产品的贮藏保鲜。采用多种维持果蔬最低生命活动的措施，降低果蔬新陈代谢，保持其天然免疫性，防止微生物的入侵和破坏，延长有效贮藏寿命。新鲜果蔬是有生命活动的有机体，采收后仍然进行呼吸作用等生命活动。所以必须创造一种适当的冷藏条件，延缓衰老，降低营养物质流失。新鲜农产品是活的生命，生命均具有抵抗外来干扰的能力，只有死亡的个体才容易腐烂，因此抑制鲜活农产品呼吸，维持基本生命活动能力，都可以达到储藏农产品或运输的目的。

二、无菌贮藏法

通过热处理、微波、辐射、过滤、超高压等工艺手段，全部杀灭致病菌，使食品中腐败菌的数量减少到能使食品长期保存所允许的最低限度，并通过抽空、密封等处理防止再感染，从而使食品得以长期保藏的一类食品保藏方法。典型的无菌保藏方法便是食品罐藏。基本可分为100℃以下70~80℃杀菌的巴氏杀菌法和100℃或100℃以上的高温杀菌法。有些杀菌方法由于没有热效应，被称为冷杀菌法。如紫外线杀菌法、超声波杀菌法、原子能辐照等。食品超高压保藏技术是将食品在100兆帕斯卡以上的压力、常温或较低温（<60℃）下及适当的加工时间内，引起食品成分非共价键的破坏或形成，使食品中的酶、蛋白质、淀粉等生物高分子失活、变性或糊化，达到杀死食品中细菌等有害微生物、改善食品品质的目的。这种方法的缺陷是杀死了微生物，同时也可能杀死了有生命的食物，优点是保存期长。

三、发酵贮藏法

利用发酵原理的保藏方法，称为发酵保藏法或生化保藏法，即利用某些有益微生物的活动产生和积累的代谢产物，如酸和抗生素来抑制其他有害微生物活动，从而达到延长食品保藏期的目的。发酵不仅能够利于食品贮藏，还能提供发酵产品，更重要的是还能抑制常见病原微生物的生长。如 pH 值<4.6 时，肉毒杆菌不能生长和产生毒素；泡酸菜等众多的食品因为发酵产生酸，从而增强了它们对有害微生物的抵抗力。

四、抑制微生物活动贮藏法

利用某些物理、化学因素抑制食品中微生物和酶的活动，这是一种暂时性保藏措施。属于这类保藏方法的有冷冻保藏，如速冻食品；脱水降低水分活度，如干制品；高渗透压保藏，如腌制品、糖制品等。

由于农产品储藏方法多样，且涉及的农产品种类多，可根据市场需要，将农民的工作进一步细化，在农产品储藏环节，形成专业的队伍，并形成产业。这样的技术，对农民适当培训就能够掌握，从而增加农民就业机会，在家门口，甚至家里就有工作做。

第六节　农产品销售

一、为何出现农产品滞销

人的肚皮是有限的，但欲望是无限的。中国人到底能够吃多少食物？有多少人希望吃上安全放心食物？国内能够满足多少？需要配额进口多少？农民在种植或养殖之前，有没有考虑卖给谁吃？城里人吃的是谁家的产品，是用什么方法生产的？这些显然都要心中有数，是要有计划的。遗憾的是，农民没有这方面的信息，盲目跟风生产，直到生产得太多出现农产品滞销。消费者对农产品也没有选择，只能市场上卖什么他们就吃什么。稳赚不赔的是中间商，他们有定价权。他们最希望农产品滞销，因为他们可以获得最大的差价。要知道，即使农产品滞销，价格直降到每 500 克几毛钱，城市超市里的农产品价位也还是不低的。最苦的是农民，付出辛苦劳动不说，农产品滞销时连农资都收不回来。

为什么会出现农产品滞销？肯定是市场饱和了，农民生产得多，且没有定价权，比赛卖低价，这就造成了农业越来越不被看好。这是市场农业或者现代农业的重大弊病。农产品与空气、阳光、水一样，没有了不行，多了谁也不关心食物的存在，更不会有人关心农民是怎样辛苦种植或养殖的。每年夏粮和秋粮丰收，农民增产不增收之后，多数地区就会暴露出农产品滞销问题。滞销的农产品包括蔬菜、瓜果梨桃与畜产品，涉及种类如芹菜、辣椒、苹果、玉米、大枣、西瓜、柑橘、火龙果、羊肉、牛肉等。

农产品滞销的原因，说复杂也不复杂，核心的原因是盲目扩大规模，一窝蜂地上产品，而不知道市场容量到底有多大。农产品生产出来，农民说了不算，大都卖给中间商，下乡的中间商再卖给城市农贸市场的中间商。农产品销售彻底交给市场，没有一定的计划性，加上中间商趁机压价，滞销恐慌加重供大于求。资本的本性就是逐利，没有计划的盲目生产势必造成产品过剩，造成滞销。

20世纪50—80年代，我国的农业生产实行计划经济，那个时候是不会存在农产品滞销的，相反还要凭票供应。如果说当年的做法是走了政治"一刀切"的极端路线，今天完全放任市场的做法则是走了经济的极端路线，是在重复西方经济危机的老路。

农产品滞销，不仅严重挫伤了农民的积极性，更重要的是造成巨大的资源浪费。众所周知，当今农产品是重数量轻质量的，在养殖过程中使用激素、抗生素、重金属，造成这些物质超标，会污染生态环境，尤其水源和食物链；在种植过程中，使用大量化肥、农药、地膜、除草剂、人工合成激素，甚至非法使用转基因种子，这个过程也严重污染生态环境，造成了宝贵的水资源浪费。然而，使用上述物质生产的农产品，因为滞销直接变成了垃圾，甚至还田肥料的资格都不具备。除了劳动力付出没有回报，对自然资源的浪费也是令人痛心的。

以种植芹菜为例，每亩芹菜种子100多元，种植费200多元，肥料50多元，打农药大约400元，加上每亩收割费300元，因此每亩成本就要1000多元。这里只是计算了成本，那些用钱购买的化学物质造成的耕地退化是没有计算的，水资源浪费也是没有计算的。这还不够，上面的计算仅仅计算了单产，如果滞销面积足够大，资源浪费加起来可能就是惊人的数据。为此，环保和土地部门还要开展专门的生态治理或国土修复工程，这些都是后续的费用。

原本国内市场就疲软，大量进口国外的，且价格更低，这就更打压了国内农产品市场。我们没有必要为西方盲目生产造成的农产品过剩买单，即使进口，也要进口那些安全放心的食品，保护国人健康。实际上，廉价进口的食品直接或间接变成了食物垃圾。中国每年餐桌浪费严重，据估计可够3亿人吃，这些浪费的食物变成污染物，加大了资源浪费。

二、农户直销

那么，怎么破解农产品滞销呢？必须提高农产品质量，采取"以销定产"策略，变滞销为直销。农产品直销就是农产品的生产者和最终的购买者以及使用者直接对接，省去中间的流通环节。目前，虽然直销占的比例很低，但是，随着高端农产品和休闲农业的迅猛发展，农产品直销这种模式越来越流行。

农产品直销有多种模式，如休闲采摘、农夫集市、宅配送、淘宝店等，看上去农产品直接销售的花样多种多样，总结起来就三大类：订单式销售、田间地头式销售、零售式销售。

（一）订单式销售

指的是在农产品生产之前，农产品就已经卖出去了。农产品的订单式销售，和其他工业产品的订单不一样，一般工业产品是按购买的数量和质量下订单。而农产品的订单既可以按农产品的数量和质量，也可以按土地多少，土地上种什么由购买方决定，最后的农产品归购买方。

国外流行的一种 CSA（社区支持农业）模式，近年来我国各地也有人实践。CSA 模式将农产品消费者和生产者直接联系起来。CSA 模式有两种方式：一种是在种植季节之初，农产品生产者主动联系当地的消费者，然后在收获时，生产者将消费者预订的农产品运送到指定地点；另一种是消费者组成一个集体，然后联系相应的农场。在美国，第一种方式更加常见。在这个过程中，消费者也能够更多地了解他们的食物是从何而来、怎样来的。这不仅确保了所购产品的安全，支持了本地的企业，同时也拉近了生产者和消费者之间的距离。

（二）田间地头式销售

消费者直接去田间购买所需的农产品，可以是休闲采摘，也可以在田间超市购买，还可以在田间的路边购买。随着都市休闲农业的发展，田间地头式销售在快速发展，这种模式最大的问题是要吸引大量消费者，所以只有在休闲农业发达的地方、旅游旺地、交通要道等人流量大的地方发展。

田间地头式销售，最重要的是客流，而订单式和零售式销售，理论上都可以操作，因为这两种方式都缩短了农产品的中间流通环节。在现实操作中，农产品企业要想做好直销，有以下三个必要条件。第一，产品必须有特色。有特色才能和菜市场、超市里的大路货区分开来，才具备吸引直销客户的基本条件。第二，直销是一件面对面的交易，虽然沟通成本很低，但信任成本高，需要销售团队不断试错，不断地归纳总结，这样才能找到适合自己的直销方法。第三，产品能否实现田间地头直销，还在于产品质量，好的产品肯定会获得消费者的青睐。

（三）零售式销售

是目前采用最多的直销方式，主要在产地的集贸市场或者城市的路边小摊，还有网上零售，这种方式主要是个体经营者的销售方式。直接把产品送到购买者手上这种方式是目前农产品直销的主流方式，特别是名优特农产品。

三、"平台+农户"的销售模式

没有定价权的农产品生产，农民沦为农资的奴隶，年年爆发的农产品滞销，这样的话题充斥各地媒体，年年出现，年年无解。归根到底，是分散的农户没有组织起来，各自为政，相互压价，最终浪费了大量的人力物力，并且造成环境污染。

扭转的根本渠道在于农民生产先满足自身的食物安全，然后用生态学的健康办法扩大生产，农民再自己开网店或者与有实力的企业合作，直销其产品。目前条件具备的有淘宝、有赞微店等。当然，市场也是无情的，靠欺骗打悲情牌的将会被淘汰。大浪淘沙，最终会让那些认真种地、用健康办法种地的农户受益。

山东平邑县弘毅生态农场发起的弘毅"六不用"平台+农户模式的成功就说明了这一点。该平台主要对农户种植与养殖技术等进行全面指导，并对他们的劳动进行分工与管理。农户主要支付劳动力，以产品从平台上兑现金，自己给自己打工。在种植、养殖、加工、销售、旅游、餐饮等环节，按照平台要求合理分工，避免同质化竞争，避免农产品滞销，也避免购买到假种子与假肥料。种植环节包括大田作物、蔬菜作物、果园等；养殖环节包括养牛、养猪、养鸡、养鸭、养鹅等。在专家指导下，农户自己给自己付出的劳动力，通过生产优质农产品的形式转化为工资。农户每天都有进账，实行月底结账。

在农业生产过程中，植入中科院专家研发的"六不用"替代技术，不打农药，不施化肥，不用地膜，不打除草剂，不用激素，除玉米等少数作物为杂交种外，尽量自留种，禁止使用转基因种子。这样，农户投入到每亩土地上的物料和机械费用可控制在 500~1000 元，如自有机械费用更低。按照"六不用"平台要求生产的产品，价格平均高出普通农产品 2~3 倍。反之，如果偷偷使用了农药与化肥，则"六不用"平台拒收。平台有专利技术对农户违规使用农药与化肥进行监控。

该平台进行严格的质量控制，向城市消费者尽量提供足够多的顺季节食材。平台提供给消费者的所有食材均为"六不用"的，在加工环节还杜绝使用防腐剂，养殖过程不能使用激素、瘦肉精等。对销往城市消费者的初级和加工农产品，以不低于或高于欧盟有机标准，进行抽检，实现质量全程监控；产品必须不含或基本不含农药残留、重金属、抗生素、寄生虫、黄曲霉素等，才能够进入平台销售。从这个角度来看，弘毅"六不用"平台销售的农产品一般保质期较短，建议随吃随买。

"六不用"平台公司的团队成员，由种植专家、养殖专家、植保专家、销售专家、产品设计专家、客服、包装与物流人员组成，尽量让农民种地变得非常简单，避免风险。平台同时研发几十种替代农药、化肥、地膜、除草剂、抗生素等的生态技术，如组织生产优质有机肥，保留传统种子等。农户生产出来的产品不愁销售，以销定产；市民从中发现了理想的优质农产品，避免了在市场上漫无目的地试错。如果出了问题，平台直接出面予以解决。

在这个过程中，农民实际上付出的是比进城打工要轻松的劳动力，且因不使用农药化肥等有害物质，农民自身健康得到保障。他们付出的是劳动，获得的是工资性收入。市民虽比到超市多付出了一些钱，但他们避免了食物链中有害物质进入身体，获得了健康，减少去医院的概率，尤其对身体发育中的孩子意义更大。同时，他们的消费，还带动了生态环境保护，老品种资源保护以及农业传统工艺保留等，实现了城乡共赢。

上述"六不用"平台+农户农业模式，经过 12 年研发和试运行，已取得了重要进展。在山东、河南、贵州、陕西、内蒙古、辽宁、新疆、海南、四川、江西、安徽、江苏、广西、宁夏等省（市、自治区）推广面积约 20 万亩。初步实现了"六不用，三到五倍效益"既定目标，部分地块效益还要高。

当优质农产品获得消费者认可，最终实现亩净收入 5000~10 000 元时，农民就会返乡不在城里打工，一些 80 后和 90 后青年，就会进入生态农业领域，避免"空心村"。农民在家门口有工作，且是他们非常熟悉的工作，收入有保障。农民有了收入，也购买工业品，促进经济繁荣，避免了资源浪费，实现了真正意义上的城乡和谐发展与环境保护。实践有力地证明，这是一条有利于实现乡村振兴战略的切实可行的道路。

四、核心是品质

解决农产品滞销的关键在于提升质量，优质优价，同时注重品牌打造。在政策层面上，国家必须高度重视生态农业，提高农产品附加值，让农民愿意种地，释放城市的消费力量，带动新型产业经济发展，同时破解环境保护与人体健康保障难题。当前，我国农业面源污染十分严重，60% 以上的化肥，90% 以上的农药并没有用来满足作物生长需要或为作物健康保驾护航，而是进入环境，污染了环境和食物链，造成国民身体素质下降。

告别农业不安全要素或适当利用少量化肥和农药，生产、加工、销售有机食品或绿色食品，则城市消费者爆发的购买力，可以让农业大县很快脱贫致富，这在当前实体经济下滑、虚拟经济充满风险的形势下，不失为一种上上策。

假如 3 个城市家庭消费一个农村家庭的有机食品，每个城市家庭年消费 2 万元，则一个农村家庭就可有 6 万元的毛收入，因为生态农业付出的主要是人力成本，加上加工与销售收入，一个农村家庭年收入可在 6~10 万元之间。他们就不会考虑进城打工，农村"三留守"问题就可以迎刃而解。1 个城市家庭中，2 对老人（2 个家庭）和 3 口之家（1 个家庭），为 7 口，支出的费用占其年收入的 10% 左右；1 个农村家庭中 2 个老人 2 个年轻人 3 个孩子，为 7 口人，即使平均使用 7 亩土地，在高效生态农业模式下，也能够满足城乡 4 个家庭 14 口人的主粮问题。

这样算下来，用 7 亿亩耕地（可以是低产田）发展有机农业，用剩余的 10 亿亩耕地为牲口生产饲料，并用 1 亿亩耕地生产蔬菜，中国的粮食根本不用进口。市场带动了粮食安全问题的解决，同时产生了大量就业机会。

作为优质农业的前提条件，从事农业的农民必须在专家指导下，告别农业中的有害物质，生产口感健康的食品，否则城市消费人群的购买力无法释放出来。国家的相关配套政策也应当到位，尤其是有机认证。

这样的话，优质农产品满足的不会是小众，而是大部分城乡居民（一线生产的农民最先受益）。国家对农业补贴、环保治理、医疗投入的大量补助也应当向从事生态农业的人群倾斜。否则，将来会没有人愿意种地！

第七节　农民职业化

目前，全国一窝蜂搞城镇化，依然没有摆脱"房地产"的阴影。某些县市搞的城镇化，已经进军农村。他们首先在老的村庄附近盖楼，将原宅基地作价，而新楼占据的一般是良田，农民平房腾出的土地被开发商出售了或继续搞房地产。这样的城镇化继续加大了耕地压力，农民上楼后无法从事农业生产。

我们理解的城镇化应当是原位的，即政府可帮助农民统一解决自来水、污水、垃圾、燃气、网络、电力、通信、银行、医疗、教育等基础设施，而农民不必上楼，既节约了土地，又方便了农民进行农业生产，稳定一支种粮大军，在源头保障粮食安全。让更多的人口分布在食物生产的第一线，避免了大城市化带来的让少数人养活多数人的现象。在食品生产、运输、加工、消费各个环节减少有害物质使用，从而使已有的城市化人口得到较为满意的食品。

在人的去留问题上，不要发展英美那样的大城市化，而应发展就地城市化。将村落发展成为"微型城市"，农户散落在农田中，从而提高生产效率。这样的话，可以杜绝食物生产的多种危害，同时带动粮食生产、食品加工、花卉、宠物生产、休闲、物流、农业观光、生态旅游、养老、保险、教育、金融、电信等产业的深入发展，带动大学生就业。

要解决中国人的吃饭问题，我们应发展适度的合作化，将农业补贴资金直接与粮食产量挂钩，提高粮食收购价格，并完善监管机制。在技术上，除保留少量的化肥外，抛弃或限制"六大害"技术，应用生态农业技术提高粮食产量，让耕者有其利，从而调动农民种粮的积极性。

农业必须变成令人羡慕的职业，乡村才能留得住人，但前提必须在家门口的收入高于或至少不低于在城市打工的收入，乡村必须漂亮，没有污染，山清水秀、空气新鲜。农民是种地好手，进城谋生是舍本求末。中国的粮食安全靠妇女、老人满足，长期下去是非常危险的。大化肥、大农药、转基因是发达国家劳动力稀缺且昂贵逼出来的路子。我国的优势是人多，人民勤劳朴实。我们舍弃了自身优势，牺牲了乡村生态环境，换回来的是国民很难再吃上放心食品了。城里人想花高价钱买放心食品，但是，放心食品从哪里来呢？

正确的出路在于，让农民在家门口就有活干。这些活就是为14亿人生产放心食品，农民职业化，享受城市居民一样的周末和假期，同时担起修复退化生态系统（包括自然生态系统和农业生态系统）的重任，恢复日益衰败的乡村道德和乡村文化，构建中国特色的和谐社会。农民做出的巨大贡献，理应得到政府和全社会的认可，和经济上的补偿。

国家正在推进的城市化必须以农民为本，发展低成本的就地城镇化，将几百万的村庄整体提升现代化水平，解决农民教育、医疗、养老等现实问题，将生态农业作为一项十分重要的公益产业来发展，从而实现真正意义上的城乡互动，建设美丽中国，实现生态文明。

第十章 走中国特色社会主义乡村振兴道路

第一节 在中国新时代推动农业全面升级

确保国家粮食安全，这是打造中国强势农业、推动乡村振兴的底线。中国人多地少、资源稀缺，决定了我国长期内都不可能成为资源型农产品输出大国，但必须确保有足够的供给能力，最大限度满足自身需求，同时也为全球粮食安全做出应有贡献。一是严守耕地红线。落实最严格的耕地保护制度和最严格的节约用地制度，加快划定和建设粮食生产功能区、重要农产品生产保护区。二是夯实农业生产能力基础。实施"藏粮于地""藏粮于技"战略，加强高标准农田建设，不断巩固提升粮食产能，确保谷物基本自给、口粮绝对安全。三是统筹用好两个市场两种资源。加强资源掌控、产能合作、规则制定等能力建设，推动农产品优进优出、引进来走出去齐头并进，提高我国农业对外合作水平。

一、调整优化农业结构

调整优化农业结构，这是打造中国强势农业、推动乡村振兴的主战场。中央农村工作会议强调，必须深化农业供给侧结构性改革，走质量兴农之路。把农业结构调好调顺调优，提高农业供给体系的质量和效益，是推动农业供给侧结构性改革的主要任务。这是一项系统性工程，更是一篇需要多管齐下的大文章，必须"加减乘除"一起做。一是做加法。坚定不移推进质量兴农、品牌强农，更加注重市场稀缺产品、高品质农产品的有效供给，满足人民群众更高标准、更加多样化多层次的消费需求。二是做减法。控制和压缩低端无效生产，适度调减玉米、水稻等阶段性供大于求农产品的种植面积，引导生猪等产能向粮食主产区、环境容量大的地区转移。降低水库、湖泊网箱的水产品养殖密度。同时精心设计补偿支持政策，防止农民因种养殖结构调整而收入大幅下降。三是做乘法。深入开发农业多种功能，将农业产业向旅游、教育、文化、健康、养老等产业拓展，实现深度融合，延伸产业链、提升价值链、完善供应链，构建农村一、二、三产业融合发展体系。四是做除法。注重生态环境保护，以最少的物质投入获取最大的经济效益、社会效益和生态效益，全面提高土地产出率、劳动生产率和资源利用率。

二、培育农业发展新动能

培育农业发展新动能，这是打造中国强势农业、推动乡村振兴的动力源。一是休闲农业和乡村旅游。2019 年全国休闲农业和乡村旅游接待游客近 32 亿人次。二是农业农村电商。2020 年全国农村网络零售额达 1.79 万亿元。三是农产品加工业。2020 年主营业务收入超过 23.2 万亿元。四是农业生产性服务业。服务领域涵盖种植、畜牧、渔业等各个产业，涌现出全程托管、代耕代种、联耕联种等多种服务方式。这些新产业新业态极具成长性，深刻拓展了农业的广度和深度，对保增长、稳就业、促增收具有重要作用。

三、促进农民的收入增长，推动农民全面地发展

促进农民的收入增长，一个重要的根本举措在于推动农民全面地发展。

（一）继续减少务农劳动力

随着我国工业化、城镇化深入推进，农业占国内生产总值的份额不断变小，第一产业从业人员所占比重从 1978 年的 70.5% 下降到 2016 年的 27.7%，5 亿农村劳动力中农民工总量高达 2.8 亿人。农业直接从业人员的减少将有助于促进规模经营效益的提升，进一步增加农民收入。要畅通农民进城渠道，消除各种政策障碍和利益藩篱，让符合条件的农业转移人口能够在城市落户定居。同时大力发展农业机械化，提升农业现代化水平，使务农劳动力的减少与我国经济和现代农业发展水平、城镇化工业化进程相适应。

（二）做好农业产业扶贫

中央农村工作会议提出，必须打好精准脱贫攻坚战，走中国特色减贫之路。必须坚持不懈地努力，在不降低标准、不吊高胃口的原则下，以更有力的举措、更集中的支持、更精细的工作，打好精准脱贫攻坚战。一是发展主导产业。引导贫困地区大力发展"一村一品"，选准特色产业，唱好"林草戏"、打好"果蔬牌"，合理确定产业布局，加大政策支持力度，形成一批能带动贫困户长期稳定增收的优势特色产业。二是推动农村"双创"。引导和鼓励返乡农民工、中高等学校毕业生、退役士兵等农村人才在贫困地区创业兴业，带领贫困户发展产业，促进贫困地区大众创业、万众创新。三是调动贫困户的主动性和创造性。精准扶贫脱贫并不是搞"大锅饭"，一定要防止贫困户滋生"等靠要"思想。注重扶贫与扶志、扶智相结合，通过开展培训、示范引导等，力争让每个贫困户都掌握一门实用技术，主动融入一项致富产业，找到脱贫门路。

（三）促进小农户与现代农业发展有机衔接

中国是大国小农，有2.6亿农户，其中2.3亿是承包农户，在传承农耕文明、稳定农业生产、解决农民就业增收等方面有不可替代的作用。规模经营是建设现代农业的前进方向，但并非所有地方都适合搞集中连片生产，而且从发达国家的一般规律来看，在未来较长时期内仍有大量小农户在农村生产生活。一是注重保护小农户利益。推动乡村振兴，不仅要解决农业问题，更要解决好农民问题，绝不能让小农户掉队。要处理好小农户生产与新型农业经营主体发展之间的关系，避免小农户在快速工业化城市化进程中被遗忘。二是增强新型农业经营主体的带动能力。要把带动小农户的数量和利益联结程度作为新型经营主体培育考核、政策支持的主要指标，大力发展农业生产性服务业，"双轮驱动"将小农户引入现代农业发展的快车道。三是创新组织带动模式。积极发展农业产业化联合体，引导龙头企业、农民合作社、家庭农场、普通农户等的紧密合作，发展保底价收购、土地经营权入股、项目资金量化等新型联结方式，形成经济共同体、利益共同体和命运共同体，同步分享农业农村现代化成果。

农村不仅是生产区域，也是城乡居民宜居的生活空间，工作在城市、生活在乡村，不仅可以疏解城市各种压力，还可以提高生活质量和幸福指数。在政策导向上，要坚持发展建设与生态保护并重，保护好清新清净的田园风光，保留住独特的乡土味道和乡村风貌，让美丽乡村成为美丽中国的亮丽底色。在基础设施上，宜居是重中之重，要建设和维护好乡村水、电、路、气、房、信息化等必备基础设施，因地制宜开展厕所革命，改善农村人居环境。在公共服务上，向农村教育、医疗等提供更多公共资源，加强农村社会保障体系建设，逐步建立健全全民覆盖、普惠共享、城乡一体的基本公共服务体系。

（四）引导要素自由流动

坚持城乡融合发展，从农业内外、城乡两头共同发力，建立农村产权交易市场，畅通智力、技术、管理等要素下乡渠道，全面提高城乡资源要素配置效率。一是优化营商环境。鼓励和引导工商资本到农村投资兴业，破除地域歧视，稳定经营预期，打消心头顾虑。二是设置必要的"防火墙"。防止一些工商资本投机取巧、钻政策空子，借机搞房地产开发，损害农民利益。三是大力弘扬企业家精神。引导工商资本锐意进取、开拓创新，不忘初心、回报社会，把农业农村当作长期发展的"大本营"，热心农村各项事业，引领农业农村现代化发展。

（五）完善有效制度供给

实施乡村振兴战略，要充分发挥好政府作用，坚持农业农村优先发展的重大方针，在干部配备、要素配置、资金投入等方面做出制度性安排，真正体现向"三农"倾斜的总体要求。一是完善宏观调控制度。进一步加大农业科技、基础设施、价格保护、金融保险、收入保障等支持力度，完善农村产权制度和要素市场化配置，全面激活要素、激活市场、激活主体。二是完善农村土地制度。创新"三权分置"的中国特色农村土地制度，为满足农村集体、承包农户、新型农业经营主体等各方土地权利诉求，提供了一种富有弹性的制度设计。要坚持农村土地集体所有，坚持家庭经营基础性地位，坚持稳定土地承包关系，落实土地承包期再延长 30 年的政策，抓紧抓实农村承包地确权登记颁证工作，探索"三权"分置多种实现形式。三是完善农村产权制度。深入推进农村集体产权制度改革，对推动农村发展、完善乡村治理、保障农民权益，探索形成农村集体经济新的实现形式和运行机制具有重要意义。下一步重点要全面实施农村集体资产清产核资，积极推进集体资产股份合作制改革，让资源变资产、资金变股金、农民变股民，使广大农民尝到改革的甜头。四是完善人才支撑制度。造就一批懂农业、爱农村、爱农民的"三农"工作队伍，培养一批爱农业、懂技术、善经营的新型职业农民，发展一批扎根农村、热爱农业、带动农民的农业企业家队伍，凝聚千千万万市场主体和"三农"工作者的磅礴力量，合力促进乡村全面振兴。

第二节　如何解读中国特色社会主义乡村振兴道路

现代化是由现代城市和现代乡村共同构成的，没有农村的发展，城镇化就会缺乏根基。不管城镇化发展到什么程度，农村人口还会有一个相当大的规模，即使城镇化率达到70%，也还有几亿人生活在农村。当前，我国发展不平衡不充分的问题在乡村最为突出，城乡二元结构是亟待解决的最突出的结构性矛盾。在中华民族全面复兴道路上，农业农村不能拖后腿。要坚持农业农村优先发展，把公共基础设施建设的重点放在农村，推动农村基础设施建设提档升级，优先发展农村教育事业，加强农村社会保障体系建设，持续改善农村人居环境，逐步建立健全全民覆盖、普惠共享、城乡一体的基本公共服务体系，让符合条件的农业转移人口在城市落户定居。要坚决破除体制机制弊端，改变长期以来农村人才、土地、资金等要素单向流向城市而使之处于"失血""贫血"的状况，疏通资本、智力、技术、管理下乡渠道，鼓励更多资源下乡投入乡村振兴，加快形成工农互促、城乡互补、全面融合、共同繁荣的新型工农城乡关系，让现代化建设成果更多更广泛地惠及广大农民群众，实现城镇与乡村相得益彰。

一、共同富裕是乡村振兴的必然要求和发展方向

共同富裕是中国特色社会主义的本质特征和根本要求，也是乡村振兴的必然要求和发展方向。乡村振兴，必须坚持农村基本经营制度不动摇，这是实现共同富裕的制度基础。要坚持农村土地集体所有，坚持家庭经营基础性地位，落实农村土地承包关系稳定并长久不变政策，衔接落实好第二轮土地承包到期后再延长 30 年的政策，保持土地集体所有、家庭承包经营的基本制度长久不变，保持农户依法承包集体土地的基本权利长久不变，保持农户承包地稳定，让农民吃上长效"定心丸"。人多地少的条件决定了我们不可能走美国、澳大利亚等国的大农场发展道路。要统筹兼顾培育新型农业经营主体和扶持小农户，采取有针对性的措施，把小农生产引入现代农业发展轨道。发挥好新型农业经营主体的作用，强化服务和利益联结，把千家万户的小农户带动起来，提升小农生产集约化水平，提高产品档次和附加值，增强小农增收能力，使其成为现代农业发展的受益者。壮大集体经济是促进农民增收实现共同富裕的有效载体。要创新集体经济发展思路，拓宽集体经济发展途径，建立符合市场经济要求的集体经济运行机制，确保集体资产保值增值，确保农民受益。

二、乡村振兴，产业兴旺是重点

乡村振兴，产业兴旺是重点。当前，农业的主要矛盾已由总量不足转变为结构性矛盾，矛盾的主要方面在供给侧。要顺应农业发展主要矛盾的变化，深入推进农业供给侧结构性改革，把增加绿色优质农产品供给摆在更加突出的位置，坚持质量兴农、绿色兴农，实施质量兴农战略，夯实农业生产能力基础，提高农业创新力、竞争力和全要素生产率，加快构建现代农业产业体系、生产体系、经营体系，加快推进农业由增产导向转向提质导向，加快实现由农业大国向农业强国转变。要顺应人民群众日益增长的美好生活需要，开发农业多种功能，挖掘乡村多种价值，推进农村一、二、三产业融合发展，让农村新产业新业态成为农民增收新亮点，把农村变成城镇居民休憩新去处、农耕文明传承新载体。解决好 14 亿人口的吃饭问题，始终是我们国家治国理政的头等大事。要继续实施藏粮于地、藏粮于技的战略，像保护大熊猫一样保护耕地，在高标准农田建设、农业机械化、农业科技创新、智慧农业等方面迈出新步伐，确保国家粮食安全，把中国人的饭碗牢牢端在自己手上。

三、良好的生态环境是乡村最大的优势和宝贵财富

过去，为解决农产品总量不足的矛盾，我们拼资源、拼环境、拼消耗，化肥、农药等

用量猛增，采取大水漫灌的生产方式，过度开发边际产能，农业农村领域生态环境欠账问题比较突出。乡村振兴，生态宜居是关键。要以绿色发展引领生态振兴，处理好经济发展和生态环境保护的关系，守住生态红线，把该减的减下来、该退的退出来、该治理的治理到位。统筹"山水林田湖草"系统治理，加强农村突出环境问题综合治理，建立市场化多元化生态补偿机制，增加农业生态产品和服务供给。大力发展生态产业、绿色产业、循环经济和生态旅游，加快实现从"卖产品"向"卖生态"转变，让更多老百姓吃上生态饭，让绿水青山真正成为兴村富民的金山银山，实现百姓富、生态美的有机统一。

四、加强乡村文明建设和乡村社会治理

乡村文明是中华民族文明史的主体，耕读文明是我们的软实力。乡村振兴，乡风文明是保障。要深入挖掘、继承、创新优秀传统乡土文化，把保护传承和开发利用有机结合起来，让优秀农耕文明在新时代展现其魅力和风采。优秀乡村文化能够提振农村精气神，增强农民凝聚力，孕育社会好风尚。要坚持物质文明和精神文明一起抓，弘扬和践行社会主义核心价值观，培育文明乡风、良好家风、淳朴民风，不断提高乡村社会文明程度，让乡村焕发出文明新气象。

社会治理的基础在基层，薄弱环节在乡村。当前，乡村社会空心化、家庭空巢化、人际关系商品化等问题日益凸显，农村内部各类大小矛盾突出，农村基层社会矛盾处于易发多发期。乡村振兴，治理有效是基础。乡村振兴离不开稳定和谐的社会环境，稳定也是广大农民的根本利益。要建立健全党委领导、政府负责、社会协同、公众参与、法治保障的现代乡村社会治理体制，健全自治、法治、德治相结合的乡村治理体系。在依法治理的基础上，重视综合治理、系统治理、源头治理，德、法、礼并用，以法治止纷争、以德治春风化雨、以自治消化矛盾，以党的领导统揽全局。要加强农村基层基础工作，强化农村基层党组织领导核心地位，深化村民自治实践，严肃查处侵犯农民利益的"微腐败"，建设平安乡村，确保乡村社会充满活力、和谐有序。

五、乡村振兴，摆脱贫困是前提

党的十八大以来，我国以前所未有的政策力度向贫困宣战，脱贫攻坚取得了举世瞩目的伟大成就。当前，脱贫攻坚已进入啃硬骨头的决战决胜阶段，要坚持精准扶贫、精准脱贫，充分发挥政治优势和制度优势，精锐出战、精准施策，把提高脱贫质量放在首位，注重扶贫同扶志、扶智相结合，瞄准贫困人口精准帮扶，聚焦深度贫困地区集中发力，激发贫困人口内生动力，强化脱贫攻坚责任和监督，开展扶贫领域腐败和作风问题专项治理，采取更加有力的举措、更加集中的支持、更加精细的工作，坚决打好精准脱贫这场对全面

建成小康社会具有决定性意义的攻坚战。

乡村是一个可以大有作为的广阔天地，迎来了难得的发展机遇。实现乡村振兴，我们有习近平总书记把舵定向，有党中央高度重视、坚强领导、科学决策，有全党全国全社会大力支持、积极参与，有社会主义的强大制度优势，有亿万农民的创造精神，有强大的经济实力支撑，有历史悠久的农耕文明，有旺盛的市场需求。我们必须按照党中央决策部署，坚定信心、咬定目标，苦干实干、久久为功，扎扎实实把乡村振兴战略向前推进。

实施乡村振兴战略，关键就是走中国特色社会主义乡村振兴道路。我们必须按照习近平总书记在党的十九大报告中提出的总要求，以产业兴旺为重点、生态宜居为关键、乡风文明为保障、治理有效为基础、生活富裕为根本，建立健全城乡融合发展体制机制和政策体系，加快推进农业农村现代化。我们必须把农业农村优先发展作为现代化建设的一项重大原则，立足"大国小农"的基本国情农情，着力推动农业全面升级、农村全面进步、农民全面发展，把乡村建设好，让亿万农民有更多获得感。

实施乡村振兴战略，是对我们党"三农"工作一系列方针政策的继承和发展，是亿万农民的殷切期盼。以习近平新时代中国特色社会主义思想为指导，贯彻落实中央农村工作会议精神，走好中国特色社会主义乡村振兴道路，我们就一定能让农业强、农村美、农民富，担负起为亿万农民谋幸福的重要使命。

第三节　中国新时代乡村振兴的启示

我国农民人口占全国人口的大多数，农村占国土面积的绝大多数，这就决定了"三农"问题始终是制约中国现代化建设的首要问题，也是全党工作的重中之重。

中国作为一个传统的农业大国，"三农"问题至今都是关系着国计民生的根本性问题。20世纪90年代中期以来，"三农"问题已变得越来越突出。"三农"问题不仅关系着农村的社会进步，而且关系着全面建设小康社会目标的实现；不仅是重大的经济问题，而且是重大的政治问题。也就是说，"三农"问题连接着整个社会的整体和谐，没有农村的和谐，就不可能有整个社会的和谐。因此，构建社会主义和谐社会必须着力解决"三农"问题，所谓农民富则天下富，农村稳则天下稳，农业强则天下强。

乡村振兴战略是习近平总书记在党的十九大报告中新提出来的，同时也是马克思主义中国化最新理论成果、习近平新时代中国特色社会主义思想的重要组成部分，也是新时代党中央高度重视"三农"问题的重要表现。

按照党的十九大提出的决胜全面建成小康社会、分两个阶段实现第二个百年奋斗目标的战略安排，中央农村工作会议明确了实施乡村振兴战略的目标任务：到 2035 年，乡村振兴取得决定性进展，农业农村现代化基本实现；到 2050 年，乡村全面振兴，农业强、农村美、农民富全面实现。

乡村振兴战略是党的十九大提出的一项重大战略，是关系全面建设社会主义现代化国家的全局性、历史性任务，是新时代"三农"工作总抓手。

乡村振兴的内涵十分丰富，既包括经济、社会和文化振兴，又包括治理体系创新和生态文明进步以及农民素质的提升等，是一个全面振兴的综合概念。实施乡村振兴战略，要按照"产业兴旺、生态宜居、乡风文明、治理有效、生活富裕"的总要求，建立健全城乡融合发展体制机制和政策体系，大力促进农村经济发展，促进农村农业的优先发展，缩小城市与农村、东部与中西部之间的差距，实现全国各族人民的共同富裕。

"产业兴旺"是乡村振兴的基础，也是推进经济建设的首要任务。"产业兴旺"要紧紧围绕促进产业发展，引导和推动更多的资本、技术、人才等要素向农业农村流动，调动广大农民的积极性、创造性，形成现代农业产业体系，实现一、二、三产业融合发展，保持农业农村经济发展的旺盛活力。

从目前来看，就是要以推进农业供给侧结构性改革，培养农村发展新动能为主线，加快推进农业产业升级，提高农业的综合效益和竞争力。

"生态宜居"是生态文明建设的重要任务。宜居的乡村生态环境不是仅仅针对乡村百姓的生态环境，而且也应该是能满足城市居民对美好生活向往的宜居环境，即对城市居民开放、城乡互通的"生态宜居"。

实现生态宜居的主要措施，概括为理念上要实现三大转变（发展观念、发展方式、发展模式），抓手上要完成四大任务（治理农业生态突出问题取得新成效；保护农业生态系统取得新进展；建立市场化、多元化的生态补偿机制取得新突破；发展绿色生态新产业、新业态上迈出新步伐）。

"乡风文明"是加强文化建设的重要举措，在整个乡村振兴过程中，要特别注意避免过去的只抓经济，不抓文化的问题。换句话说，既要护口袋，还要护脑袋。

"乡风文明"就是要促进农村文化教育、医疗卫生等事业发展，推进移风易俗、文明进步，弘扬农耕文明和优良传统，使农民综合素质进一步提升、农村文明程度进一步提高。

"治理有效"是加强农村政治建设的重要保障。要把乡村社会体系建设问题，作为乡村建设的牛鼻子，建立和完善以党的基层组织为核心，村民自治和村务监督组织为基础，集体经济组织和农民合作组织为纽带，各种社会服务组织为补充的农村治理体系。

乡村的"治理有效"是国家治理体系现代化和乡村"善治"的必然要求和重要组成

部分，"治理有效"应该既体现治理手段的多元化和刚柔相济，又体现治理效果的可持续性和低成本性，并且能为广大农民群众所认可。

"生活富裕"是建立美丽社会、和谐社会的根本要求。"生活富裕"就是要让农民有持续稳定的收入来源，经济宽裕，衣食无忧，生活便利，共同富裕。具体而言，就是要消除乡村贫困，持续增加乡村居民收入，同时缩小城乡居民在收入和社会保障方面的差距，实现乡村人口全面小康基础上的"生活富裕"。

简单来说，党的十九大报告中提出的产业兴旺就是发展乡村的绿色产业，生态宜居就是乡村生活美好的环境，乡风文明就是乡村文化的社会建设，治理有效就是乡村健康的民主机制，生活富裕就是乡村百姓的美好追求。

乡村振兴的关键和重点是产业振兴，因为只有产业振兴了，才有可能创造出更多的岗位和就业机会，为农民拓展就业渠道和增加收入，让乡村农民真正脱贫致富，进一步缩小城乡差距，实现全体人民共同迈入全面小康社会。因此，乡村旅游的发展，正是解决这些问题的一把"金钥匙"，为乡村振兴提供了新的发展方向和动力。

一、乡村旅游与乡村振兴战略

乡村旅游在乡村振兴战略中发挥着不可替代的作用，不仅让广大农村的生态宜居建设上升到一个新高度，同时也推动了乡村文明建设，对增加农民收入，扩大农村就业渠道，增强农民的幸福感，起着很大的促进作用。乡村旅游在这些方面具有得天独厚的优势，对农业、农村发展具有独特的促进作用。

发展乡村旅游，有利于推动农村绿色发展，助推"美丽乡村"建设，同时有助于农业供给侧结构性改革，盘活闲置农村资源，有效拉动内需，实现共享发展。近年来部分地区利用地理环境优势大力推进生态休闲农业园等乡村旅游项目建设，为乡村振兴提供了新的发展方向和动力。

乡村旅游是以农业的自然和社会资源作为吸引物，以都市居民为客源市场，针对他们回归自然的旅游需求，满足游客观光、务农娱乐、休闲度假、购物等多种需求而开展的参与性强、文化内涵深厚、乡土趣味浓郁的新兴旅游活动。

在乡村旅游发展过程中，政府的支持和主导作用固然重要，但是单独依靠政府的力量来实现乡村旅游模式，这样对于产业的发展反而是有百害而无一利的，是不可能实现长期可持续发展的。政府与市场要各自发挥好各自的作用，肩负起各自的职责。同时，积极吸引多元投资，鼓励集体、社会资本、农户、个人一起上，国有、民营资本和外资多元投资乡村旅游。提高乡村旅游经营市场化程度，提升经营品质，推进乡村旅游发展。

乡村旅游业的发展在得到多方支持，逐步发展起来的过程中，加强对它的管控迫在眉睫。当地居民自身的文化程度的局限性，当地人对各种最新科学技术把握的不准确性，缺乏技术的指导以及理性的思维方式，对于各项管理规定和文件条例的不熟知性等问题逐步突显出来。因此，需要做好引进和留住人才、引进恰当的先进技术和设备、加强各项规章制度的制定和实施、提高农村旅游产业从业人员的综合素质等方面的工作。

乡村振兴的根本目标在于"农业强、农民富、农村美"。乡村振兴的关键和重点是产业振兴。旅游业是推进乡村振兴的重要引擎，是实现乡村振兴的特色路径。乡村旅游蓬勃发展，能够让农村更美丽、让农业更兴旺、让农民更富裕、让城乡居民生活更幸福。乡村旅游可以充分利用与发挥乡村历史文化、农业生产、田园风光和优良生态环境的特色，推动农村绿色发展，助推"美丽乡村"建设，盘活闲置农村资源，促进农业生产结构优化，拉动内需，将绿水青山的潜在优势转化为金山银山的现实优势，是增强村庄与农业活力，促进乡村社会经济可持续发展的重要手段。

二、破解城乡二元结构

在对于城市与乡村的关系上，在实施乡村振兴战略中，我们需要从根本上破解城乡二元结构，彻底解决长期以来重城市、轻农村的问题，在规划布局、要素配置、生态保护、社会保障、公共服务等方面对乡村价值、农民国民待遇进行重新定位，强调现代化进程中城市和乡村两大板块共生共荣。可以说，这是对马克思主义城乡融合思想的当代发展和实践。改革开放以来，我国乡村无疑一直处于城市化快速推进过程中的从属地位。当城市社会物质财富储备达到一定水准，产能与生存便利度均趋向饱和的时候，城市的发展进入瓶颈，我们就不得不重新思考怎样以一种符合中华民族传统特色的、适度舒适的生存方式实现现代化强国梦。

参考文献

[1] 蒋高明. 乡村振兴选择与实践 [M]. 北京：中国科学技术出版社，2019.

[2] 黄郁成. 城市化与乡村振兴 [M]. 上海：上海人民出版社，2019.

[3] 沈欣. 乡村振兴农道方案 [M]. 合肥：中国科学技术大学出版社，2019.

[4] 代改珍. 乡村振兴的文旅密码 [M]. 北京：中国旅游出版社，2019.

[5] 刘汉成，夏亚华. 乡村振兴战略的理论与实践 [M]. 北京：中国经济出版社，2019.

[6] 黄志友，崔国辉. 乡村振兴探索丛书. 有机乡村 [M]. 石家庄：河北人民出版社，2019.

[7] 彭震伟. 乡村振兴战略下的小城镇 [M]. 上海：同济大学出版社，2019.

[8] 刘奇. 乡村振兴，三农走进新时代 [M]. 北京：中国发展出版社，2019.

[9] 苟文峰. 乡村振兴的理论、政策与实践研究 [M]. 北京：中国经济出版社，2019.

[10] 鲁可荣，杨亮承. 从精准扶贫迈向乡村振兴 [M]. 昆明：云南大学出版社，2019.

[11] 罗国芬. 乡村振兴与农村留守儿童教育 [M]. 南京：河海大学出版社，2019.

[12] 王玉斌. 中国乡村振兴理论与实践探索 [M]. 北京：中国农业大学出版社，2019.

[13] 贺雪峰. 大国之基中国乡村振兴诸问题 [M]. 北京：东方出版社，2019.

[14] 魏琦，金书秦，张斌. 助绿乡村振兴农业绿色发展理论、政策和评价 [M]. 北京：中国发展出版社，2019.

[15] 付翠莲. 乡村振兴战略背景下的农村发展与治理 [M]. 上海：上海交通大学出版社，2019.

[16] 杨述明. 城乡融合发展助力峒山村乡村振兴 [M]. 武汉：湖北人民出版社，2019.

[17] 谌静. 乡村振兴战略背景下的乡村旅游发展研究 [M]. 北京：新华出版社，2019.

[18] 徐月萍，张建琴. 乡村振兴背景下乡村群众文化阵地建设 [M]. 南昌：江西高校出版社，2019.

[19] 周晖，马亚教. 乡村振兴之乡村自治法治德治读本 [M]. 北京：中国科学技术出版社，2019.

[20] 侯秀芳，王栋. 乡村振兴战略下"智慧农业"的发展路径 [M]. 青岛：中国海洋大

学出版社，2019.

[21] 王昆，周慧，张纯荣. 乡村振兴之路 [M]. 北京：北京邮电大学出版社，2018.

[22] 孔祥智. 乡村振兴的九个维度 [M]. 广州：广东人民出版社，2018.

[23] 温铁军，张孝德. 乡村振兴十人谈乡村振兴战略深度解读 [M]. 南昌：江西教育出版社，2018.

[24] 王宝升. 地域文化与乡村振兴设计 [M]. 长沙：湖南大学出版社，2018.

[25] 白雪秋，聂志红，黄俊立. 乡村振兴与中国特色城乡融合发展 [M]. 北京：国家行政学院出版社，2018.

[26] 蔡竞. 产业兴旺与乡村振兴战略研究 [M]. 成都：四川人民出版社，2018.

[27] 田阡，苑利. 多学科视野下的农业文化遗产与乡村振兴 [M]. 北京：知识产权出版社，2018.

[28] 舒科. 明日田园以旅游推进乡村振兴的探索与实践 [M]. 成都：四川人民出版社，2018.

[29] 乔宏. 基于乡村振兴战略的农业园区金融支持研究 [M]. 长春：吉林大学出版社，2018.

[30] 高彦彬. 普惠金融支持乡村振兴战略模式研究 [M]. 哈尔滨：黑龙江人民出版社，2018.

[31] 张勇.《乡村振兴战略规划（2018—2022 年）》辅导读本 [M]. 北京：中国计划出版社，2018.

[32] 张禧，毛平，赵晓霞. 乡村振兴战略背景下的农村社会发展研究 [M]. 成都：西南交通大学出版社，2018.

[33] 张天柱，李国新. 乡村振兴之美丽乡村规划设计案例集乡村规划设计 [M]. 北京：中国建材工业出版社，2018.